ÉTUDE

sur la Distinction

DES

ACTES INEXISTANTS

ET DES

ACTES ANNULABLES

DANS LE DROIT ROMAIN

L'ANCIEN DROIT FRANÇAIS ET LE CODE CIVIL

PAR

Edmond HARTEMANN

AVOCAT

DOCTEUR EN DROIT

NANCY

TYPOGRAPHIE DE G. CRÉPIN-LEBLOND, PASSAGE DU CASINO.

1889

ÉTUDE

SUR LA DISTINCTION

DES ACTES INEXISTANTS & DES ACTES ANNULABLES

ÉTUDE

sur la Distinction

DES

ACTES INEXISTANTS

ET DES

ACTES ANNULABLES

DANS LE DROIT ROMAIN

L'ANCIEN DROIT FRANÇAIS ET LE CODE CIVIL

PAR

Edmond HARTEMANN

AVOCAT

DOCTEUR EN DROIT

NANCY

TYPOGRAPHIE DE G. CRÉPIN-LEBLOND, PASSAGE DU CASINO.

1889

A LA MÉMOIRE DE MON PÈRE

A MA MÈRE

EDITIONS

dans lesquelles ont été consultés les ouvrages cités le plus fréquemment dans ce travail.

DROIT ROMAIN (1)

Accarias. — Précis de Droit romain, Paris, 1886 (tome I) et 1882 (tome II). — 2 vol. in-8.

Maynz. — Cours de Droit romain, Bruxelles et Paris, 1870 à 1874. — 3 vol. in-8.

Mortet. — Étude sur la nullité des Contrats (thèse de Doctorat), Paris, 1878. — 1 vol. in-8.

Ortolan. — Législation romaine, éditée par M. E. Bonnier, Paris, 1876. — 3 vol. in-8.

De Savigny. — Traité de Droit romain, traduit de l'allemand par M. Guenoux, Paris 1855 à 1860. — 8 vol. in-8.

ANCIEN DROIT FRANÇAIS

Pertz. — Monumenta Germaniæ historica. Hanoveræ, 1826-1874. — 25 vol. in-f° parus jusqu'à cette date. [Leges Burgundiorum, Lex Baiuwariorum (textus legis tertius), Edictus Langobardorum, Lex romana Burgundiorum].

Lindenbrog. — Codex legum antiquarum, Francofurti, 1613. — 2 vol. in-f°. (Lex Wisigothorum).

----

(1) Nous ne parlons ni du *Corpus Juris civilis*, que nous avons étudié dans l'édition des frères Kriegel, ni des Institutes de Gaius, que nous avons consultés dans l'édition Dubois, ni des différents autres textes édités par M. Pellat dans son *Manuale Juris synopticum*.

Haenel. — Lex romana Visigothorum. Lipsiae, 1849. — 1 vol. in-4.

Pierre de Fontaines. — Le Conseil, édit. Marnier, Paris 1846. — 1 vol. in-8.

Beaumanoir. — Coutumes de Beauvoisis, édit. comte Beugnot, Paris, 1862. — 2 vol. in-8.

Tardif. — Coutumier d'Artois. — Paris. 1883, une brochure in-8.

Bouteillier. — La Somme rural ou le Grand Coustumier général de practique civile et canon, édit. par Charondas le Caron, Lyon, 1621. — 1 vol. in-8.

De Savigny. — Petri Exceptiones, au tome IV de l'Histoire du Droit au Moyen-Age, trad. Guenoux, Paris, 1839. — in-8.

Richter et Friedberg. — Corpus Juris canonici, Lipsiæ, 1879-1881. — 2 vol. in-4. — (Pour le texte des décrétales).

Naldus. — Corpus Juris canonici, Lugduni, 1671. — 3 vol. in-f°. — (Pour les gloses).

D'Argentré. — Commentarii in patrias Brittorum leges, Parisiis, 1614. — 1 vol. in-f°.

Guy Coquille. — Œuvres. à Bordeaux, 1703. — 2 vol. in-f°.

Dumoulin. — Omnia quæ extant, Parisiis 1681. — 5 vol. in-f°.

Imbert. — Enchiridion ou brief recueil du droit escrit gardé et observé en France : et aussi de celuy qui est abrogé, à Lyon, 1588. — 1 vol. in-16.

Monnac. — Observationes in viginti quatuor priores Libros Digestorum, ad usum Fori gallici. Lutetiæ Parisiorum, 1721.— 2 vol. in-f°.

Loysel — Institutes coutumières, avec les notes d'Eusèbe de Laurière, édit. Dupin et Laboulaye. Paris, 1846. — 2 vol. in-12.

Le Grand. — Coutumes du bailliage de Troyes. Paris, 1737. — 1 vol. in-f°.

Argou. — Institution au Droit français, à Paris, 1787. — 2 vol. in-12.

Bouhier. — Les Coutumes du Duché de Bourgogne, Dijon, 1742-1746. — 2 vol. in-f°.

Le Président Favre. — Codex Fabrianus, Lugduni, 1610. — 1 vol. in-f°.

Domat. — Les Loix civiles dans leur ordre naturel. le Droit public et Legum delectus, à Paris, 1723. — 2 vol. in-f°.

Dunod de Charnage. — Traités des Prescriptions, de l'Aliénation des Biens d'Eglise, et des Dixmes, à Epinal. 1763. — 1 vol. in-4.

Denisart. — Collection de Décisions nouvelles et de Notions relatives à la Jurisprudence actuelle, à Paris, 1773. — 4 vol. in-4.

Bourjon. — Le Droit commun de la France, et la Coutume de Paris réduits en principes, à Paris. 1770. — 2 vol. in-f°.

Pothier. — Œuvres, édit. Bugnet, Paris, 1861. — 10 vol. in-8.

Guyot. — Répertoire universel et raisonné de Jurisprudence civile, criminelle, canonique et bénéficiale, Paris 1784-1785. — 17 vol. in-4.

Durand de Maillane. — Dictionnaire de Droit canonique, Lyon, 1776. — 5 vol. in-4.

DROIT FRANÇAIS ACTUEL.

Aubry et Rau. — Cours de Droit civil français, Paris, 1869-1883. — 8 vol. in-8.

Baudry-Lacantinerie. — Précis de Droit civil (2e édit), Paris, 1885-1886. — 3 vol. in-8.

Demante et Colmet de Santerre. — Cours analytique de Code civil, Paris, 1849-1884. — 9 vol. in-8.

Demolombe. — Cours de Code Napoléon, Paris, 1876-1884. — 31 vol. in-8.

Guillouard. — Traité du Contrat de Mariage, Paris, 1885-1889. — 4 vol. in-8.

Laurent. — Principes de Droit civil français, Paris et Bruxelles, 1872-1878. — 33 vol. in-8.

Marcadé continué par P. Pont. — Explication théorique et pratique du Code Napoléon, Paris, 1855-1868. — 12 vol. in-3.

Zachariæ. — Le Droit civil français, traduction de Massé et Vergé, Paris, 1854-1860. — 5 vol. in-8.

EXPLICATION DE QUELQUES ABRÉVIATIONS.

Arg. art. . . . . signifie : *argument tiré de l'article ;*
cbn. . . . .   —   *combiné ;*
col. . . . .   —   *colonne ;*
cpr. . . . .   —   *comparez ;*
et s. . . . .   —   *et suivants ;*
n. ; — t. et n. . . . .   —   *note ; — texte et note ;*
op. et loc. cit. . . . .   —   *opere et loco citato ;*
p. . . . .   —   *page ;*
v. . . . .   —   *voyez ;*
v° . . . .   —   *verbo.*

MODE DE CITATION.

Le numéro en chiffres romains qui suit immédiatement le nom d'un auteur ou le titre d'un ouvrage, indique le tome s'il n'est précédé d'aucun signe. — Les numéros en chiffres arabes qui ne sont précédés d'aucun signe se réfèrent aux numéros de l'ouvrage ou du volume cité.

Ces règles ne sont pas appliquées aux citations des textes du Droit romain :

7, 1, D. ou *C.,…, 2, 8,* signifie : loi 7, § 1, au Digeste ou au Code de Justinien, livre 2, titre 8.

1, Inst., De locat., III, 24, signifie : § 1, aux Institutes de Justinien, au titre *De locatione et conductione,* livre III, titre 24.

E T U D E

SUR LA DISTINCTION

DES ACTES INEXISTANTS & DES ACTES ANNULABLES [*]

INTRODUCTION

1. — On doit, supposons-le, faire un acte juridique quelconque.

Si dans les éléments de formation de l'acte, tout est absolument
conforme au vœu de la loi, il sera sans aucun doute, c'est presque
une naïveté de le dire, pleinement valable, et produira immédiatement et irrévocablement tous les effets que la loi attache à
sa formation.

Si les éléments de formation de l'acte ne satisfont pas complétement à la loi, celle-ci pourra ne pas lui refuser cependant
sa sanction, et se contenter de prononcer contre les personnes qui

---

[*] Les termes *inexistant, annulable*, et les substantifs correspondànts
inexistence, annulabilité, ne se trouvent pas dans le Dictionnnaire de
l'Académie. Larousse les donne tous quatre ; Littré ne donne pas le mot
annulabilité, mais il signale *inexistence, inexistant, annulable*.

Tous ces termes que les jurisconsultes ont été obligés de créer sont d'un
usage si courant dans le langage des auteurs modernes, que nous les
acceptons sans scrupule et que nous n'hésitons pas à faire choix de deux

2

auront fait ce qu'elle défendait, ou omis ce qu'elle ordonnait, soit des dommages-intérêts, soit des déchéances, soit des amendes, ou simultanément plusieurs de ces pénalités. Mais le plus souvent la loi se refusera à faire produire à l'acte les mêmes effets que s'il avait entièrement satisfait à ses prescriptions, ce qui n'empêchera pas toujours l'application des pénalités dont nous venons de parler.

2. — A ce point de vue, la question ne sera pas dans tous les cas résolue de la même manière.

La loi peut refuser d'une façon absolue et immédiate toute sanction à l'acte. C'est l'avortement de l'acte : il est mort-né ; légalement il n'existe pas ; il est non existant, *inexistant*.

Le refus de sanction, au lieu d'être immédiat, peut être seulement éventuel : l'acte se formera, prendra vie, produira tout

---

d'entre eux pour le titre même de ce travail. Ils doivent leur succès à un double avantage, celui d'être simples et d'exprimer parfaitement ce qu'on veut leur faire dire.

On ne nous demandéra pas d'énumérer tous les ouvrages qui en font usage. Cependant nous croyons utile d'indiquer les principaux parmi ces ouvrages, et, pour justifier les citations, de donner chaque fois un passage pris au hasard entre ceux où se trouve l'expression.

Des quatre termes que nous indiquons, les plus employés sont sans contredit les adjectifs *inexistant* et *annulable*. On oppose constamment l'acte *inexistant* à l'acte *annulable* : Marcadé, *Explication du Code Napoléon*, sur l'art. 1304, IV. — Mourlon, *Répétitions écrites sur le Code civil*, 11ᵉ éd., revue par M. Demangeat, I, 645. — Demolombe, *Cours de Code Napoléon*, XXIV, 82. — Laurent, *Principes de Droit civil français*, XV, 450. — Baudry-Lacantinerie, *Précis de Droit civil*, II, 1148-1150. — Blondel, Article paru dans la *Grande Encyclopédie*, V° *Annulation*. — Glasson, *Consentement des époux au mariage*, 140 et s.

Les expressions *inexistence*, *annulabilité* sont employées moins fréquemment parce que l'on a bien plus rarement l'occasion d'en faire usage. Mais si l'on admet l'emploi des adjectifs, il n'y a aucune raison pour repousser les substantifs correspondants. On trouvera ces substantifs dans Demolombe, XXIV, 76 ; et XXIX, 25. — Marcadé emploie le mot *inexistence* (sur l'art. 1304, III. — M. Blondel (*loc. cit.*) préfère le mot *annulabilité* au mot *nullité*.

En dehors des quatre termes que nous avons signalés, le langage des auteurs présente une variété décourageante. Les uns appellent plus partid'abord ses effets ; seulement, la loi se réservera de lui refuser sa sanction dans telles conditions déterminées. Il y a, dans le Droit français actuel, des actes de cette nature, ainsi que nous le montrerons dans le courant de ce travail. Ces actes, revêtus par le Code civil de certains caractères qu'il faudra déterminer, les auteurs modernes les appellent *annulables* : ils ne sont en effet frappés d'inefficacité que par des décisions judiciaires qui les anéantissent, les *annulent*.

3. — *Nous donnerons le nom d'acte nul, ou d'acte frappé de nullité, à l'acte juridique qui, pour n'avoir pas origi-nairement satisfait aux conditions imposées par la loi, ou bien n'a jamais eu aucune efficacité, ou bien se trouve menacé de perdre ou a déjà perdu toute efficacité.*

Est inexistant l'acte juridique qui, pour n'avoir pas satis-

---

culièrement *nul* l'acte annulable ; les autres n'appliquent ce qualificatif qu'à l'acte inexistant. Certains d'entre eux emploient concurremment avec les mots *inexistant* ou *nul* d'autres expressions plus ou moins variées.

M. Laurent oppose généralement l'acte *nul* à l'acte *inexistant* (*loc. cit.*). MM. Aubry et Rau donnent le même sens au mot *nul ;* ils opposent en général l'acte *nul* à l'acte *non avenu* qu'ils appellent aussi *inexistant* (*Cours de Droit civil français*, § 37, texte et n. 2). C'est encore le mot *nul* qui forme antithèse au terme *inexistant* dans le commentaire de M. Larombière (*Théorie et pratique des Obligations*, sur l'art. 1304, n° 5). Par contre Mourlon met en opposition *nul ou inexistant* et *annulable* (*loc. cit.*) ; M. Demolombe, *nul et annulable* (XXIX, 21 et s.). Dans le même sens M. Colmet de Santerre distingue les actes *nuls* ou *nuls de plein droit* et les actes *annulables* ou *rescindables*. — Marcadé appelle les actes inexistants : actes *non existants ; nuls ; nuls rigoureusement ; proprement nuls ; vraiment nuls ; nuls dans le sens propre, rigoureux et philosophique du mot ; radicalement et éternellement nuls* (*passim*) ; il lui arrive de dire que l'acte est frappé de *nullité absolue* (sur l'art. 1304, III). Pour désigner l'acte annulable, il dit quelquefois *acte nul simplement* (Observation préliminaire à l'étude des art. 180 et s., I) ; il emploie aussi l'expression de *nullité imparfaite*, qu'il oppose à celle de *nullité rigou-reuse* (ibid.).

Nous ne nous arrêtons pas à l'expression de *non existence* que l'on trouve dans un grand nombre d'auteurs, et qui ne peut pas plus se récla-mer de l'Académie que celle d'*inexistence*. Il n'y a pas lieu d'adopter non plus la locution de *nullité de non esse*, employée par Solon

fait aux conditions imposées par la loi, n'a jamais eu aucune efficacité.

Est annulable l'acte juridique qui s'est légalement formé, mais, pour n'avoir pas originairement satisfait aux conditions imposées par la loi, pourra être ou aura été rétroactivement anéanti par une décision de justice sur la demande des personnes autorisées par la loi à exiger cette annulation, ou quelquefois d'office.

4. — Nous devons faire l'analyse de ces définitions de l'acte inexistant et de l'acte annulable.

5. — Tout d'abord elles renferment un élément commun : c'est que la cause de l'inexistence et la cause de l'annulabilité se trouvent dans ce que l'acte n'a pas satisfait originairement aux conditions imposées par la loi. C'est un caractère essentiel de

---

(*Théorie sur la nullité des conventions et des actes de tout genre*, I, p. 292), par M. Demolombe (XXIX, 27), et qui manque de simplicité.

Quant à la jurisprudence, il n'est pas rare qu'elle évite de se prononcer sur la nature de la nullité. Celles de ses décisions où l'on trouve les termes mêmes d'*actes inexistants* ou d'*actes annulables* sont peu nombreuses. Ces termes se rencontrent l'un et l'autre dans un arrêt de la Cour de Toulouse du 21 janvier 1885 (D. P., 86, 2, 73). A l'acte *annulable* la Cour de cassation oppose l'acte *radicalement nul* (Req. rej., 5 mai 1862, Sir., 62, 1, 562) ; la Cour de Dijon, l'acte renfermant une *nullité de plein droit* (12 juillet 1865, Sir., 66, 2, 173) , la Cour de Lyon, l'acte frappé de *nullité absolue* (8 février 1867, D. P., 67, 2, 154). L'inexistence est désignée le plus souvent par l'expression de *nullité radicale* (par exemple, Req. rej., 10 janvier 1865, D. P., 65, 1, 290). Très-fréquemment les cours et tribunaux usent de périphrases : « Attendu, dit la Cour de cassation, que » l'absence de la future épouse au contrat de mariage..... constitue une » *nullité radicale et d'ordre public, qui enlève au prétendu contrat de* » *mariage son existence légale ;* qu'il n'a jamais appartenu à la femme de » valider ...... un contrat *qui n'avait jamais reçu un commencement* » *d'existence.* » (Civ., Cass., 6 avril 1856, Sir., 56, 2, 18).

Mais les expressions ordinaires de la jurisprudence ont le défaut de n'être pas claires, précises, ou d'être trop compliquées. C'est la raison pour laquelle nous ne pouvons les adopter. Quant à notre choix dans les expressions employées par les auteurs, nous croyons l'avoir suffisamment justifié en montrant que celles dont nous nous servons sont à peu près universellement admises, et en faisant observer qu'elles ont le grand mérite de la clarté et de la précision.

la nullité, et qui lui est spécial, d'avoir son fondement dans une imperfection ou un vice originaire de l'acte : elle se distingue ainsi, par exemple, de la *résolution*, qui est un effet de la validité même de l'acte.

Cet élément seul est commun aux deux définitions.

6. — L'inexistence produit une inefficacité immédiate, actuelle. L'acte inexistant, comme son nom l'indique, n'a jamais aucun effet : il n'est pas nécessaire que la justice intervienne pour que cette inefficacité se réalise : elle dérive de plein droit de la loi elle-même. C'est pour cette raison que certains auteurs appellent les actes inexistants *nuls de plein droit.*

7. — L'annulabilité ne produit au contraire qu'une *éventualité* d'inefficacité. L'acte annulable se forme, *existe,* produit complétement ses effets jusqu'au moment où la justice en prononce l'annulation. C'est là le caractère dominant de l'annulabilité. L'*intervention de la justice* est absolument nécessaire pour que l'inefficacité se produise. Et ce sera cette décision du juge qui *opérera* directement l'annulation : l'anéantissement de l'acte n'exigera aucunement le concours des parties ; la sentence du juge suffira. Cependant, le juge ne prendra ses pouvoirs que dans la loi ; l'annulation, en effet, forme l'objet d'un *droit* accordé par la loi ; c'est ce qu'exprime la définition en disant que les parties peuvent *exiger* l'annulation. Cela n'entraîne pas comme conséquence que tout acte annulable sera annulé : le juge ne *doit* annuler l'acte que sur la demande des personnes désignées par la loi. Or, celle-ci pourra restreindre le droit de demander l'annulation à certaines personnes déterminées, comme elle pourra l'étendre à tout intéressé. Si l'action n'est pas intentée, l'acte ne sera pas annulé. Cependant, dans certains cas, le juge pourra prononcer d'office l'annulation. Une fois prononcé, cet anéantissement de l'acte aura *un effet rétroactif,* c'est-à-dire que l'acte sera censé n'avoir jamais existé.

8. — Théoriquement donc il y a des différences considérables entre l'acte inexistant et l'acte annulable. Mais que reste-t-il de ces différences dans la pratique ? Il est facile de se rendre compte qu'il en subsiste peu de chose, lorsque l'on se transporte dans le domaine des faits.

Supposons en effet l'acte inexistant exécuté : l'exécution d'un acte inexistant n'a rien qui choque le bon sens. Voilà par exemple, dans le Droit français actuel, une personne non interdite qui, dans un moment de folie, fait une prétendue donation et transmet la possession de l'objet donné. Si le prétendu donataire n'est pas attaqué en justice, il pourra se comporter relativement à l'objet donné absolument comme un propriétaire, et, s'il exerce tous les droits d'un donataire, d'un propriétaire, il faudra une action en justice pour lui en enlever l'exercice. Prenons d'autre part une donation annulable : ainsi, en restant sur le terrain du Droit français actuel, une donation a été faite sous l'empire de l'erreur, de la violence ou de manœuvres frauduleuses. Le donataire est devenu propriétaire : tant que l'action en annulation n'est pas exercée, a-t-il une position meilleure que celui qui a accepté la donation faite par un aliéné ? La situation est absolument la même en fait, puisque nous avons montré que dans le cas d'une donation inexistante le prétendu donataire, tant qu'il n'est pas attaqué, exerce peut-être tous les droits d'un véritable donataire. L'action en nullité est intentée : rétroactivement le donataire sera réputé n'avoir jamais été donataire : il devra faire les restitutions comme s'il n'y avait pas eu de donation ; c'est bien dire que sa situation est la même que si la donation était inexistante.

Supposons maintenant que l'acte n'ait pas été exécuté. La donation inexistante ne doit pas légalement produire d'effets. Mais en fait, la donation annulable n'en produira pas non plus, puisque l'acte n'est pas exécuté. Et si le donataire veut agir pour faire exécuter la donation, ne sera-t-il pas aussi bien repoussé par une défense tirée de l'annulabilité que, dans le cas où l'acte est inexistant, par une défense tirée de l'inexistence ?

On voit en somme que pratiquement la différence entre l'inexistence et l'annulabilité n'est pas aussi évidente qu'elle le paraît au premier abord. Théoriquement sans doute cette différence est énorme : dans la pratique elle semble presque se réduire à rien.

9. — Notre travail aura précisément pour but de montrer que cette différence existe cependant dans la pratique elle-même. Avant d'en arriver à ce point, nous devrons montrer que la distinction des actes inexistants et des actes annulables a été adoptée par les rédacteurs du Code civil ; nous devrons aussi étudier la portée de cette distinction, c'est-à-dire déterminer quand il y a inexistence, quand il y a annulabilité. Tel sera l'objet de notre travail pour l'étude de la législation du Code civil.

Ce ne sera là qu'une partie de notre tâche. Nous nous proposons en effet d'étudier notre question au point de vue historique ; de voir si dans le Droit romain on ne distinguait pas déjà des inexistences et des annulabilités, ou tout au moins s'il n'y avait pas quelque chose d'analogue soit à l'inexistence, soit à l'annulabilité. Nous ferons les mêmes recherches dans l'Ancien Droit français que nous suivrons depuis la rédaction des lois barbares au VIe siècle jusqu'au commencement du XIXe siècle, au moment de la rédaction du Code civil.

Dans ces études d'histoire, nous n'essaierons pas de déduire les conséquences pratiques des caractères que nous découvrirons dans les nullités. Nous nous appliquerons seulement à rechercher si les caractères de l'inexistence et de l'annulabilité se retrouvent dans le Droit romain et l'Ancien Droit français, nous réservant d'étudier les conséquences pratiques de ces caractères dans la législation actuelle seulement.

10. — Notre travail se divisera naturellement en trois parties :

Ire Partie. — Droit Romain.

IIe Partie. — Ancien Droit Français.

IIIe Partie. — Code Civil.

DROIT ROMAIN

NOTIONS GÉNÉRALES

11. — Nous nous proposons, dans cette partie de notre travail, de rechercher si la distinction des actes inexistants et des actes annulables fut faite par les jurisconsultes romains. Ne nous attendons pas à trouver une théorie nettement formulée et mise en lumière sur cette distinction. Loin de là, nous serons obligé de dégager nous-même un système général des décisions éparses rendues sur la question. Mais au moins espérons-nous faire ressortir des textes que nous pourrons recueillir une distinction sinon identique, du moins analogue à celle de l'inexistence et de l'annulabilité. A la fin de notre travail, il nous sera permis, pensons-nous, d'affirmer que si les Romains n'ont pas érigé en théorie proprement dite la distinction d'actes inefficaces *ab origine* et d'actes pouvant devenir inefficaces à la suite d'une intervention de justice, cette distinction n'a pas passé pour eux inaperçue ; qu'ils l'ont comprise et appliquée dans un grand nombre de cas particuliers.

12. — Les textes nous présentent des actes inexistants : c'est incontestable. Ainsi que nous le verrons, l'inexistence est la conception normale de la nullité chez les Romains.

Cette conception est d'ailleurs une conséquence logique de leurs institutions. En effet, l'annulabilité exige, pour amener l'inefficacité de l'acte, une intervention du juge, intervention essentiellement active, faisant disparaître les effets que l'acte avait jusque là légalement produits. Cela n'a rien d'exorbitant dans une législation où le juge exerce une partie des pouvoirs publics, où par conséquent il puise dans son caractère cette puissance d'annulation. Mais le juge romain n'était qu'un simple particulier, une sorte d'arbitre que choisissaient les parties d'un commun accord, quand les actes de la procédure organisée par les lois avaient été accomplis devant le magistrat. *In jure,* le magistrat avait présidé aux formalités des actions de la loi, ou, dans le système formulaire, mis sa science juridique au service des parties, fait préciser l'objet de la demande et rédigé la formule. *In judicio,* le juge devait décider si la prétention du demandeur était ou non fondée. On comprend que ce juge, simple particulier, n'ait dû avoir normalement que l'office de déclarer le droit, *jus dicere,* d'apprécier, *sentire* (d'où le nom de *sententia* donné à sa décision). — On conçoit aisément qu'il n'ait pas eu le pouvoir de modifier quoi que ce fût ; qu'on ne lui ait pas permis d'annuler des actes, mais qu'il ait pu seulement les déclarer inexistants. La logique des choses exigeait donc que les nullités romaines fussent des inexistences. Car si ce n'est pas le juge qui rend un acte inefficace, pourquoi la loi ne frapperait-elle pas immédiatement cet acte d'inefficacité, pourquoi ne le condamnerait-elle pas immédiatement à l'inexistence ?

13. — Cependant, il faudra le constater, les Romains n'ont pas considéré toutes leurs nullités comme des inexistences. Ils ont admis dans certains cas des éventualités d'inefficacité se rapprochant beaucoup de l'annulabilité telle que nous l'avons définie.

14. — Mais il faut remarquer immédiatement que jamais ces éventualités d'inefficacité ne se confondent complétement avec l'annulabilité.

Tantôt, en effet, la décision de justice opère indirectement, par des détours, en partant d'une fiction ; tantôt, la rescision n'est pas la conséquence immédiate de cette décision de justice, laquelle, pour produire ses pleins effets, exigera le concours effectif ou supposé des parties ; tantôt, l'annulation ne fera pas l'objet d'un droit bien caractérisé, mais sera toujours considérée dans une certaine mesure comme une faveur.

15. — Cependant, malgré tout, il est certain pour nous que, dans tous ces cas, il n'y a pas inexistence ; qu'un acte se forme, qu'il ne satisfait pas dans sa formation aux dispositions du Droit (civil ou prétorien), et que le vice dont il est infecté peut amener, par l'intervention de la justice, l'inefficacité de l'acte. Voilà les caractères communs à toutes ces hypothèses, et que l'on retrouve dans les actes annulables.

16. — Mais d'où vient que les Romains aient admis ainsi une sorte d'annulabilité, alors que normalement ils devaient concevoir la nullité comme une inexistence ?

Cela résulte de causes diverses, et tout d'abord de la pluralité des sources de la loi. Les Prudents (*Jurisprudentes*) font la loi par leurs décisions : le Droit qu'ils fondent ainsi constitue du *Jus civile*. Ils ont là un privilége que tout le monde leur reconnaît. Mais au fond, ils n'osent pas en règle générale se mettre en opposition directe avec le Droit établi. Ainsi, à un moment donné, les Prudents décident que le testament fait *contra officium pietatis* doit être frappé d'inefficacité. Le Droit antérieur le sanctionnait cependant comme valable. Va-t-on le considérer, au contraire, comme inexistant ? Cela serait trop radical. En vrais Romains, on prend un biais. Le testament est tout d'abord valable ; seulement par l'emploi d'une fiction, on arrivera indirectement à le rescinder.

Voilà comment on procède à Rome : quand on veut faire une innovation, on essaie de la concilier avec le Droit antérieur.

Quelquefois on greffe même l'innovation sur ce Droit antérieur. Nous allons en voir un exemple dans le contrat de bonne foi entaché de dol, dont la résolution peut être demandée par l'action du contrat.

Nous ne pensons pas que cette action ait pu servir primitivement à demander la résolution du contrat : elle avait en effet, été créée pour en poursuivre l'exécution, mais non pour venir prétendre qu'il ne doit pas être exécuté, ou que l'on doit revenir sur son exécution. C'est bien sous l'influence de cette idée que les Proculéiens refusaient l'action *venditi* pour demander la restitution de la chose vendue sous condition résolutoire, alors que la condition était réalisée. Cependant il arriva un moment où l'action *venditi* fut accordée sans conteste dans ce but (4, pr., D., *De leg. comm.*, 18, 3). Ce qui se passa pour la vente avec condition résolutoire dut se produire pour les contrats de bonne foi entachés de dol : l'action *venditi,* pensons-nous, ne fut pas accordée tout d'abord *ad resolvendam emptionem* : elle ne fut sans doute donnée dans ce but que sous l'influence des Prudents.

Il est donc à présumer qu'originairement le dol n'avait pas pour effet de vicier les contrats de bonne foi où il se rencontrait. Mais, à un moment donné, la loi parut défectueuse. On pensa que de tels contrats devaient être frappés d'inefficacité. Les Prudents les déclarèrent-ils pour cela inexistants ? Non ; c'eût été aller directement contre des principes qu'on voulait respecter, au moins en apparence. Aussi, prit-on un détour : on réputa, comprise dans les clauses du contrat, l'obligation de donner son concours pour le résoudre : ce qui aboutit, comme nous le verrons, à frapper l'acte d'une sorte d'annulabilité.

La même considération, c'est-à-dire le désir de ne pas heurter de front les règles établies, porta le préteur à ne pas considérer comme inexistants les contrats de droit strict consentis sous l'influence de la violence ou de manœuvres frauduleuses, ou les actes faits en fraude des créanciers. Le préteur, qui, comme les Prudents, faisait le Droit, aurait certainement pu décréter l'inexistence de ces actes : il préféra, nous le constaterons, faire naître à la charge de l'une des parties en cause une obligation de se prêter à la résolution du contrat.

17. — D'ailleurs cette façon d'envisager le contrat de bonne foi ou de droit strict infecté de dol ou de violence, ou l'acte fait en fraude des créanciers, se rattache à une idée qui ne fut pas sans influence sur le développement du Droit romain.

C'est que l'autorité doit intervenir le moins possible dans les affaires des particuliers, et leur laisser toujours la plus grande initiative. Cela aussi explique comment, plutôt que de considérer un acte comme inexistant, plutôt que d'anéantir directement ce que les parties auront convenu, les Romains aiment mieux faire rentrer dans les clauses de l'acte une obligation de résoudre volontairement le contrat, qui, ainsi envisagé se rapproche de l'acte annulable. Cette tendance à tout rapporter à la volonté des parties se rencontre à chaque pas dans l'étude du Droit romain (1).

18. — Enfin le caractère d'équité des dispositions prises par le préteur devait le déterminer à ne pas considérer comme inexistants des actes qu'il frappait de nullité. L'équité répugne à l'application rigoureuse de règles générales ; il se peut que telle solution, excellente en principe, donne, dans tel cas particulier, les résultats les plus déplorables. L'équité, seul fondement des règles insérées dans l'édit, peut exiger elle-même que le préteur déroge à ces règles. Elles n'ont donc rien d'absolument fixe, et comme c'est l'auteur même de ces règles qui doit en faire l'application, pourquoi ne pas le considérer comme légiférant seulement au moment de cette application ? Il résulte de là que dans un grand nombre d'hypothèses (nous faisons allusion aux restitutions *in integrum*, aux interdits) le préteur ne considère l'acte comme véritablement nul qu'au moment où on le lui demande. Jusque-là il n'y avait rien de définitif, la nullité prétorienne n'existait même pas. L'acte n'était donc pas au regard du préteur inexistant, mais seulement menacé d'inefficacité, presqu'annulable.

---

17. — (1) C'est cette tendance qui explique la procédure du *sacramentum*, où les parties se conviant au pari, sont véritablement des cocontractants. Il en subsiste toujours quelque chose dans le quasi-contrat judiciaire (3, 11, D., *De peculio*, 15, 1). Dans cette procédure du reste le rôle des parties est prépondérant ; le magistrat n'a guère qu'une fonction de surveillance.

La même tendance explique la faculté laissée aux parties de choisir leur juge ; le fait que le *jussus* du juge dans les actions arbitraires ne put pas être d'abord exécuté *manu militari* (V. *infra*, 49) ; que ce sont les parties elles-mêmes qui procèdent à l'exécution des sentences du juge sur la personne du débiteur.

On le voit, des influences diverses tendaient à faire écarter dans bien des cas l'inexistence.

19. — Il nous faudra passer en revue ces divers cas. Pour cela, nous étudierons les nullités, d'abord dans le Droit civil (chapitre premier), puis dans le Droit prétorien (chapitre deuxième'. Cette division se justifiera d'elle-même par les résultats auxquels elle nous conduira. Elle nous permettra de constater qu'en Droit civil, l'inexistence forme la règle générale, règle qui comporte cependant quelques exceptions ; et qu'en Droit prétorien, la règle est au contraire une sorte d'annulabilité.

A l'époque de Justinien, il y a fusion du Droit civil et du Droit prétorien : les règles introduites par le Droit prétorien, comme celles qu'avait établies le Droit civil, sont consignées dans les recueils rédigés par l'empereur byzantin : elles puisent désormais leur autorité à la même source législative, ces recueils ayant été en effet promulgués par Justinien, et ayant reçu de sa volonté souveraine force de loi. Néanmoins le Droit de Justinien ne répugne pas à rentrer dans notre division. Le Droit civil et le Droit prétorien y subsistent avec toutes leurs divergences ; il y a toujours des nullités de Droit civil et des nullités prétoriennes. Et, si l'on va au fond des choses, Justinien, en faisant insérer dans les nouveaux recueils les dispositions de l'édit, ne transformait pas plus le Droit prétorien en Droit civil, qu'Adrien en promulguant l'*Editperpétuel* de Salvius Julien (1), ou que Théodose II en rédigeant la *Loi des Citations,* qui donnait force législative à tous les écrits de certains Prudents, aussi bien pour ce qu'ils avaient rapporté du Droit prétorien que pour ce qui avait fait l'objet de leurs études dans le Droit civil.

20. — Avant d'entrer au cœur de notre sujet, nous tenons à faire une observation qui se rattache précisément à la division du Droit romain en Droit civil et en Droit honoraire. On pourrait être tenté de croire que par le fait seul qu'il y a des nullités prétoriennes qui ne sont pas des nullités civiles, il existe en Droit romain des

---

19. — (1) Ortolan, *Législation romaine.* I, p. 305, n. 2.

annulabilités. En effet, un acte valable d'après le Droit civil peut être rendu inefficace par l'effet de l'intervention du magistrat qui applique le Droit prétorien. Nous ne prétendrons pas que cette considération n'ait pas eu une certaine influence sur le développement de la théorie des nullités dans l'Ancien Droit français. Mais notre but est d'étudier pour le moment la théorie des nullités en Droit romain.

Or, en voyant une annulabilité dans cette combinaison pure et simple du Droit civil et du Droit prétorien, on confondrait le fait et le droit.

Il y a en présence deux sources de Droit complétement distinctes, indépendantes l'une de l'autre : si au regard de l'une un acte est valable, pourquoi l'autre devrait-elle nécessairement considérer cet acte comme existant au même moment ? On n'en voit pas la raison ; au contraire, l'acte valable en Droit civil pourrait ne s'être jamais formé dans le Droit prétorien. Sans doute ce ne serait qu'au moment de l'action en justice que le préteur pourrait appliquer le Droit honoraire ; mais il y a là un fait qui ne l'empêcherait pas en principe d'avoir considéré l'acte dès l'origine comme n'existant pas, comme ne s'étant pas formé. Par conséquent, pour justifier l'idée d'annulabilité dans de pareils cas, il faudra démontrer qu'aux yeux du préteur lui-même, dans le Droit honoraire pur, l'acte existait à un moment donné ; il faudra démontrer que la décision de justice a enlevé à l'acte une efficacité que le Droit honoraire lui-même lui accordait jusqu'alors.

CHAPITRE 1ᵉʳ

Nullités de Droit civil.

—

SECTION I.

INEFFICACITÉ ORIGINAIRE.

§ I. — *Nullité totale.*

21. — Le *Jus civile* nous présente des cas de nullités qu'il
faut ranger sans le moindre doute au nombre des inexistences.
Pour les jurisconsultes romains, un acte nul est en principe
général un acte qui ne produira jamais aucun effet ; c'est un pur
fait qui ne mérite pas le nom de l'acte dont il présente l'apparence. Dès le moment où il aurait dû se former, l'acte a été frappé
par la loi d'inefficacité ; cette loi est assez puissante pour le priver
d'effets immédiatement.

Avec leur esprit méthodique, poussant l'analyse jusqu'aux
dernières limites, et découvrant sous des apparences souvent
contraires à la réalité la véritable nature des choses, les Romains
ne se sont pas laissé tromper par ce fait tout extérieur, et qui
n'a pas été peut-être sans influence sur la théorie des nullités
du législateur moderne, que tout acte juridique, ne fût-il qu'une
simple apparence, peut néanmoins en fait avoir produit des effets,
et qu'il faudra agir en justice pour faire reconnaître que l'acte
en question n'a pas de réalité. Ils ont fort bien su séparer le fait
du droit, et ils se sont toujours rendu compte qu'entreprendre une
instance contre un acte juridique, ce n'est pas supposer l'existence de cet acte, mais que tout au contraire c'est prétendre qu'il
n'y a pas d'acte.

22. — Les Romains, cela est certain, ont connu l'inexistence, et en ont parfaitement compris la portée. Il suffit pour s'en convaincre de passer en revue les différentes expressions qui leur servent à désigner les nullités.

23. — Voyons d'abord des cas de nullité de mariage :

1) Pour que le mariage soit valable, il faut dans la personne des époux l'*aptitude physique* (puberté) : le mariage de l'impubère ne devient un mariage que lorsque l'âge de la puberté a été atteint (4, D., *De ritu nupt.*, 23, 2) ; c'est donc qu'auparavant ce n'était pas un mariage : *nundum uxor est*, dit la loi 17, 1, D., *De reb. auctor. jud.*, 42, 5 ; *nuptiæ non sunt* (32, 27, D., *De don. int. vir. et uxor.*, 24, 1).

Quand l'un des époux est un *castratus*, il n'y a pas de mariage (arg. loi 39, 1, D., *De jur. dot.*, 23, 3).

2) Une seconde condition pour la validité du mariage, c'est l'*aptitude légale* (*jus connubii*) : la fille d'un sénateur ne peut pas épouser un affranchi : si elle le faisait, *nec nuptiæ essent* (16, pr., I., *De ritu nupt.*, 23, 2) ; *non sit omnino matrimonium* (3, 1, D., *De don. int. vir. et uxor.*) ; *uxor non est* (27, D., *De ritu nupt.*).

De même *matrimonium non erit,* si le titulaire d'un *officium* dans une province prend comme épouse une femme originaire de cette province (63, D., *De ritu nupt.*) ; cette union deviendra un mariage, *justas nuptias effici,* si la fonction passe sur une autre tête (65, D., *eod. tit.* — 6, C., *De nuptiis*, 5, 4.).

Est inexistant le mariage contracté entre personnes auxquelles la loi défend de se marier en raison de leur parenté : *neque uxorem habere videtur* (*vir*), *neque liberos* (Gaius, I, 64. — Cpr. Ulpien, *Regul.*, V, 7).

Entre le tuteur et sa pupille, *non est matrimonium* (66, D., *De ritu nupt.*).

3) Il n'y a pas non plus de mariage valable sans le *consentement libre des époux* : *matrimonium inter invitos non contrahitur* (22, D., *eod. tit.*).

4) Enfin le *consentement de ceux qui ont sur les époux*

droit de puissance est exigé à peine de nullité du mariage.
Contracté sans le consentement du père, le mariage est inexistant
(argt. loi 11, D., *De statu homin.*, 1, 5). Le consentement du
père intervenant après la célébration du mariage *fait* le mariage
(*Frag. vat.*, 102), et ce consentement ne rétroagit pas (1).

A titre de généralisation de toutes ces solutions spéciales, on
peut citer la rubrique « *De incestis et* INUTILIBUS *nuptiis* » en tête
du titre 5, livre 5, au Code. Traitant sous cette rubrique des
empêchements au mariage en général, Justinien montre nettement que *toute* union contractée contrairement aux lois n'est pas
un mariage ; que l'acte est inutile, et qu'il eût autant valu ne rien
faire.

24. — Si du mariage nous passons aux autres actes juridiques, nous retrouvons des expressions tout aussi claires et aussi
précises.

Les donations entre époux sont prohibées par la loi : désobéit-
on sur ce point à la loi, il n'y a rien de fait, *nihil actum est*
(9, pr. ; et 11 § 9, D., *De don. int. vir. et uxor.*, 24, 1); ou
bien la donation n'a aucune valeur : *nullius momenti erit donatio* (3, § 13; lois 34 et 35, D., *eod. tit.*) ; ou encore *non valet
donatio* (1 § 1 ; 3 §§ 1 et 6. D., *eod. tit.*) ; termes que les jurisconsultes romains considèrent comme synonymes 3, 10, D., *eod.
tit.*). Nous trouvons de même employés comme synonymes les
expressions *nullius momenti esse*, et *irritam* (1) *esse dona-*

---

23. — (1) Accarias, I, 83.

24. — (1) On pourrait être tenté de considérer l'expression de *irritam
esse* comme emportant l'idée d'une annulation postérieure à la naissance de
l'acte. En effet, les testaments *irrita* sont à proprement parler ceux qui,
valables à l'origine, sont frappés d'inefficacité par suite d'une *capitis deminutio* subie par le testateur après la confection du testament. Mais si l'on
examine les textes de près, on verra qu'ils prennent bien soin de dire que
les testaments *irrita* FIUNT, et non pas SUNT. L'opposition de ces deux ver-
bes apparait avec la plus grande netteté dans Gaius, II, 146-147, complété
par les §§ 5 et 6 aux Inst. de Justinien, II, 17. — Tel est le sens propre du
mot *irritus* en matière de testament. Les textes l'emploient quelquefois

tionem (3, 4, D., *eod. tit.*). — La femme qui a fait une promesse à son mari *donationis causa*, n'est pas obligée, pas plus que le fidéjusseur qu'elle a pu donner : *neque virum liberari, neque mulierem obligari, neque fidejussorem ejus* (5, 4, D., *eod. tit.*); les choses données restent la propriété de l'époux donateur qui peut les revendiquer (48, D., *eod. tit.*). — Quand la cause de la nullité aura disparu, alors, mais alors seulement, il pourra y avoir donation (1, 2, D., *Pro donat.*, 41, 6).

Les contrats exigent le consentement des parties : sans consentement, les Romains ne conçoivent pas un contrat. Ainsi il n'y a pas de vente quand il y a erreur *in substantia : nulla est venditio* (9, 2, D., *De contrahend. empt.*, 18, 1); *non valet* (14, D., *eod. tit.*); quand il n'y a pas consentement, il n'y a pas stipulation : *stipulatio nulla est* (1, 3, D., *De pactis*, 2, 14).

Entre le père et le fils qui est en sa puissance, il n'y a pas de donation : *nulla donatio fuit* (1, 1, D., *Pro donato*).

Les *actus legitimi* ne sont pas susceptibles d'être soumis à une condition expresse : ainsi lorsque dans les termes mêmes d'une acceptilation, une personne énonce une condition, *nullius momenti faciet actum* (77, D., *De reg. jur.*, 50, 17).

D'une façon générale, signalons pour terminer et ne pas trop allonger cette énumération, une expression que l'on rencontre souvent dans les textes édictant une nullité : *nihil agitur, nihil actum est* (21, 4, D., *Quod metus causa*, 4, 2. — 7, pr. et § 1, D., *De rescind. vend.*, 18, 5. — 9, pr., et 11 § 9, D., *De don. int. vir. et uxor.*). Ajoutons que Justinien consacre tout un titre de ses Institutes (le titre 19, au livre 3) à l'étude des nullités des stipulations, et que la rubrique porte : « *De inutilibus stipulationibus.* » Sous ce titre, qui est du reste en partie la repro-

---

pour désigner le testament *ruptum :* en ce cas la même remarque doit être faite. (Instit. de Gaius et Justin., *locc. citt.*). — Enfin on trouve quelquefois l'adjectif *irritum* qualifiant le testament qui n'est pas suivi d'adition : ici encore on emploie le verbe *fieri* (Ulpien, *Reg.*, XXIII, 4. — 50, pr., D., *De manumis. testam.*, 40, 4).

duction des §§ 97-104 des Institutes de Gaius, et sous le même
intitulé au Code (liv. 8, tit. 39), nous voyons le texte employer
indifféremment l'expression de *inutilis stipulatio*, et les autres
expressions que nous avons passées en revue.

25. — Il est donc établi maintenant que les Romains con-
cevaient la nullité comme une inexistence. Il n'y avait pas d'acte,
disaient-ils, l'acte n'avait aucune valeur, était inutile : toutes ces
expressions reproduisaient la même idée. Nous ne nous sommes
occupé évidemment que de nullités frappant l'acte dans toutes
ses parties. Ce ne seront plus de ces nullités totales que nous
trouverons dans le paragraphe qui va suivre.

§ II. — *Nullité partielle.*

26. — A côté des actes complétement nuls et que nous avons
reconnus être inexistants, nous en trouvons d'autres qui sont en
partie nuls, en partie valables. Nous nous proposons d'examiner
si la nullité qui infecte ces actes est bien encore l'inexistence,
qui serait alors une inexistence partielle.

La nullité que nous avons à étudier existe dans les actes de
l'impubère sorti de l'*infantia*.

L'impubère, quand il n'a pas encore sa raison, quand il est
infans, ne peut faire aucun acte qui ait la moindre valeur ; on
l'assimile à l'aliéné. (Gaius, III, 109. — §§ 8 et 10, Inst., III,
19. — 1 §§ 12 et 13, D., *De oblig. et action.*, 44, 7).

Mais ce n'est pas des actes des *infantes* que nous parlons. Il
ne peut s'agir ici que de l'impubère sorti de l'*infantia* (1), qui a
sa raison, et comprend ce qu'il fait.

―――――――

26. — (1) Nous ne parlons pas de la distinction des impubères sortis
de l'*infantia* en *infantiæ proximi* et *pubertati proximi*. On sait que jusqu'à une certaine époque, les *proximi infantiæ* (c'est-à-dire ceux qui,
tout en ayant dépassé l'âge de l'*infantia*, étaient encore presqu'aussi peu
intelligents que les *infantes*) étaient assimilés, quant à la capacité juridique, aux *infantes*. Mais cette distinction des impubères sortis de l'*infantia* disparut de bonne heure au moins au point de vue de la capacité
civile. (Gaius, III, 109. — Accarias, I, 155).

27. — Il est assimilé à la personne pubère pour les actes qui font sa condition meilleure, et est complétement incapable de faire ceux qui rendent sa condition pire. Si un acte contient des dispositions de nature à améliorer la condition de l'impubère, et en même temps des dispositions qui la rendent pire, les premières sont parfaitement valables ; les secondes ne produisent aucun effet : il y a validité totale de celles-là, inexistence complète et absolue de celles-ci. Nous disons : *absolue ;* car la loi romaine considère bien ces dispositions comme n'ayant aucune existence légale, et cette situation comme étant la même pour tout le monde. Sans doute, en fait, il n'y aura jamais que l'impubère qui invoquera cette inexistence ; et l'autre partie ne sera pas intéressée à le faire ; tout au contraire, en le faisant elle irait contre son propre intérêt ; mais, en droit, en pure théorie, en soi et d'une façon abstraite, on ne voit aucun obstacle à ce qu'elle invoque cette nullité. En somme, il y a une inexistence absolue, mais partielle (1) (pr., Inst., *De auct. tutor.*, I, 21. — 13, 29, D., *De action. empt. et vend.*, 19, 1).

28. — Telle est la solution à donner d'après les principes de la matière, isolés des autres principes du Droit. Or, il arrive quelquefois, et la chose n'est pas rare en Droit romain, que par la combinaison d'une règle juridique avec une autre, la première tout en s'appliquant théoriquement se trouve en partie paralysée. Nous sommes ici en présence d'un cas de ce genre.

---

27. — (1) Nous donnons ici une théorie générale, et nous ne nous arrêtons pas aux cas particuliers qui forment exception à la règle. Ainsi le mineur, qui fait seul une adition d'hérédité, ou demande sans l'autorisation de son tuteur, la *bonorum possessio*, ou reçoit un fidéicommis en vertu du sénatus-consulte Trébellien, ou répudie dans les mêmes conditions l'hérédité ou la *bonorum possessio* ou le fidéicommis, fait un acte complètement nul ; quoiqu'il puisse y avoir là le principe d'une amélioration de sa condition (9, §§ 3 et 4, D., *De auct. et consensu tut.*, 26, 8. — 18, D., *De acq. vel. omit. her.*, 29, 2. — 1, Inst., *De auct. tutor.*, I, 21). La nullité, au lieu d'être partielle est entière. C'est d'ailleurs une véritable inexistence, ainsi que le montre par exemple la loi 9, D., *De auct. et constat.,* où les deux paragraphes précités sont précédés et suivis de textes disant : *pupillus nihil agit.*

Il reste toujours vrai que le contrat ne tient que d'un côté, que le pupille n'est pas obligé, mais que la partie qui a traité avec lui est pleinement tenue. Seulement, il faut tenir compte de la règle que nul ne peut s'enrichir au détriment d'autrui (206, D., *De reg. jur.*, 50, 17). Cette règle est tellement dans la nature des choses, qu'on ne dut pas tarder à l'appliquer aux contrats passés par le pupille. Et cependant ce n'est que sous Antonin le Pieux que nous trouvons un rescrit en prescrivant l'application dans notre matière. Doit-on voir là une innovation d'Antonin ? Nous ne le pensons pas : le rescrit de l'empereur ne faisait sans doute que donner l'estampille officielle à une jurisprudence déjà établie, suivant un procédé assez usité à Rome. Quoi qu'il en soit, à partir de ce moment l'application au mineur du principe que nul ne doit s'enrichir au détriment d'autrui ne fait plus de doute (3, pr., D., *Commod. vel contra*, 13, 6. — 5, pr., D., *De auct. et consens. tut.*).

29. — La combinaison des deux principes amène des conséquences assez intéressantes.

Pour les mettre en évidence, et pour nous rendre compte de l'influence que l'application simultanée des deux principes peut exercer sur le caractère de la nullité, pour voir en un mot s'il y a toujours inexistence et non pas annulabilité, nous prendrons l'espèce de la vente d'un immeuble faite par un pupille (1) sans autorisation, et nous supposerons successivement quatre cas qui peuvent se présenter.

30. — *Premier cas.* — *Il n'y a eu exécution ni de la part du pupille, ni de la part de l'acheteur.* — En principe, le pupille aurait le droit d'agir en paiement par *l'actio venditi* ; et l'acheteur devrait payer, sans pouvoir lui-même réclamer l'im-

---

29. — (1) Nous disons avec intention *pupille* et non *impubère*. On pourrait étudier de même les actes du fils de famille ; mais ce serait compliquer les choses que de vouloir comprendre le fils de famille dans ces explications, où il faudrait faire rentrer l'application du principe de la *représentation*.

meuble. Mais si le pupille agit en paiement, l'acheteur pourra paralyser son action par l'exception de dol, sous-entendue dans toutes les actions de bonne foi (*Fragm. Vatic.*, 94. — 21, D., *Salut. matrim.*, 24, 3. — 84, 5, D., *De legatis I°*, 30), à moins toutefois que l'impubère n'offre en même temps de se prêter au renouvellement du contrat. Si en effet il ne faisait pas cette offre, la partie pubère pourrait immédiatement, par une *condictio sine causa*, lui réclamer la somme qu'elle viendrait de lui payer, et dont le pupille se serait enrichi à son détriment ; et il y a dol à demander ce que l'on serait obligé de rendre immédiatement (8), pr., D., *De doli mali et met. exc.*, 44, 4).

Si l'impubère reste dans l'expectative, l'autre partie ne pourra pas agir par l'*actio empti* pour demander la délivrance ; car il n'y a pas à la charge du mineur d'obligation de délivrance, ou, si l'on veut, cette obligation est inexistante.

Deux partis sont donc ouverts à l'impubère : il peut considérer le contrat tout entier comme valable et agir en conséquence : seulement il sera obligé de faire un nouveau contrat, ce à quoi l'autre partie ne se refusera certainement pas. — Il peut aussi tenir le contrat tout entier pour nul en renonçant à profiter de la partie du contrat qui en droit est valable.

Donc, le sort du contrat dépend de la déclaration de volonté de l'impubère. Y a-t-il là une annulabilité ? En d'autres termes, la justice est-elle censée briser, casser un contrat valable jusque là ? Point du tout : le magistrat ou le juge ne fait que constater qu'il n'y a pas eu d'obligation de la part de l'impubère ; il déclare seulement l'inexistence de ses obligations. Quant aux obligations de l'autre partie, elles ne sont pas non plus brisées par le pouvoir judiciaire. Dans le cas où l'action *empti* est intentée contre l'impubère, la question ne se pose même pas ; car ni le magistrat ni le juge n'ont à se prononcer sur ces obligations qui ne font pas l'objet du litige. Dans le cas où le pupille intente l'action *venditi,* ces obligations existent ; et le magistrat ne les rescinde pas : si l'acheteur échappe à la condamnation, ce n'est pas en effet parce que ces obligations n'existent pas, mais parce qu'il serait absolument inutile et même dangereux d'en ordonner l'exécution, alors qu'immédiatement l'acheteur pourrait demander l'exécution de l'obligation quasi-contractuelle qui naîtrait au profit du mineur. La situation est à peu près identique à celle que l'on trouve dans la théorie de la compensation ; et la raison pour laquelle la condamnation n'est pas prononcée, loin de faire décider qu'il n'y a pas d'obligations, démontre au contraire que ces obligations existent.

Maintenant, nous n'avons pas à nous préoccuper de ce que, dans le cas où il s'agit d'un *judicium legitimum*, et où, comme dans notre espèce, la formule est conçue *in jus* (1) et *in personam*, le mécanisme de la procédure déterminera l'extinction totale de l'*actio venditi* ; de ce que par conséquent l'effet extinctif de la *litis contestatio* détruira *ipso jure* les obligations de l'acheteur. — Il y a là un résultat intéressant de la combinaison des principes du Droit ; mais il n'a rien à faire avec la *théorie* des nullités.

L'essentiel, c'est que le Droit civil ne considère pas ces obligations comme nulles. Ajoutons immédiatement que le Droit prétorien lui-même ne les considère pas comme nulles, puisque ce n'est pas dans la formation de ces obligations que l'on trouve la base de l'exception qui leur sera opposée, mais dans le fait de l'exercice de l'action.

En résumé, nous voyons dans ce premier cas, l'inexistence d'une partie des dispositions du contrat ; et quant à l'autre partie, elle reste pleinement valable. Seulement, en fait la validité de cette seconde partie ne pourra pas être invoquée, si l'on n'offre pas en même temps de refaire la première.

31. — *Second cas.* — *La partie pubère a seule exécuté le contrat.* — Nous supposerons que la partie pubère a payé entre les mains du pupille encore impubère ; car si elle avait payé entre les mains du tuteur ou du pupille devenu pubère, la vente se

---

30. — (1) Nous nous plaçons seulement dans le système formulaire, de façon à ne pas trop compliquer la suite des idées.

faisant *solo consensu*, il y aurait dans l'acceptation de ce paie‑ment un consentement valable et efficace à la vente, et partant une nouvelle vente : le pupille n'aurait rien à opposer à *l'actio empti*.

Cette hypothèse mise de côté, il ne sera pas question de de‑mander la nullité ; le mineur irait contre son intérêt en entre‑prenant une semblable instance. Mais il se peut que la partie pubère prétende obtenir la mise en possession de l'immeuble. A cette demande l'impubère répondrait par une défense tirée de la nullité de ses obligations. Mais alors il serait sans défense contre une *condictio sine causa* fondée sur son enrichissement, et ayant pour objet de réclamer le profit qui lui reste de l'exécution des obligations de l'acheteur. D'autre part, le pupille agissant ensuite par *l'actio venditi* serait repoussé *ipso jure ;* car l'ache‑teur ayant pleinement satisfait à ses obligations ne peut plus être poursuivi.

On voit que les obligations du mineur qui opte pour la nullité sont déclarées inexistantes ; quant à celles de la partie pubère, il ne peut pas s'agir de nullité à leur égard, parce qu'elles ont été éteintes par le mode normal d'extinction des obligations, c'est‑à‑dire par leur exécution. Il y a ici inexistence ; seulement, inexis‑tence partielle, forcément relative *en fait* puisqu'il n'y aura que le mineur qui puisse jamais avoir intérêt à se prévaloir de la nul‑lité.

32. — *Troisième cas.* — *Le pupille a exécuté seul.* — Nous supposons qu'il a exécuté sans l'autorisation du tuteur, et étant encore impubère. Car sinon il y aurait dans le fait de l'exécution les éléments d'un nouveau contrat, lequel serait parfaitement valable.

Mais dans notre hypothèse où l'exécution est supposée faite par le pupille sans autorisation, celui‑ci reste le maître du con‑trat. Il peut le considérer comme inexistant, et agir en revendi‑cation de l'immeuble ; mais alors, demandant ensuite l'exécution des obligations de l'acheteur il verrait repousser sa prétention, parce qu'il commettrait un dol en voulant se faire payer ce qu'il serait obligé de restituer immédiatement par la *condictio sine causa*. Il peut aussi le considérer comme valable, agir en paiement contre l'acheteur ; mais alors, si l'acheteur acquiesce à la demande, on peut dire qu'un nouveau contrat se forme à ce moment (1); s'il n'y acquiesce pas, le seul fait de l'organisation du *judicium* équivaut à un acquiescement; en effet, *judicio contrahitur* (3, 11, D. *De peculio*, 15, 1).

Ici encore le pupille tient entre ses mains le sort du contrat : s'il opte pour la nullité, ses obligations sont inexistantes ; celles de la partie pubère seront paralysées. S'il opte pour la validité, il y aura un nouveau contrat de formé.

33. — *Quatrième cas.* — *Le contrat est exécuté des deux côtés.* — Faut-il répéter que nous nous plaçons toujours dans l'hypothèse où l'exécution n'a pas été une cause du renouvellement valable du contrat, ce qui aurait lieu si l'exécution avait été le fait du pupille autorisé ou du tuteur.

Au cas où le pupille reste dans l'expectative, l'acheteur ne peut que garder également l'expectative. Mais si le pupille opte pour la nullité, il peut agir en revendication ; et alors la partie adverse pourra lui opposer l'exception de dol, s'il ne propose pas de rendre le profit qui lui reste de l'opération.

On voit que le pupille peut considérer dans ce cas, de même que dans les précédents, le contrat comme valable ou comme nul. D'autre part, son inaction, tout en laissant subsister les effets d'un acte en partie inexistant, ne l'empêchera jamais d'invoquer, quand il lui plaira, l'inexistence (1). Alors l'inexistence sera déclarée ; il triomphera dans sa revendication, sauf à restituer le

---

32. — (1) Seulement. s'il n'y a pas une nouvelle mancipation ou *in jure cessio* de l'immeuble (italique), l'acheteur (antérieurement à Justinien) n'en a que la propriété bonitaire, le *dominium* restant toujours sur la tête du pupille. Si celui-ci agissait en revendication, il serait repoussé par *l'exceptio rei vend.tæ et traditæ* : quoi qu'en dise Justinien (44, Inst., *De divis. rer.*, II, 1), il y a dans cet acquiescement une tradition.

33. — (1) Il pourra seulement à partir de Théodose le Jeune être repoussé par la *præscriptio longissimi temporis* qui est opposable à l'exercice de toutes actions tant réelles que personnelles après trente ans,

profit qui lui restera de l'exécution des obligations de l'acheteur, pour lesquelles il ne peut pas être question de nullité, parce que ces obligations se sont normalement éteintes par leur exécution.

34. — D'une façon générale, on peut tirer de l'examen de ces quatre hypothèses la conclusion suivante :

D'abord, que le sort du contrat est entre les mains du pupille ; que, s'il veut le faire exécuter comme parfaitement valable, la partie adverse ne pourra pas s'y refuser ; que s'il veut le faire considérer comme complétement nul, on constatera l'inexistence de ses obligations, tandis que celles de la partie adverse resteront valables mais en fait inexécutées, ou seront considérées comme valablement exécutées, le pupille étant obligé de restituer son enrichissement ; que, dans les cas où il voudrait bénéficier de l'inexistence partielle et en même temps de la validité partielle, il ne réussirait pas dans ses prétentions : on voit un dol dans l'exercice de l'action par laquelle il demande l'exécution des obligations de l'acheteur ; et cette action échoue en fait, quoiqu'en droit ces obligations subsistent tout entières. D'autre part, lorsque l'acheteur a exécuté, il n'est pas question d'annuler ces obligations de l'acheteur. lesquelles auront produit tout leur effct, et se seront éteintes par le mode normal d'exécution des obligations, le paiement.

Le résumé de cette argumentation, c'est que les Romains, tout en n'adoptant pas l'idée théorique et précise de la nullité relative, ont cependant admis ce genre de nullité dans la pratique et par la combinaison des principes. C'est aussi que cette nullité relative n'est pas une annulabilité ; qu'elle constitue ce que l'on peut appeler une inexistence partielle.

35. — Voilà les inexistences du Droit romain : inexistences complètes et inexistences partielles ; les premières au caractère nettement défini ; les secondes au caractère plus vague, mais néanmoins certain.

En principe, les nullités romaines sont des inexistences, ce sont même en règle générale des inexistences totales, absolues. — Exceptionnellement, la nullité est partielle : un acte est nul en partie, et en partie valable ; mais ce qui est nul est néanmoins inexistant.

Nous aurons maintenant à étudier des nullités qui présentent certains caractères assez précis de l'annulabilité, même au regard du Droit civil. C'est ce qui fera l'objet de la section suivante.

SECTION II.

INEFFICACITÉ POSTÉRIEURE A LA FORMATION DE L'ACTE.

§ I. — *Rescision opérée par les juges de la « querela inof-ficiosi testamenti. »*

36. — Le testament valable d'après le Droit strict peut être contraire à l'*officium pietatis* (1). Les Romains le considèrent alors comme entaché d'un vice tel que la personne injustement exhérédée ou omise (2), peut venir réclamer sa part *ab* intestat comme s'il n'y avait pas eu de testament : la demande est portée

---

36. — (1) Dans notre législation actuelle, le testament qui dispose d'une partie de la réserve n'est pas, à proprement parler, un acte *nul*. Le Code civil défère aux héritiers réservataires un droit direct sur la succession de leur parent. Le testament n'est pas considéré comme vicié ; théoriquement, il est parfaitement valable ; seulement *en fait,* les droits qu'il engendre sont impuissants à primer les droits des héritiers réservataires. — Tout au contraire, en Droit romain, le testament qui viole l'*officium pietatis* est considéré certainement comme entaché d'un vice : cela est si vrai que les jurisconsultes y voient presqu'un testament fait par un aliéné (2 et 19, D. *De inof. test.,* 5, 2. — 36, D., *De legatis* 3°, 32). L'étude de la *querela inof-ficiosi* est donc à sa place dans un travail sur les nullités.

(2) Nous n'avons pas à déterminer quelle est l'étendue de l'*officium pietatis*, c'est-à-dire entre quelles personnes il existe, et dans quelles conditions on est censé y avoir satisfait. Nous nous plaçons dans le cas où la *querela* est ouverte, et nous en étudions simplement les effets.

devant le tribunal des Centumvirs et porte le nom de *querela inofficiosi testamenti*. Nous aurons à rechercher si l'inefficacité qui frappe en ce cas le testament est une annulabilité ; ou tout au moins si elle ne présente pas les caractères les plus intéressants de l'annulabilité. Nous l'avons déjà dit, ce qui distingue au premier chef l'acte annulable, c'est qu'il produit ses effets jusqu'à ce que le juge en prononce l'annulation. — Voyons donc si avant la sentence du juge le testament doit être considéré comme efficace, ou si au contraire par le fait seul qu'il viole l'*officium pietatis* il doit dès l'origine ne produire aucun effet.

37. — Nous faisons remarquer d'abord qu'il faut se mettre en garde contre certains arguments, comme celui-ci : si le testament n'a pas été attaqué par la personne injustement exhérédée ou omise, ou si au moins cette dernière n'a pas préparé la *querela* avant son décès, le testament produit tous ses effets (6 § 2 ; 7, D., *De inof. test.*, 5, 2. — 5, C., *De inof. test.*, 3, 28) : d'où l'on pourrait conclure qu'il est seulement annulable, puisque, si on ne l'attaque pas, il produit ses effets ; puisqu'en d'autres termes une sorte de confirmation est possible.

Nous répondrions que cet argument n'est pas concluant. Car les Romains (à tort peut-être) ne se refusent pas à admettre qu'un acte inexistant, c'est-à-dire ne produisant aucun effet, prenne vie à un moment donné et devienne inattaquable, parce qu'on l'a approuvé en gardant le silence pendant un certain laps de temps. C'est ainsi que les donations entre époux, considérées comme inexistantes pendant le mariage (11 § 1; 33 § 1; 34 et 35, D., *De donat. int. vir. et uxor.*, 24, 1) sont, dans le cas où le donateur ne s'en repent pas, confirmées de plein droit par le prédécès du donateur *durante matrimonio* (32, 1. D., *eod. tit.*). Et, chose curieuse, ce n'est pas un nouveau contrat qui se forme à la mort du donateur, puisque l'on ne repousse pas l'idée d'une rétroactivité (11, 9, D., *eod. tit.*). Il y a donc là une confirmation véritable (1).

---

37. — (1) V. aussi *infra*, 38, n. 3.

Donc le fait que le testament inofficieux est confirmé soit par l'expiration du délai de cinq ans avant l'exercice de la *querela*, soit par la mort de celui qui aurait pu se plaindre, soit par sa renonciation ne prouve pas absolument qu'il s'agisse ici d'une annulabilité et non d'une inexistence.

Nous avons heureusement d'autres arguments tirés soit des expressions des textes, soit des principes mêmes de la matière.

38. — Pour désigner le résultat de la *querela*, les textes disent toujours : *testamentum rescinditur* : telle est l'expression employée par Ulpien (8, 16, D., *De inof. test.*) ; par Paul (17, pr. ; 19 *in fine*, D., *eod. tit.*) ; par Dioclétien et Maximien (24, C., *De inof. test.*) ; par l'empereur Léon (17, C., *De collation.*, 6, 20) ; par Justinien (32 et 34, C., *De inof. test.*).

Or, ce mot *rescindere* (dont la racine est le préfixe *re*, marquant retour à un état antérieur, et le verbe *scindere*, fendre, séparer, déchirer, détruire) signifie : *détruire pour ramener à l'état primitif, mettre à néant, annuler*. Il implique qu'un état ancien a été modifié, mais que l'état nouveau est détruit et remplacé par la situation première. En un mot, dire qu'un acte est *rescindé*, c'est faire entendre qu'il y avait eu un acte et que cet acte avait produit des effets, mais que le juge l'a brisé, et que l'acte est à considérer rétroactivement comme n'ayant jamais existé (1).

On alléguera peut-être que le mot *rescindere* est pris quelquefois dans un sens différent et qu'il indique alors une déclaration d'inexistence plutôt qu'une annulation. Nous avouons que dans certains cas il est employé en ce sens : on trouve, comme le fait remarquer Cujas (2), la loi 64, 1, D., *De condition.*, 35, 1, où un legs fait sous condition illicite est dit *ipso jure rescindi* ; la loi 5, 2, D., *Qui et a quib. manumiss.*, 40, 9, d'après laquelle un affranchissement fait *in fraudem creditorum rescinditur*,

---

38. — (1) Savigny, § 202, n. *e*.

(2) Cujas, glose sur le titre 44 au Code, livre 4 (Code glosé, édition du Lion moucheté, p. 1014).

alors qu'un tel affranchissement est certainement inexistant en vertu de la loi *Ælia Sentia* (Gaius, I, 37. — 1, 1, D., *De statuliberis*, 40, 7) (3) ; la rubrique du titre 8 au Dig., liv. 49, qui porte : « *Quæ sententiæ sine appellatione rescindantur* », et sous laquelle il est traité de jugements inexistants. De même, Savigny (4) remarque que les §§ 1 et 2 du titre préliminaire des *Règles* d'Ulpien désignent la nullité immédiate par le terme *rescindere*.

Nous sommes obligé de constater ces impropriétés de langage, et d'autres encore à côté. C'est ainsi que nous trouvons employés dans des cas où il y a nullité de plein droit, les mots *rumpi* (30, D., *De liber. et postum.*, 28, 2) et *revocari* (1, C., *Qui manumitt. non possunt*, 7, 11), qui, aussi bien que *rescindi*, renferment l'idée d'une annulation. Par contre, dans la loi 22, D., *Quæ in fraud. cred.*, 42, 8, on peut observer qu'une aliénation simplement révocable par la *Pauliana actio* est appelée *nullius momenti*. Cela prouve simplement que les jurisconsultes peuvent quelquefois laisser échapper le mot propre.

Mais lorsque, comme dans notre hypothèse, une foule de textes emploient la même expression, disant tous : « *testamentum rescinditur* », nous croyons qu'il faut tenir compte de cet ensemble, et reconnaître qu'ils entendent désigner par là l'anéantissement d'un acte existant jusqu'alors ; non pas une simple déclaration d'inexistence.

---

(3) La loi 1, 1, D., *De statuliberis*, est très-intéressante pour nous, parce qu'elle nous montre bien comment les Romains avaient une conception nette de l'inexistence, et comment cette conception n'était pas effacée dans leur esprit par la nécessité de recourir à la justice pour faire prononcer sur cette inexistence. Ce texte nous dit que l'esclave affranchi *in fraudem creditorum* est *statuliber*, c'est-à-dire qu'il est encore esclave, seulement que son affranchissement est considéré comme soumis à une condition, parce que l'on ne sait pas si les créanciers exerceront leurs droits. Ainsi, les créanciers n'agiront peut-être pas en justice : néanmoins l'affranchissement est en droit inefficace ; celui qu'on a voulu affranchir n'est pas sorti de l'esclavage ; seulement, au bout d'un certain laps de temps, l'affranchissement, quoiqu'inexistant, sera confirmé : la condition à laquelle il était considéré comme soumis sera réalisée.

Une expression analogue à celle de *rescindi*, et qui a une signification tout aussi précise est celle de *resolvi*. La constitution 13, C., *De inoff. test.*, dit en parlant d'un testament annulé pour cause d'inofficiosité : *resolutum est testamentum.*

D'autre part, la loi 2, D., *De inof. test.*, met nettement en opposition le testament inofficieux et le testament inexistant : les jurisconsultes, dit-elle, justifient la *querela* par le *prétexte* de l'insanité d'esprit du testateur ; mais, il faut bien remarquer, ajoute la loi, qu'il y a là simplement un prétexte (*color*); car si le testateur est fou, il n'y a pas de testament, *nullum est testamentum*. En cas d'inofficiosité, la situation est toute différente : *recte quidem fecit testamentum* (5).

Ce texte montre on ne peut plus clairement comment les Romains voient dans le testament inofficieux un testament efficace *ab initio*, devenant inefficace par la décision du juge qui le casse, le brise, le déchire, *rescindit*.

L'intervention active du juge est mise en lumière par la loi 17, pr., D., *De inof. test. :* quand les Centumvirs prononcent la rescision du testament, le texte dit qu'ils *font* le *de cujus* intestat : *quum* FACERENT *intestatum*.

39. — La solution donnée par ces arguments de textes est entièrement confirmée par les considérations tirées des principes mêmes de la matière.

Longtemps le *paterfamilias* avait eu le droit absolu d'exclure de sa succession n'importe laquelle des personnes que la loi y appelait à défaut de testament. A un moment donné, on avait exigé cependant qu'il exhérédât expressément tous les *sui heredes* naturels ou adoptifs; et le préteur avait ajouté au nombre de ceux qu'il fallait instituer ou exhéréder régulièrement tous les descendants dont la filiation dérive des *justæ nuptiæ per masculos*. L'exhérédation une fois faite conformément au Droit, le

---

(4) Savigny, § 202, n. *e.*
(5) Cpr. pr., Inst., *De inoff. test.*, II, 18.

testament était parfaitement valable, quels qu'eussent été les motifs de cette exhérédation, n'en eût-elle même eu aucun.

Une pareille législation présentait de trop graves inconvénients, et entraînait de trop grands abus pour pouvoir durer. Aussi à une certaine époque, assez ancienne d'ailleurs, les Prudents décidèrent-ils que le testament privant un proche parent de toute part à l'hérédité, ou ne lui accordant qu'une part minime, pourraît être soumis au contrôle du tribunal des Centumvirs, et que si l'on prouvait que l'hérédation (ou l'omission dans les cas où le Droit antérieur la tolérait encore) n'était pas justifiée, le testament serait rescindé. Mais aucun texte ne précisa les justes causes d'exhérédation ou d'omission : il faut en conclure que ces causes étaient essentiellement relatives ; que leur appréciation dépendait par exemple de la situation réciproque du testateur et de la personne exhérédée ou omise, de leur condition sociale, de leur éducation, enfin de tout cet ensemble de circonstances plus ou moins importantes de nature à aggraver ou à atténuer le caractère injurieux du fait qui avait déterminé l'exhérédation ou l'omission. — D'autre part, la condition même de celui que le testateur avait institué et qu'il avait préféré à la personne exhérédée ou omise, les liens de parenté qui unissaient cet institué au testateur, comparés à ceux qui unissaient le testateur à la personne exhérédée ou omise, devaient être pris en considération (1). En un mot, le juge devait avoir une liberté d'appréciation illimitée.

Dans ces conditions fallait-il considérer le testament comme inefficace avant la sentence du juge ?

Il était beaucoup plus rationnel de le considérer jusque-là comme existant, puisque, d'après les anciens principes, il devait être parfaitement valable, et que ce n'était qu'exceptionnellement et s'il était prouvé que le testateur avait violé ses devoirs de famille, qu'il pouvait y avoir lieu d'appliquer les principes

---

39. — (1) Hugo, *Histoire du Droit romain*, traduite par Jourdan (Paris, 1825), I, p. 398.

nouveaux. Voilà déjà une considération d'un certain poids. Mais, ce qui devait faire repousser absolument l'inexistence, c'était la relativité que nous venons de signaler dans l'appréciation des causes d'exhérédation ou d'omission : c'était la latitude qui était laissée au juge affranchi de toute règle invariable, latitude d'où il résultait que l'héritier dépouillé par le testament n'avait pas à proprement parler de *droit acquis* à en faire prononcer la nullité, qu'il n'avait pas d'*action*, mais pouvait seulement se plaindre, intenter une *querela*. Le testament devait donc rester valable en droit, comme il l'était d'ailleurs dans la législation antérieure ; seulement on décidait que sous certaines conditions, la personne exhérédée ou omise pourrait se plaindre et obtenir du juge la mise à néant du testament.

Cette solution cadre parfaitement du reste avec l'esprit romain, conservateur respectueux des vieilles traditions. A un moment donné, on trouve que la législation accorde au testateur une liberté trop grande : en principe cette législation subsistera. Il restera toujours vrai que le testateur qui aura exhérédé ou omis sans motif certains membres de la famille, aura fait néanmoins un testament : sur ce point. rien de changé. Seulement le testament, quoiqu'existant. pourra être rescindé, brisé par le juge. De cette manière la contradiction du Droit nouveau et du Droit ancien ne sera pas aussi apparente qu'elle l'eût été si le testament inofficieux eût été rendu inexistant.

40. — Il est curieux d'étudier le procédé employé pour rescinder le testament inofficieux. Un jugement, d'après les idées reçues à Rome, est une simple déclaration de droit : le juge *dicit jus, sentit* ; le jugement est la *sententia*. Sans doute le juge condamne ; si ce n'est pas le *judex*, tout au moins est–ce l'*arbiter :* mais voilà tout ce que l'on peut lui accorder. D'autre part lui demander autre chose qu'une simple décision ou déclaration, serait fort difficile, à cause du caractère étroit des formules du *sacramentum*. Car la *querela inofficiosi* est exclusivement de la compétence des Centumvirs (Pline le Jeune, *Ep.*, liv. V, 1) (1),

---

40. — (1) Accarias, II, 736.

et les actions portées devant le tribunal centumviral s'intro-
duisent par le *sacramentum* (Gaius, IV, 31). Pour rescinder un
acte d'abord efficace, les Romains sont obligés de prendre un
détour : l'action s'introduit comme si le testament était inexistant, et la provocation au *sacramentum* se fait probablement de
la façon suivante : « *Hanc ego hereditatem Lucii Titii ex
jure Quiritium meam esse aio secundum suam causam, sicut
dixi : ecce tibi vindictam imposui.* » Normalement le *sacramentum* devrait être perdu ; car le demandeur ne peut pas prétendre qu'au moment même où il provoque son adversaire, l'hérédité lui appartient, puisque le testament produit ses effets jusqu'au jour où il est rescindé. Mais les Centumvirs feindront que
le testament était inexistant ; ils prétexteront que le testateur
n'était pas sain d'esprit quand il a disposé de son hérédité : il
s'ensuivra que le *sacramentum* du demandeur se trouvera *justum*. Le demandeur réussira donc ; et du même coup le testament sera rescindé. En effet, valable jusqu'à la sentence, le voilà
réputé n'avoir jamais existé, par l'effet de l'autorité de la chose
jugée : *res judicata pro veritate habetur* (207, D., *De regul.
jur.*, 50, 17). Le testament était valable, et le juge le déclare
fictivement inexistant : il est désormais vrai qu'il n'y a pas eu de
testament. Voilà le testament parfaitement rescindé ; voilà obtenue une rétroactivité parfaite.

Mais ce n'est que dans la *querela* elle-même que cette fiction
sera admise ; et si la personne injustement exhérédée ou omise
voulait invoquer des droits à l'hérédité sans intenter la *querela*,
le testament n'étant pas inexistant, elle ne réussirait point dans
ses prétentions. La justification de cette proposition est dans la
loi 20, D., *De inoff. test.* Le parent qui prétend avoir été exhérédé
ou omis *contra officium pietatis* n'a pas les actions héréditaires ;
il n'a que la *querela*. Ce n'est pas parce que la question de savoir
si l'exhérédation ou l'omission est juste ou injuste doit être vidée
tout d'abord ; car si la solution donnée au texte était fondée sur
ce motif, il serait théoriquement titulaire de ces actions sauf à
faire reconnaître ce droit par la justice : en effet le testament

étant inexistant, il serait héritier avant même la sentence. —
C'est ce qu'en effet cette loi décide pour l'enfant à qui l'on conteste sa qualité : toute question d'inofficiosité mise à part, on ne
sait pas non plus s'il est héritier ; mais qu'on le sache ou non, il
l'est tout de même, et il a les actions héréditaires avant même la
décision des juges. Au contraire l'enfant exhérédé n'est pas
considéré comme héritier, avant la *querela* : il est de toute nécessité pour lui d'intenter la *querela* avant de pouvoir se dire
investi d'aucune action héréditaire. Une seule action lui est
ouverte pour laquelle on admet la fiction que l'hérédité lui appartient ; c'est la pétition d'hérédité qui donnera l'occasion de juger
l'inofficiosité ; et la fiction même d'inexistence que l'on admet ici
aboutit à la rescision indirecte du testament.

Etant donnée la forme dans laquelle s'intente la *querela*, on
comprend très-bien que quelques textes l'appellent *petitio
hereditatis* (20, D., *De inof. test.* — 20, pr. *in fine*, D., *De
bon. poss. cont. tab.*, 37, 4. — 34, C., *De inof. test.*). Cela
n'implique en rien que le testament inofficieux soit inexistant :
c'est une simple allusion à la forme dans laquelle s'exerce la
querela. Mais en sens contraire il ne faudrait pas non plus dire
que la *querela* est *un simple præjudicium* (2). La forme sous
laquelle elle doit être intentée permet sans doute d'obtenir la
rescision, ce qui, si l'on veut, constitue bien un *præjudicium* ;
mais elle permet aussi de revendiquer en même temps l'hérédité.
C'est pourquoi M. Maynz (3) compare avec beaucoup de justesse
la partie de la *querela* ayant pour objet la rescision au *judicium
rescindens* de la restitution *in integrum*, et la partie qui a pour
but la revendication de l'hérédité au *judicium rescissorium* (4).
Car la division indiquée dans la loi 20, pr. D., *De bon.poss.
cont. tab.*, semble, ainsi que le remarque M. Maynz (5), pure-

----

(2) Hugo, *Geschichte des rœmischen Rechts*, p. 564, n. 6 (11ᵉ édit.),
cité par Maynz, § 475 (III, p. 375).
(3) Maynz, *loc. cit.*
(4) V. *infra*, 62.
(5) Maynz, *loc. cit.*

ment intellectuelle. C'est pourquoi nous avons pu citer ce texte parmi ceux qui appellent la *querela : petitio hereditalis.*

41. — En résumé, le testament inofficieux est un testament rescindable (1). Il présente avec l'acte annulable de nombreuses analogies ; il n'en diffère presque pas. Comme l'acte annulable, il produit ses effets jusqu'à son annulation. Cette annulation est prononcée par le juge, comme en cas d'annulabilité. Une fois l'acte annulé, il est censé n'avoir jamais existé.

Cependant cette annulation est prononcée d'une façon détournée ; elle n'est pas précisément une faveur ; mais le droit n'est pas non plus tout à fait nettement caractérisé. Ces différences sont si minimes que l'on peut dire de notre rescision qu'elle se confond presque avec l'annulabilité.

42. — Nous ne pouvons terminer ce paragraphe sans dire quelques mots du sort de la *querela inofficiosi* dans la législation des Novelles.

La Novelle 115 vint apporter de graves modifications dans les droits des légitimaires. La *querela inofficiosi* subsista certainement au profit des frères et sœurs exhérédés en faveur d'une *persona turpis* ; car la Novelle 115 ne dit pas un mot des frères et sœurs, et elle n'abroge le Droit antérieur que dans ce qu'il a de contraire à ses dispositions.

Mais pour les descendants et les ascendants, la *querela inofficiosi* existe-t-elle encore, au moins dans certains cas ? Nous ne pouvons pas entrer à fond dans cette discussion qui nous entraînerait trop loin. Disons seulement qu'il est certainement des cas où la *querela inofficiosi* du Droit ancien n'existe plus : c'est lorsque le testateur a exhérédé un de ses descendants ou un de ses ascendants sans exprimer la cause de l'exhérédation. On ne s'accorde pas sur le point de savoir quelle est en ce cas la sanction de la Novelle. D'après les uns, le testament est seulement rescindable en vertu d'une *querela inofficiosi transformée* (1) ; d'après

---

41. — (1) Maynz, § 473, t. et n. 17 ; § 475 (III, p. 375). — Accarias, I, 353, 1°.
42. — (1) Maynz, III, § 475.

les autres, le testament est frappé d'une *nullité ab initio,* d'une véritable inexistence (2). Parmi ces derniers auteurs, un certain nombre imaginent une action spéciale servant à faire déclarer la nullité : ce serait la *querela nullitatis* ou *actio nullitatis.*

Cette question de l'admission d'une *querela nullitatis* n'est pas spéciale à l'étude de la Novelle 115 : elle est plus générale : d'après bien des auteurs, toute nullité de testament pour cause d'omission ou d'exhérédation irrégulière doit être demandée, déjà dans le Droit classique, par la voie d'une action spéciale qu'ils appellent *querela nullitatis ;* ce serait la *querela nullitatis juris antiqui,* par opposition à celle qu'ils considèrent comme créée par la Novelle 115 et qu'ils dénomment *querela nullitatis juris novissimi.*

Savigny (3) repousse énergiquement l'idée de cette *querela nullitatis.* Sur quoi en effet se fonderait-elle ? L'action en pétition d'hérédité n'est-elle pas suffisante pour réclamer l'universalité ou une quote-part de l'universalité des biens en vertu de la délation de la succession *ab* intestat, résultat nécessaire de la nullité ? Peut-on produire un texte qui permette d'étayer l'opinion adverse ?

D'ailleurs, si l'on voit une inexistence dans la nullité du testament pour violation des règles de l'exhérédation, nous croyons bien difficile de concilier cette idée d'inexistence avec l'admission de la *querela nullitatis.*

Donc il nous reste uniquement le choix entre le système de la rescision et celui de l'inexistence mais sans *querela nullitatis.*

Ce choix, nous ne le ferons pas sans éprouver une hésitation très-sérieuse. Nous nous rallierons cependant plus volontiers au système de la rescision, avec une action spéciale que l'on appellera si l'on veut *querela inofficiosi transformée ;* mais comme les textes ne nous autorisent pas à désigner l'action spéciale par cette expression, nous déclarerons immédiatement que nous ne

---

(2) Accarias, I, 359.
(3, Savigny, IV, p. 544, n. *g.*

tenons pas à l'expression, qui pourrait peut-être entraîner des confusions.

Sans insister plus que de raison sur cette question, nous dirons que ce qui nous décide surtout à nous ranger au système de la rescision, ce sont les expressions dont se sert la Novelle 115 pour édicter la sanction de la violation de ses prescriptions.

Le texte de la Novelle (*vulgata versio*) dit en effet (chap. 4, § 9): « *Si autem hæc non fuerint observata,...* RESCISSO TESTAMENTO « *eis, qui ab intestato ad hereditatem defuncti vocantur, res* « *ejus dari disponimus...* » Dans un autre passage, s'appliquant au testament des parents, tandis que le précédent s'applique à celui des enfants, la Novelle décide que si les formalités qu'elle édicte ne sont pas observées : « TESTAMENTO EVACUATO, *ad pa-* « *rentum hereditatem liberos tanquam ab intestato ex æqua* « *parte pervenire* » (chap. 3, § 14). Le testament est *evacuatum* seulement quant à l'institution ; la Novelle dit immédiatement que pour le reste, c'est-à-dire pour les legs, les fidéicommis, etc., les dispositions du testateur doivent être exécutées « *tanquam in* « *hoc* NON RESCISSUM *obtineat testamentum.* » (chap. 3, § 14 *in fine*).

Nous argumentons de cette expression de *rescindere*, comme nous en avons argumenté plus haut (4) : elle implique l'idée de l'annulation d'un acte déjà formé. Le mot *evacuato* est synonyme de *rescisso*, pour lequel il est employé du reste par le texte, puisque le chap. 3, § 14, se sert de ces deux termes pour désigner un fait unique.

On se prévaudra peut-être de ce que la Vulgate n'est pas le texte officiel des Novelles, mais qu'elle en est seulement une traduction plus ou moins exacte ; qu'en effet *testamento evacuato* correspond dans le texte grec à τῆς διαθήκης ἀκυρουμένης, que les frères Kriegel traduisent par *testamento infirmato*. Mais si l'on préfère la traduction des frères Kriegel, répondrons-nous, on devra observer qu'une expression employée par la Novelle

---

(4) V. *supra*, 38.

comme la négative de la précédente, μη ανατραπεῖσα ἡ διαθήκη, est traduite par Kriegel : *testamentum non eversum :* or, *eversum* exprime absolument la même idée que *rescissum*. De même au chap. 4, § 9, ἀνατρεπομένης τῆς διαθήκης, qui correspond au *rescisso testamento* de la Vulgate est traduit par Kriegel : *everso testamento*. Nous ne voyons pas, du reste, que *infirmare* soit employé improprement pour désigner une annulation : au contraire, ce terme semble très-bien exprimer le fait de rendre un acte inefficace, de le détruire, de l'annuler.

Nous nous rallierons donc à l'opinion d'après laquelle la sanction de la novelle 115 est une rescision, rescision analogue à celle de la *querela inofficiosi* du Droit classique, et que nous pourrons, par conséquent, nous dispenser d'analyser ici.

Quant à l'étendue de cette rescision, et à la question de savoir si elle était d'une application si générale, qu'en l'instituant, la Novelle abrogeait implicitement toutes les dispositions du Droit relatives à la succession contraire au testament (nullité de plein droit provenant de l'omission d'un *heres suus, bonorum possessio contra tabulas*, etc.), la question ne rentre pas assez dans le plan de ce travail pour que nous essayions de résoudre les nombreuses difficultés qu'elle soulève. Disons seulement que d'une façon générale, les dispositions nouvelles de la constitution de Justinien, ne nous semblent pas incompatibles avec les règles du Droit antérieur sur les conséquences de l'omission ou de l'exhérédation des personnes dont le Droit civil exigeait l'institution ou l'exhérédation, ni avec les règles de la *bonorum possessio contra tabulas*.

§ II. — *Du dol dans les contrats de bonne foi.*

43. — A notre avis, le dol rend rescindables les contrats de bonne foi.

La vérité de cette proposition ne pourra être démontrée que si l'on établit d'abord que les contrats de bonne foi où le consentement aurait été le résultat de manœuvres dolosives (1), ne sont pas, comme le croyaient les anciens commentateurs du Droit romain (2), nuls *ipso jure*.

44. — Pour établir une telle doctrine, aujourd'hui à peu près universellement repoussée, on s'appuyait principalement sur la loi 7, pr., D., *De dolo malo*, 4, 3 : Ulpien y dit en propres termes que si un mineur de vingt-cinq ans est amené par des manœuvres frauduleuses à vendre un esclave, il n'y a pas de vente, *nullam esse venditionem*. — On invoquait encore les lois 16, 1, D., *De min. 25 an.*, 4, 4 ; — 3, 3, D., *Pro socio*, 17, 2 ; — 5, 2, D., *De auct. et cons. tut.*, 26, 8 ; — la const. 1, C., *De rescind. vend.*, 4, 44 ; dans lesquelles des contrats de vente ou de société entachés de dol sont appelés *nullius momenti*, *irriti*, etc.

Mais si réellement les contrats faits dans ces conditions ne recevaient pas l'existence légale, comment expliquer d'abord la loi 9 pr., D., *De dolo malo?* Si une personne a affirmé, dit ce texte, que telle hérédité était de minime valeur, et que grâce à cette affirmation elle a réussi à l'acheter à l'héritier, celui-ci n'a pas besoin de l'action de dol ; il lui suffit d'avoir l'action *ex vendito*. — S'il n'y a pas de vente, en effet, comment comprendre que l'on puisse agir par l'action née de la vente ? S'il n'y a pas de vente, l'action qui appartiendra à l'héritier pour rentrer en possession des choses héréditaires sera, suivant l'influence que l'on attribuera à cette nullité sur la validité de la tradition qui aura pu avoir lieu (1), soit une action réelle, soit une *condictio*

---

43. — (1) C'est ce que l'on appelait *dolus causam dans contractui*, par opposition au *dolus incidens*, qui n'avait pas déterminé le consentement.

(2) V. notamment Cujas, *Opera postuma*, V, p. 389. — Cf. Dumoulin, *Omnia quæ extant*, 1, p 402, n° 55 ; — D'Argentré, *Commentarii in patrias Brittorum leges*, sur l'art. 283, col. 1368.

44. — (1) Nous faisons ici allusion à la dualité des règles de la tradition opérée en vertu d'un acte frappé de nullité. Que l'on appelle ou non *justa causa traditionis* cet acte juridique antérieur à la tradition, on reconnaît unanimement que les Romains tantôt considèrent la propriété comme transmise malgré la nullité, tantôt admettent qu'il n'y a eu rien de fait, et qu'aucun droit n'a été transféré (Accarias, I, p. 574, t. et n. 2).

sine causa ; dans tous les cas, ce ne sera pas l'action du contrat.

On fera la même observation relativement à la loi 11, 5, D., *De act. empti,* 19, 1 ; le texte accorde l'action *ex empto, ad resolvendam emptionem* : si la vente était nulle *ipso jure,* le vendeur recouvrerait la chose par la *rei vindicatio* ou une *condictio sine causa* (Cpr. aussi 13 §§ 27 et 28, D., *eod. tit.*). Du reste, la const. 5, C., *De rescind. vend.,* dit fort bien que la vente entachée de dol doit être rescindée, *rescindi, resolvi* par le *præses provinciæ.* Nous avons déjà eu l'occasion d'indiquer le sens de cette expression *rescindi* (2). Le terme *resolvi* employé à la fin du texte vient encore en éclairer le sens. Il est évident que si la vente était nulle *ipso jure,* il ne serait pas question de la rescinder, de la résoudre (3).

Notre solution peut être éclairée par un rapprochement : nous savons quel est l'effet de la violence sur les contrats de bonne foi. La violence est plus grave que le dol parce qu'elle renferme un dol entouré de circonstances augmentant la responsabilité de celui qui le commet. Or, la violence ne rend pas nul *ipso jure* le contrat de bonne foi où elle se rencontre (21, 4, D., *Quod metus causa,* 4, 2. — 4, C., *De his quæ vi,* 2, 20).

Ces raisons semblent péremptoires. Cependant notre théorie ne sera pleinement justifiée que si nous concilions avec elle les textes invoqués par les anciens romanistes.

Deux textes doivent tout d'abord être écartés du débat : ce sont les lois 3, 3, D., *Pro socio,* et 5, 2, D., *De auct. et cons. tut.*

La première vise, à coup sûr, non pas une société où le consentement des contractants a été obtenu par dol, mais un contrat dont la cause est illicite, dont le but est de faire des opérations prohibées par les lois.

Quant à la seconde, elle est relative à la représentation du

---

(2) V. *supra,* 38.

(3) Cette loi 5, C., *De rescind. vend.* vise peut-être la restitution *in integrum* : l'argument qu'on peut en tirer n'est en ce cas pas moins fort : si l'acte était nul *ipso jure,* on ne voit pas l'utilité de la restitution *in integrum.*

pupille par le tuteur, représentation qui évidemment ne peut être efficace que si le tuteur agit de bonne foi.

Nous reconnaissons donc que ces deux textes s'appliquent à des cas de nullité *ipso jure*.

Si maintenant nous examinons les autres textes qui nous sont opposés, il nous sera facile de trouver la raison des expressions qu'ils emploient.

Prenons d'abord la loi 16, 1, D., *De minoribus*. Ulpien veut établir que la restitution *in integrum* n'est pas accordée dans le cas où l'on a une autre action (16, pr. D., *eod tit.*). Quand le mineur a été circonvenu, celui-ci est suffisamment protégé *ipso jure*. Le jurisconsulte oppose *ipso jure* à *jure in integrum restitutionis* : si le mineur veut agir, il a, dans l'espèce, l'action *pro socio* qui lui permettra de faire prononcer la nullité de la société ; c'est là une action appartenant à l'*ipsum jus* : s'il est poursuivi, il opposera à l'action l'exception de dol, qu'il n'aura pas besoin de faire insérer dans la formule (4), et qui opérera ainsi, si l'on veut, *ipso jure*. En somme, le contrat est à peu près comme s'il était nul, et l'on comprend parfaitement que le jurisconsulte ait dit *nullam esse societatem*, pour bien montrer qu'il n'était pas nécessaire de recourir à l'*in integrum restitutio* : il y a là une légère inexactitude de langage, mais fort excusable. Nous donnerons la même explication de la loi 7, pr. D., *De dolo malo*. Ulpien, entraîné par le désir de faire ressortir clairement l'inutilité de l'action de dol, exagère sa pensée en disant qu'il n'y a pas de vente.

Quant à l'expression *emptio irrita est* de la const. 1, C., *De rescind. vend.*, elle s'explique d'elle-même à la simple lecture. On voit que, dans le cas particulier et exceptionnellement, la constitution prend cette expression pour désigner une inefficacité postérieure à la formation de l'acte. D'abord la constitution est au titre *De rescindenda venditione* : et la portée de cette rubrique n'échappera à personne. D'autre part, qui ne reconnaît que

---

(4). V. *supra*, 30.

irrita est a été écrit comme correspondant aux autres expressions du même texte : *ratum non habebitur ; prœses auctoritatem suam interponet.* Le président de province ne ratifiera pas, infirmera, rescindera : l'argument se retourne en faveur de la doctrine que nous présentons.

En résumé, ces quelques inexactitudes de langage s'expliquent aisément, et ne peuvent prévaloir contre les arguments apportés à l'appui de notre doctrine. Quelques auteurs ont cependant encore cédé devant la prétendue force ces expressions, et tout en admettant notre principe, proposent d'y faire exception dans les cas prévus par les textes précités (5).

Mais la plupart des interprètes modernes du Droit romain admettent d'une façon absolue la théorie que nous venons d'exposer (6).

45. — Si le contrat de bonne foi entaché de dol n'est pas nul *ipso jure*, nous estimons du moins que les Romains le considéraient comme rescindable.

En effet, la victime du dol peut, s'il lui plaît, intenter l'action du contrat *ad resolvendam emptionem* (11 § 5 ; 13 §§ 27 et 28, D., *De action. empti et vend.*) ; le juge ordonnera que la vente soit rescindée : *rescindi venditionem jubebit* : cela rentre dans les devoirs qui lui incombent, *officio judicis* (2, C., *De act. empti,* 4, 49).

L'ordre donné par le juge aura–t–il pour effet de faire considérer le contrat comme n'ayant jamais existé ? Nous ne le croyons pas. Pour nous, cet ordre serait le *jussus* ou *jussum judicis* que l'on trouve dans toutes les actions arbitraires. Les actions de bonne foi sont en effet arbitraires (1, 21, D., *Depos.,* 16, 3. —

----

(5) Muhlenbruch, *Doctrina Pandectarum* (ed. nov., Bruxelles, 1838, in-4°), § 337.— Voici l'étendue de l'exception d'après cet auteur : le contrat est nul *ipso jure* lorsque « *uterque in dolo versatur, aut dolus est* » *adhibitus ab altero contrahentium vel ad societatem constituendam,* » *vel ad tutoris auctoritatem eliciendam.* »

(6) Maynz, II, p. 145-146, — Savigny, III, § 115. — Accarias, II, p. 224, n. 1. — Mortet, *Etude sur la nullité des Contrats,* p. 18 et s.

9, D., *De præscriptis verbis*, 19, 5. — 7, 1, D., *De fundo do-*
tali, 23, 5. — 61, pr. ; 80 § 7, D., *De furt.*, 47, 2. — Gaius,
IV, 47, éd. Dubois). Si nous pensons qu'il s'agit ici du *jussus*
judicis, c'est parce que la condamnation ne peut pas renfermer
une annulation, une rescision ; sous les deux premiers systèmes
de procédure en effet les condamnations ne pouvaient porter que
sur une somme d'argent (1).

46. — C'est de là que nous partons pour déterminer la nature
précise du contrat de bonne foi entaché de dol.

Nous sommes convaincu que le *jussus judicis* des actions
arbitraires est l'ordre donné au défendeur d'exécuter les obligations *qui sont réellement à sa charge*. La procédure romaine
ne comportant pas la condamnation *ad ipsam rem*, on ne comprend le *jussus judicis* que comme un moyen indirect de
condamnation *ad ipsam rem :* le juge ordonnera l'accomplissement en nature des obligations véritables du défendeur.

Quant à la condamnation, c'est seulement une sorte de peine du
quasi-délit commis par le défendeur, ou plutôt la composition
pécuniaire de la véritable peine qu'encourait le défendeur *pour*
n'avoir pas exécuté ses obligations, et qui consistait dans
l'attribution du *judicatus* au demandeur (*addictio*) (1).

Donc, il n'est pas nécessaire en principe que la condamnation

---

45. — (1) A l'appui de cette thèse que dans le système des actions de la
loi le juge condamnait ad *ipsam rem*, on a longtemps cité Gaius, IV, 48.
Mais le passage que l'on lisait ainsi : « *judex non ad ipsam rem condem-*
« *nat eum cum quo actum est, sicut olim fieri solebat,* (SED) *æstimata re pe-*
« *cuniam eum condemnat* » (édition Pellat), peut être lu tout aussi bien de
la façon suivante : « *judex non ad ipsam rem condemnat eum cum quo*
« *actum est,* (SED) *sicut olim fieri solebat æstimata re pecuniam eum con-*
« *demnat.*) (V. éd. Dubois).

Cet argument de texte repoussé, il suffit, croyons-nous, pour justifier
notre opinion de faire remarquer l'impossibilité d'expliquer comment le
Droit romain aurait pu dégénérer en passant du système des condamnations ad *ipsam rem* au système des condamnations pécuniaires. V. aussi
infra, 46, n. 1.

46. — (1) C'est ainsi que l'on peut expliquer et les sévérités de la situation faite au *judicatus,* et le système même des condamnations pécuniaires.

soit l'équivalent de l'avantage produit au demandeur par l'exécution des obligations du défendeur. Mais les Romains avaient trouvé un détour pour faire exécuter d'une façon adéquate ces obligations : c'était le *jussus judicis*.

De cette façon, le *jussus judicis* se comprend parfaitement : si le défendeur exécute ses obligations, il n'a pas commis le quasi-délit, et ne doit pas être condamné.

En résumé, le *jussus* correspond d'une façon adéquate aux obligations du défendeur, et réciproquement par le *jussus judicis* on peut déterminer quelles sont ces obligations.

47. — Cela posé, analysons par exemple le *jussus* de l'action *ex vendito* par laquelle le vendeur demande la résolution de la vente. Le juge ordonnera que les choses soient remises en leur premier état, de telle sorte que la situation soit absolument la même que s'il n'y avait pas eu d'acte. La base du *jussus* sera donc la résolution de la vente et la restitution des prestations exécutées. S'il n'y a pas eu d'exécution, un simple *contrarius consensus* anéantira le *negotium* ; s'il y a eu exécution et si certaines prestations ont été faites, il faudra que le défendeur rende au vendeur l'objet de ces prestations, et, selon la doctrine d'Ariston (58, D., *De pactis*, 2, 14), le *contrarius consensus* pourra opérer la résolution.

Il résulte de tout cela que les véritables obligations de l'acheteur qui a commis un dol sont de résoudre la vente ; le dol n'a pas empêché le contrat de se former ; seulement au moment même de cette formation naissait à la charge de l'acheteur l'obligation de résoudre la vente si le vendeur le lui demandait. Mais il faut remarquer que la mise à néant du contrat est l'œuvre des parties : le vice même de l'acte n'a qu'un effet indirect ; il n'opère que par l'intermédiaire de l'obligation imposée à l'acheteur.

Certainement on ne peut pas dire qu'il y ait ici une véritable annulabilité. L'acte annulable est annulé par une sentence du juge, et cette annulation opère rétroactivement. — Dans notre hypothèse, au contraire, ce n'est pas le juge qui anéantit l'acte ;

ce sont les parties elles-mêmes, et, comme la volonté des parties ne peut pas opérer dans le passé, l'anéantissement n'a pas théoriquement d'effet rétroactif. — Seulement, si le juge n'annule pas directement l'acte, au moins ordonne-t-il cet anéantissement, lequel, en fin de compte, procède néanmoins d'une décision judiciaire. Il y a ici, comme dans l'acte annulable, un droit à l'annulation, qui aboutit à l'inefficacité de l'acte. Ce n'est pas l'inexistence, puisque l'acte se forme, naît, comme l'acte annulable ; c'est quelque chose d'analogue à l'annulabilité.

48. — Telle est la théorie pure ; seulement, en fait, il résultait du système romain des condamnations pécuniaires que l'obligation des parties d'anéantir l'acte n'aboutissait pas à cet anéantissement, si le défendeur s'y refusait ; le demandeur ne pouvait alors obtenir qu'une somme d'argent. Mais nous n'avons pas à nous préoccuper de ce résultat : nous devons voir le but de l'action, tel que pouvaient le concevoir les Romains, et tel qu'il résultait de 'ensemble des principes admis en la matière.

49. — D'ailleurs, ce résultat ne resta pas non plus toujours le même. Il fut modifié sous une double influence.

Il faut, en effet, tenir compte d'abord de ce que, très-probablement à la fin de l'époque classique, le *jussus* du juge put être exécuté *manu militari* : puis de ce qu'avec le système formulaire, disparut aussi sans doute la nécessité des condamnations pécuniaires.

D'abord nous disons que le *jussus* du juge put être exécuté par la force à une certaine époque qui doit correspondre à la fin de l'époque classique. C'est ce que l'on conclut de la loi 68, D., *De rei vindicat.*, 6, 1 : le fragment est d'Ulpien (1). Si, comme il y a tout lieu de le penser, ce fragment exprime bien l'opinion d'Ulpien et ne donne pas purement et simplement la doctrine de Justinien, il faut dire que l'idée théorique d'une sorte d'annulabilité que nous avons présentée, se trouve réalisée dans la pratique d'une façon un peu plus satisfaisante.

------

49. — (1) V. pour l'étude complète de la question : Accarias, II, 867.

Sans doute la dissolution proprement dite du contrat ne pourra pas être imposée au défendeur : elle exige, en effet, un acte de volonté qu'il est impossible d'extorquer à celui qui refuse d'y souscrire. Mais s'il n'y a pas impossibilité d'exécution, la remise matérielle des choses en état pourra être obtenue, et en fait cela sera la plupart du temps l'équivalent d'une annulation. Si la propriété a été transférée, l'attribution de la possession ne rendra pas sans doute le demandeur propriétaire, mais elle le mettra *in causam usucapiendi*.

Ensuite, disions-nous, on doit tenir compte de la disparition du système des condamnations exclusivement pécuniaires qui se produisit certainement à un moment donné. Il est généralement admis que lorsque la procédure extraordinaire devint le droit commun, toutes les condamnations durent être prononcées *ad ipsam rem* (2).

Le *jussus* correspond, ainsi qu'on vient de le voir, aux véritables obligations du défendeur. La condamnation doit désormais porter sur ces véritables obligations, sans en exclure d'autres encore, comme peine de l'inexécution. La condamnation absorbe donc le *jussus;* d'où nous concluons que dans notre action *ex vendito*, où le *jussus* ordonnait la résolution du contrat, la condamnation doit prononcer cette résolution : le défendeur sera forcé à opérer les restitutions auxquelles il aura été condamné, et, s'il ne résout pas le contrat, on tiendra celui-ci, néanmoins, pour résolu. Nous verrons la confirmation de cette théorie dans la loi 14, 9, D., *Quod metus caus.*, 4, 2, où elle est appliquée à l'action *quod metus causa*, qui est arbitraire comme l'action *ex vendito* (3).

En résumé, l'on peut dire qu'à partir de l'établissement du système de la procédure extraordinaire, le contrat de bonne foi entaché de dol, qui théoriquement avait déjà auparavant beaucoup des caractères de l'acte annulable, s'en rapproche véritablement

---

(2) Accarias, II, p. 785, 3°.
(3) V. *infra*, 79.

de très-près dans la pratique. Jusqu'à l'établissement de cette procédure, cette sorte d'annulabilité ne pouvait pas se réaliser toujours efficacement ; désormais la procédure ne s'oppose plus à sa réalisation. — Mais, il y a un caractère spécial qui subsiste toujours, c'est que même quand le juge rescinde l'acte, il est censé remplacer la partie qui refuse d'exécuter ses obligations, et que par conséquent cette rescision ne doit pas avoir d'effet rétroactif.

50. — Il est nécessaire de faire ici deux observations.

La première, c'est que l'obligation à l'anéantissement du contrat, au lieu d'être poursuivie par voie d'action, peut être opposée aussi par voie d'exception, l'exception de dol se trouvant sous-entendue dans toutes les actions de bonne foi. Mais, comme on le verra plus tard dans l'étude des actions et exceptions *de dolo* et *quod metus causa,* l'exception repose sur la même base que l'action, et la nullité que l'on invoque en défendant, doit être envisagée absolument de la même façon que celle que l'on oppose en demandant. Nous nous bornerons donc à un simple renvoi (1).

Une seconde remarque s'impose. Cette obligation de remettre les choses en état dérive d'une clause du contrat, clause qui n'est pas exprimée sans doute, mais qui se trouve sous-entendue dans tous les contrats de bonne foi, savoir que les parties s'engagent à s'abstenir de tout dol (152, 3, D., *De regulis jur.*, 50, 17). Donc le contrat de bonne foi infecté de dol n'est pas sans analogie avec le contrat soumis à une condition résolutoire (2). Mais il n'en est pas moins vrai qu'au fond il y a bien là une nullité, car ce qui amène l'inefficacité, c'est un vice de contrat, c'est ce fait que la convention n'a pas satisfait dès son origine aux conditions légales ; que les parties n'y ont pas concouru dans les dispositions dont elles auraient dû être animées. L'inefficacité est

---

50. — V. *infra,* 81 et s.

(2) Il faut ajouter que dans les cas où la vente est soumise à une condition résolutoire, l'on a l'action *ex empto* ou *ex vendito* pour obtenir les restitutions qu'entraîne la résolution (6, 1, D., *De contrahend. emp.*, 18, 1).

en réalité plutôt un effet de l'imperfection du contrat qu'un résultat de ce contrat lui-même. Cette inefficacité, tout en pouvant être rapprochée de celle qui dérive de la condition résolutoire, est, en fin de compte, une nullité, et nous avons montré que cette nullité se rapproche beaucoup de l'annulabilité.

§ III. — *Rescision de la vente pour cause de lésion.*

51. — Il y a une grande analogie, au point de vue de la théorie des nullités, entre la vente rescindable pour cause de lésion et le contrat de bonne foi entaché de dol. Comme dans le paragraphe précédent, nous trouverons donc ici des points de rapprochement frappants avec l'annulabilité.

La rescision de la vente pour cause de lésion n'est pas étudiée au Digeste ; car elle ne fut introduite dans le Droit romain que par une constitution des empereurs Dioclétien et Maximien de l'an 285. Mais il en est traité au Code sous la rubrique *De rescindenda venditione*, liv. 44, tit. 4. En dehors de la rubrique, deux textes sont à noter dans ce titre. La loi 2 d'abord, celle qui précisément introduisit dans la législation romaine la rescision pour cause de lésion : elle ne parle pas, il est vrai, de vente *rescindée ;* mais elle décide que le juge interposera son autorité (*auctoritate judicis intercedente*), ce qui revient à peu près au même. La loi 8 ensuite : elle dit expressément qu'en cas de lésion de plus de moitié la vente pourra être rescindée (*rescindi*). — Cette expression nous apporte la preuve que les Romains considéraient bien la vente comme existant jusqu'au moment où le juge en prononce la nullité (1).

52. — D'autre part, ce qui constitue surtout l'analogie de la rescision pour lésion et de cette sorte d'annulabilité que nous avons constatée dans le contrat de bonne foi infecté de dol, c'est qu'ici comme en cas de dol, il faudra intenter l'action du contrat pour arriver à l'annulation (1).

---

51. — V. *supra*, 38.

52. — (1) Maynz, II, p. 211 et 212.

Le contrat de vente est assez large, en effet, pour que l'on répute tacitement comprise dans ses clauses l'obligation de se prêter à son anéantissement, si le vendeur éprouve une lésion de plus de moitié. Ce contrat est qualifié *bonæ fidei* : infecté d'une lésion d'outre-moitié, il blesse l'égalité d'une façon si choquante, qu'il peut être envisagé comme contraire à la bonne foi : l'acheteur est censé avoir voulu profiter de la situation de gêne où se trouvait le vendeur pour accaparer la chose : en somme, il y a ici presque une présomption de dol. Il est donc tout à fait rationnel de faire servir l'action du contrat à réclamer cette résolution qu'exige la bonne foi.

Nous n'imaginons pas, du reste, par quel autre moyen le vendeur y arriverait.

On pourrait songer peut-être à la restitution *in integrum;* mais si le préteur devait intervenir et accorder cet *extraordinarium auxilium*, les textes, sans aucun doute, le diraient ; tandis qu'au contraire, il ressort de la loi 2, C., *De rescind. vend.*, que le vendeur a une action de droit commun. Si, en effet, dans la restitution *in integrum*, c'est l'intervention du magistrat qui est, sinon toujours exclusive, du moins de beaucoup la plus importante, nous pouvons constater que cette loi 2 parle uniquement de l'office du *judex :* « *auctoritate judicis intercedente* ». C'est que, comme nous l'avons montré, dans l'exercice de l'action *venditi,* la rescision se produit *officio judicis.*

53. — Cela posé, la vente lésionnaire a, au point de vue de la théorie des nullités, absolument le même caractère que le contrat de bonne foi entaché de dol.

En même temps que le contrat, naît un droit à l'annulation. Ce droit est sanctionné directement par le *jussus jud icis* ; indirectement par la condamnation prononcée, si lo *jussus* n'est pas exécuté. — Peu de temps après l'introduction dans le Droit de la rescision pour cause de lésion, Dioclétien remplaçait la procédure formulaire par la procédure extraordinaire. Vers la même époque, à notre avis, les condamnations purent être prononcées *ad ipsam rem*. L'action *ex vendito* put aboutir désormais à la rescision de la vente, que l'acheteur le veuille ou non.

54. — Telle est la théorie de l'annulabilité dans le Droit civil pur. Nous l'avons vu : la conception primitive et générale de la nullité est à Rome l'inexistence. C'est à titre exceptionnel seulement que les Romains ont admis les catégories de nullités que nous avons pu rapprocher si facilement des annulabilités.

<hr>

APPENDICE AU CHAPITRE I.

INEFFICACITÉ DES ACTES CONTRE LESQUELS PEUVENT ÊTRE OPPOSÉES DES EXCEPTIONS DE DROIT CIVIL.

55. — Avant d'entamer l'étude des nullités du Droit prétorien, nous serons obligé de nous arrêter un instant aux exceptions fondées sur la loi Plætoria, les sénatus-consultes Velléien, Macédonien, c'est-à-dire d'une façon générale aux exceptions qui, suivant nous, ont été créées par le Droit civil, mais que certains auteurs rattachent, comme les autres exceptions, aux innovations du préteur.

Nous serons obligé de justifier notre façon d'envisager ces exceptions ; car, on le verra, si ces exceptions ont été, comme nous le pensons, créées effectivement par le Droit civil, nous pourrons en conclure que les nullités qu'elles ont pour but de sanctionner ont le caractère de l'inexistence, tandis que si ces exceptions étaient, ainsi que les autres, des créations du préteur, la question pourrait peut-être recevoir une solution différente.

Examinons donc rapidement la question de savoir s'il y a des exceptions de Droit civil.

56. — Avec les romanistes les plus estimés, nous dirons qu'il est bien difficile d'interpréter autrement un passage des Institutes de Gaius : La matière de certaines exceptions, écrit-il, se trouve dans les *leges ;* d'autres ont été tirées de la juridiction du préteur (Gaius, IV, 118). Mais, s'il était vrai que toutes les

exceptions fussent une création du préteur, ne devrait-on pas les
considérer toutes comme *ex jurisdictione prætoris proditæ?*
Si le préteur, en accordant les exceptions dites de Droit civil,
n'avait fait qu'appliquer des avis, des conseils donnés par une loi
ou un sénatus-consulte (1), d'où les exceptions eussent-elles tiré
leur force, sinon de la *jurisdictio* du préteur?

Nous n'attachons aucune importance à l'argument tiré de ce
que certaines lois qui, d'après nous, ont établi des exceptions de
Droit civil, la loi Cincia ou la loi Plætoria, sont antérieures à
l'organisation définitive du système formulaire ; car, malgré l'argument que l'on pourrait tirer d'un passage de Gaius (IV, 108),
il semble qu'il y avait déjà des exceptions à l'époque des actions
de la loi ; seulement la procédure en cette matière n'était pas la
même que sous le système formulaire : c'est tout ce que voulait
dire Gaius.

D'ailleurs, le texte des sénatus-consultes Velléien et Macédonien où l'on ne trouve pas, dit-on, mention de l'exception, s'explique parfaitement comme ayant créé néanmoins les exceptions
Velleiani et *Macedoniani.*— Le sénatus-consulte Macédonien,
dont Ulpien reproduit les termes, décide *ne actio petitioque
daretur* (1, pr., D., *De S.C. Macedon.*, 14, 6). Le législateur
n'annule pas l'obligation du fils de famille; il ordonne seulement
au magistrat de ne pas accorder l'action. Lorsque le magistrat
peut vérifier par lui-même que l'on se trouve dans les circons-
tance prévues par le sénatus-consulte, il refuse immédiatement
l'action : tel est alors l'effet de l'exception. S'il ne peut pas se
livrer par lui-même à cette vérification, il ne donne l'action que
sous condition (sous la condition que l'exception ne sera pas
trouvée fondée). Il est donc clair que les termes du sénatus-
consulte ont pu être interprétés comme donnant une exception.
 — Nous pourrions en dire autant du sénatus-consulte Velléien,
rapporté au Digeste, 2, 1. *Ad S.C. Velleian.*, 2, 1.

56. — (1) Morlet, *Etude sur la nullité des Contrats*, p. 32.

Il nous semble donc établi qu'il peut y avoir des exceptions de Droit civil (2).

57. — De ce qu'un même acte est ainsi réputé valable par le Droit civil, et peut, quand une exception est invoquée devant le magistrat, être réduit à l'inefficacité ; de ce que par conséquent la même source de Droit considère cet acte d'abord comme produisant tous ses effets, et ensuite, le magistrat ayant interposé son autorité, comme ne devant plus produire aucun effet, on pourrait être tenté de conclure que l'on est en présence d'une annulabilité (1). Mais cette conclusion ne serait pas, à notre avis, conforme à la réalité.

Nous estimons qu'il faut séparer ici complétement le Droit nouveau du Droit ancien. Leurs dispositions sur le point qui nous occupe sont contradictoires ; elles sont la négation l'une de l'autre, et cependant les Romains conçoivent qu'elles subsistent en même temps. Le Droit primitif considère les obligations contractées par la femme mariée ou par le fils de famille comme parfaitement valables. D'après les nouvelles idées qui se font jour dans les premiers temps de l'Empire, les mêmes obligations sont au contraire frappées de nullité dans l'intérêt de la femme ou du fils de famille. Nous ne voyons pas pourquoi cette nullité ne serait pas l'inexistence.

Le Droit ancien et le Droit nouveau doivent être distingués comme le Droit civil et le Droit honoraire. Si l'on ne prenait pas soin de les séparer bien nettement, on en arriverait fatalement à soutenir qu'en créant des exceptions, le Droit civil consacrait une sorte d'annulabilité. En effet, il reconnaissait la validité des actes, et en même temps il permettait de les rendre inefficaces en invoquant en justice des exceptions dont il reconnaissait lui-même la valeur. Seulement il faut bien se garder d'envisager ainsi le rôle du Droit civil ; il faut bien se pénétrer de cette dua-

____

(2) *Sic* : de Keller, *Des actions*, § 35, t. et n. 373 ; — Savigny, V, § 227.

57. — (1) M. Morlet (*op. cit.*, p. 18) prétend que notre doctrine sur l'origine des exceptions conduit en effet à cette conclusion.

lité. Le Droit civil se trouve ici à opposer au Droit civil ; tandis que dans d'autres cas, c'est le Droit prétorien qui doit être opposé au Droit civil.

Et remarquons qu'il n'y a aucune absurdité à scinder ainsi le Droit civil, et à admettre qu'en même temps un acte puisse exister et ne pas exister au regard du Droit civil. L'esprit des Romains certes ne se refusait pas à admettre une pareille scission. Le Droit prétorien, en effet, n'émanait-il pas de la même autorité législative que le Droit civil, une fois que l'édit du préteur eut reçu de l'autorité suprême d'Adrien force de loi (2) ? Or, il y avait des actes, certains testaments par exemple, que le Droit civil considérait comme inexistants, et le préteur comme valables ; ou réciproquement des actes valables *jure civili* qui n'avaient plus d'existence *jure prætorio*. Eh bien, ici aussi l'on pourrait venir crier à l'absurdité, et dire qu'il est impossible qu'en même temps un acte existe et n'existe pas.

Ce qui est possible pour une première division du Droit romain en Droit civil et Droit honoraire, est possible encore pour une subdivision du Droit civil en Droit de formation ancienne et Droit de création postérieure.

Donc, ces deux conceptions contradictoires d'un acte juridique peuvent être admises en même temps. Seulement, il faut un expédient pour que cela soit possible ; et cet expédient c'est l'emprunt par le Droit civil du procédé prétorien de l'exception. Grâce à ce procédé, la première conception sera abrogée en fait et ce sera la seconde qui la remplacera.

Ainsi, de ce qu'il y a des exceptions de Droit civil, il ne s'ensuit pas nécessairement que les actes contre lesquels ces exceptions sont admises ne sont pas inexistants.

58. — Mais qui nous prouve que ces actes étaient considérés comme inexistants par le Droit civil de formation nouvelle ?

Nous n'avons aucune raison de croire qu'ils étaient considérés comme frappés de cette sorte d'annulabilité que nous avons dé-

---

(2) V. Ortolan, 1, p. 305, n 2.

couverte jusqu'à présent ; partant, nous devons nous référer au principe général qui régit les nullités de Droit civil, savoir que l'acte nul est un acte inexistant. Le Droit civil, nous l'avons constaté, n'a admis qu'exceptionnellement une sorte d'annulabilité : par conséquent, tant que rien ne nous prouve qu'il y a annulabilité, nous devons admettre l'inexistence. Ce principe, nous l'avons appliqué jusqu'à présent : si nous avons reconnu dans le Droit civil des actes qui ne sont pas inexistants, c'est que nous avons trouvé la preuve d'une exception à la règle générale. Nous l'appliquerons encore à notre hypothèse. Ainsi, nous admettrons en définitive que les Romains considéraient comme inexistants les actes contre lesquels un vice originaire donnait naissance à une exception de Droit civil.

CHAPITRE II

Nullités de Droit prétorien.

59. — Nous avons à étudier désormais la façon dont le Droit prétorien conçut les nullités. On sait comment l'immobilité du Droit civil primitif exagérée par suite du sentiment profond de respect inné dans l'esprit des Romains pour les vieilles traditions, fut corrigée dans une certaine mesure par le préteur. Ce magistrat établit à côté du Droit ancien, un Droit nouveau s'inspirant beaucoup plus de l'équité que le Droit civil : ce fut le *Jus honorarium, viva vox Juris civilis.* Spécialement, au point de vue qui nous occupe, le Droit civil réputait parfaitement valables certains actes dont la perfection était contraire à l'équité et que le Droit prétorien considéra comme nuls.

Le préteur se servit de différents moyens pour assurer cette nullité, et nous verrons ainsi successivement les restitutions *in integrum*, la *bonorum possessio contra tabulas*, les actions et exceptions de dol et *quod metus causa*, l'action paulienne, l'*interdictum fraudatorium*.

———

SECTION I.

RESCISION DES ACTES JURIDIQUES PAR L'« IN INTEGRUM RESTITUTIO ».

60. — L'*in integrum restitutio* est la nullité prétorienne par excellence. C'est à ce titre qu'elle mérite d'avoir la première place dans cette étude des nullités prétoriennes.

Nous n'étudierons pas ici l'*in integrum restitutio ob status permutationem* : comme le fait remarquer M. Accarias (1), elle

———

60. — (1) Accarias, II, 941.

est complétement en dehors de la théorie générale, et se rattache du reste à l'étude de la *bonorum possessio contra tabulas* dont nous traiterons plus loin. Il ne sera pas non plus question ici de l'*in integrum restitutio ob absentiam ;* car un acte passé au préjudice d'un absent n'est pas, à proprement parler, un acte vicieux par le fait seul de l'absence : il serait peu équitable de lui laisser produire tous ses effets ; mais cet acte n'est pas vraiment défectueux dans sa naissance ; il a réuni tous les éléments de la formation la plus parfaite.

Il n'en est pas de même des autres cas d'*in integrum restitutio* énumérés par les lois 1 et 2, D., *De in integr. restit.*, 4, 1, et dont les causes sont *metus, calliditas, œtas, justus error.* Cette énumération est elle-même incomplète. Elle ne comprend pas la restitution *in integrum* accordée aux créanciers contre les actes faits par leur débiteur en fraude de leurs droits (2). Il est certain que l'acte juridique passé sous l'influence d'une de ces causes porte en lui, dès l'origine, un élément d'imperfection, un vice. Si cet acte est frappé d'inefficacité, on pourra dire qu'il est nul ; et nous allons voir que cette nullité diffère très-peu de l'annulabilité.

61. — D'abord, l'*in integrum restitutio* a pour effet de rendre inefficace l'acte infecté d'un de ces vices. Nous aurions seulement le terme même d'*in integrum restitutio* que nous y trouverions déjà la justification de cette proposition : c'est un rétablissement complet dans la situation antérieure ; c'est la reconstitution de cet état primitif comme si rien n'avait été fait, comme si l'acte n'avait jamais existé. Telle est, en effet, la notion de l'*in integrum restitutio* que nous pouvons tirer de la défini-

---

(2) On avait longtemps mal interprété le ? 6, Inst., *De action.*, IV, 6, où l'on voyait une action paulienne *réelle* que l'on opposait a l'action paulienne ordinaire, laquelle était alors dénommée action paulienne *personnelle.* Mais la rescision indiquée par le texte, et l'action fictice donnée à la suite de cette rescision, montrent avec la plus grande évidenc[e] qu'il s'agit d'une de ces actions rescisoires, qui, comme on le verra dans le courant de cette section, sont données à la suite d'une restitution *in integrum.*

tion de Paul (*Sentences,* I, 7, § 1) : « *Integri restitutio* « *est redintegrandæ rei vel causæ actio* ». Il n'est pas utile d'insister sur cet effet: il suffit, pour le retrouver à chaque pas, de parcourir les titres du Digeste : *De in integr. restitutione* (4, 1), *Quod metus causa* (4, 2), *De dolo malo* (4, 3), *De minoribus 25 annis* (4, 4) , *Ex quibus causis major. rest.* (4, 6).

62. —L'*in integrum restitutio* est donc une voie de nullité ; mais ce n'est qu'une voie de nullité prétorienne. L'acte annulé, en effet, n'est nul que d'après le Droit prétorien ; en principe le Droit civil le considère encore comme existant et comme produisant ses effets. Pour bien comprendre la nature de l'*in integrum restitutio,* et le caractère de la nullité à laquelle elle aboutit, il faut de toute nécessité étudier la manière dont elle opère.

Le magistrat, après avoir instruit l'affaire qui lui est soumise, rend le décret de restitution *in integrum.* Ce décret a la force d'un jugement : *quasi ex causa judicati,* dit la loi 41, D., *De minoribus.* Donc, le préteur peut le faire exécuter *manu militari* : toute la procédure se sera passée devant le préteur, et ainsi, il y aura eu *cognitio extra ordinem* dans toute la force du terme. Nous trouvons cette façon de terminer l'affaire dans la loi 39, pr., D., *De evictionibus,* 21, 2.

Mais il dépend du magistrat de recourir à un autre moyen. Un des caractères essentiels de l'esprit juridique romain était le besoin de l'analyse, la recherche de la simplicité en tout. Or, lorsqu'un acte juridique devait être considéré comme nul, et que le préteur voulait bien accorder la restitution *in integrum,* la réduction de cette restitution *in integrum* à sa plus simple expression n'était-elle pas la seule prononciation de la nullité des rapports de Droit créés, sans aucune déduction de conséquences? Le but de la restitution *in integrum* c'est de faire prononcer une nullité : cette nullité prononcée, les parties sont remises dans la situation *juridique* qu'elles avaient avant l'acte. Des *faits* sans doute ont pu survenir depuis; mais la déduction des conséquences qu'ils auront pu entraîner est de la compétence du juge ordinaire.

Des actions pourront donc être exercées pour tirer ces conséquences : le préteur en donnera la formule. Les lois romaines les
appellent *rescissoriæ* ou *restitutoriæ* (1) (46, 3, D., *De procu-
ratoribus,* 3, 3. — 28 §§ 5 et 6, D., *In quib. caus. major.* — 24,
C., *De rei vindicat.*, 3, 32) (2). — Nous voyons ces actions rescisoires dans plusieurs textes où les deux procédés employés par
le préteur sont indiqués (13, 1, D., *De minoribus.* — 9, 4, D.,
Quod met. caus.). La rédaction des formules de ces actions nous
montrera que la restitution *in integrum* aboutit à une nullité
exclusivement prétorienne, et que pour le Droit civil l'acte est
encore censé exister. ¡En effet, ces actions sont appelées par les
textes *actions utiles*, et nous voyons que ce caractère d'actions
utiles leur venait de ce que leur formule était *fictice*. Gaius (IV,
38) nous renseigne sur la façon dont la formule était rédigée. Il
s'attache au cas où il y a restitution *in integrum ob status
permutationem* : « *Introducta est contra eum eamve actio
« utilis, rescissa capitis deminutione, id est, in qua fingitur
« capite deminutus deminutave non esse.* » Il ne s'agit pas ici
sans doute d'une cause d'imperfection inhérente à l'acte ; mais en
dehors de ce que l'*in integrum restitutio* est acquise, dans l'hypothèse visée par le jurisconsulte, sans qu'il soit besoin d'une
causæ cognitio, ses effets doivent être toujours les mêmes, et l'on

------

62. — (1) Les anciens interprètes français du Droit romain avaient l'habitude d'opposer à ces actions qu'ils appelaient *judicia rescissoria*, l'instance dans laquelle on demandait au préteur la rescision pure et simple de
l'acte, et qu'ils appelaient *judicium rescindens.*

(2) Les deux dernières lois citées ont rapport à la restitution *in integrum ob absentiam,* dont il n'est pas traité ici. Mais si nous ne parlons pas
en général de cette cause de restitution *in integrum,* parce que l'on ne
peut pas considérer l'absence comme une cause de nullité, nous nous auto-
riserons cependant à citer des textes s'appliquant à cette espèce de restitution, lorsque nous aurons à déterminer les effets de nos restitutions
in integrum. On ne voit pas en effet que les textes établissent la moindre
différence au point de vue des effets entre la restitution *in integrum ob
absentiam* et celles qui font l'objet de notre étude. On pourra donc sans
difficulté argumenter des effets de cette restitution quand on voudra établir les effets des autres.

ne voit pas la raison pour laquelle la force de la restitution prononcée dans ce cas, où le préteur a des raisons spéciales d'être très-large (3), serait moindre que dans les autres cas : s'il y avait une différence, c'est plutôt en sens contraire qu'il faudrait la chercher. Gaius nous apprend donc qu'après avoir rescindé la *capitis deminutio*, le magistrat donnait une action utile où il introduisait la fiction qu'il n'y avait pas eu *capitis deminutio*. C'est, du reste, ce dont nous trouvons encore la preuve dans la loi 2, 1, D., *De capite minutis*, 4, 5. Mais si le préteur était obligé d'introduire cette fiction dans la formule, s'il était obligé de dire : « A supposer qu'il n'y ait pas eu *capitis deminutio*, juge, condamnez le défendeur », il est évident qu'en Droit civil, la *capitis deminutio* n'était pas rescindée, et qu'elle était censée exister encore tout entière. Ces textes ne sont pas les seuls où il soit question des actions utiles données à la suite d'une restitution *in integrum*. On pourra voir à ce sujet les lois 7 § 10, et 25, pr., D., *De minoribus*, qui s'appliquent à la restitution *in integrum ob œtatem* (4).

Ainsi la rescision des actes par la restitution *in integrum* n'opérait pas *ipso jure*, mais seulement *jure prœtorio*.

Nous ne parlons pas de cette annulation *ipso jure*, qui serait le résultat de l'effet extinctif de la *litis contestatio*. Elle est une conséquence de la combinaison des principes juridiques ; mais elle n'est produite que d'une façon indirecte et détournée ; le caractère véritable de l'*in integrum restitutio*, c'est d'être une nullité prétorienne exclusivement.

63. — Il nous reste à montrer que cette nullité était presqu'une annulabilité. Pour cela, il faudra établir qu'en Droit honoraire pur, indépendamment de toute combinaison avec le Droit civil, l'acte existait avant la restitution ; et que c'est la sentence même

---

(3) En effet l'absence opère plus énergiquement que les autres causes, puisqu'elle donne droit à la restitution par la seule force de l'édit.

(4) Quelquefois, au lieu d'actions, c'étaient des exceptions qui étaient accordées, parce que les actions n'étaient pas nécessaires (9, 4, D., *De jurejurando*, 12, 2). Mais, qu'à la suite de la restitution le préteur accorde une exception ou une action, cela ne change rien à la théorie.

du magistrat qui a enlevé a l'acte l'efficacité que le Droit honoraire lui-même lui accordait jusqu'alors (1).

64. — Un premier argument en faveur de cette manière de voir se trouve dans l'expression même employée par les textes pour désigner le fait du préteur accordant l'*in integrum restitutio*. Il rescinde l'acte, *rescindit* (9, 4, D., *Quod metus causa*. — 13 § 1 ; 24 § 1 ; 47, D., *De minoribus*) (1). Or, nous avons déjà expliqué la portée de cette expression (2). Nous avons vu comment, dans son sens propre, elle s'applique à l'annulation d'un acte existant jusque-là.

Si l'acte était nul *ab origine*, il n'y aurait pas de motif pour dire qu'il est *rescindé*. Un acte valable d'après le Droit civil, qui, comme nous l'avons montré, reste valable au regard de l'*ipsum jus*, même après la prononciation de la restitution *in integrum*, et que, d'autre part, le préteur aurait toujours considéré comme n'ayant jamais existé, pourrait-il être, à proprement parler, *rescindé* ? Cette expression, appliquée dans ce cas, serait absolument impropre : et l'on ne peut pas admettre que les jurisconsultes romains, dont le style a eu, en général, une précision scientifique remarquable, aient si fréquemment employé dans notre hypothèse une expression impropre.

Si nous passons des discussions de termes aux discussions de fond, les arguments nous paraissent aussi décisifs que possible.

65. — Il est certain, en effet, que le préteur ne peut pas considérer l'acte susceptible d'être plus tard l'objet d'une *in integrum restitutio* comme inefficace avant le décret de restitution, parce que la restitution n'est jamais de droit, que le préteur ne l'accorde qu'après *causæ cognitio*, en connaissance

---

63. — (1) V. *supra*, 20.

64· — (1) On trouve les mêmes expressions pour les causes de restitution *in integrum* qui ne peuvent pas être considérées comme des causes de nullité : *absentia* (26, 7, D , *Ex quib. caus. major*. — 5, Instit. IV, 6) ; *status permutatio* (Gaius, IV. 38).

(2) V. *supra*, 38.

de cause, après examen de toutes circonstances ; que même, toutes les conditions exigées par l'édit se trouvant réunies, le préteur se réserve de n'accorder la restitution que si elle lui paraît équitable (3, D., *De in integr. restitut.*). Il serait possible que la restitution prononcée, parce que l'édit la promet, fût, dans le cas particulier, contraire à l'équité ; il serait possible, par exemple, que pour réparer un préjudice minime on produisît d'un autre côté un dommage plus considérable : dans ce cas, dit Callistrate, je sais que certains préteurs ont l'habitude de ne pas accorder la restitution : « *Scio illud a quibusdam observatum,* « *ne propter satis minimam rem vel summam, si majori rei* « *vel summæ præjudicetur, audiatur is, qui in integrum* « *restitui postulat* » (4, D., *De in integr. rest.*). Que l'on note la forme volontairement vague donnée par le jurisconsulte à sa pensée « *Scio illud a quibusdam observatum.....* ». Cela provient de ce qu'en cette matière il n'y a pas de règle fixe ; le magistrat se prononce d'après les circonstances particulières de l'espèce, et, s'il prend le soin de consigner les restitutions *in integrum* dans son édit, c'est purement et simplement dans le but d'indiquer d'une façon générale l'esprit des décisions qu'il se propose de rendre ; c'est pour laisser moins de marge à l'arbitraire (1).

En fixant des règles invariables, le magistrat eût pu même rendre un mauvais service à ceux qu'il eût voulu protéger ; il eût pu ruiner leur crédit : aussi les jurisconsultes lui recommandent-ils d'agir avec circonspection (7 § 8 ; 24 § 1, D., *De minoribus*). Ce ne sont là que des exemples ; mais ils suffisent pour faire res-

---

65. — (1) Puisque le préteur, lorsqu'il avait promis la restitution *in integrum* dans son édit, pouvait néanmoins la refuser, à fortiori pouvait il l'accorder alors qu'elle n'était pas promise dans l'édit. Il se réservait, du reste, cette faculté dans la partie de l'édit où il réglementait la restitution des majeurs de 25 ans : *si qua alia mihi justa causa esse videbitur, in integrum restituam* (1, 1, D., *Ex quib. caus. major.*). En résumé, tout le système des restitutions *in integrum* était susceptible de la plus libre appréciation de la part du préteur.

sortir le motif de la *causœ cognitio;* ils suffisent pour nous montrer que tout dépend ici de la volonté du préteur (24, 5, D., *De
minoribus*), lequel tempère toutes les règles générales par ses
décisions spéciales (16, D., *Ex quib. caus. major.*), et qui se
réserve le plus large pouvoir d'appréciation dans la rédaction
même de l'édit (1, 1, D. *De minoribus*).

Nous constatons donc ce fait que la restitution *in integrum* ne
s'accorde qu'après examen spécial des circonstances particulières
de la cause.

66. — Mais il y a plus : les textes la considèrent comme une
faveur, comme une sorte de grâce accordée par le magistrat supérieur : Savigny la compare à la grâce accordée par le souverain
à un condamné (1).

En effet les expressions mêmes dont se servent les textes pour
désigner la demande de la restitution au préteur sont caractéristiques, et excluent l'idée d'un droit que les parties voudraient
faire valoir.

Ces expressions sont variées et se retrouvent souvent dans les
textes: nous voyons: *in integrum restitutionem postulare* (entre
autres dans la loi 4, D., *De in integr. rest.*), *impetrare* (7, 5,
D., *De minoribus*), *implorare* (35, D., *eod. tit.*), *desiderare*
(29, 1, D., *eod. tit.*) ; *auxilium restitutionis implorare* (8, D.,
eod. tit.) ; *restitutio largitur* (30, D., *eod. tit.*), *conceditur*
(23, 4, D., *Ex quib. caus. major.*), *indulgetur* (26, pr., D.,
eod. tit.) ; *prœtor subvenit* (1, D., *De in integr. rest.*), *suc-
currit* (7, 1, D., *eod. tit.*).

Dans toutes ces expressions apparaît jusqu'à l'évidence l'idée
de faveur attachée à l'octroi de la restitution *in integrum*.

La même idée ressort encore de la source à laquelle les Romains rattachent le pouvoir d'accorder la restitution *in integrum*
« *Ea, quœ magis,* dit la loi 26, pr. et § 1, D., *Ad munic.*, 50, 1,
« *imperii sunt, quam jurisdictionis, magistratus muni-*
« *cipalis facere non potest. Magistratibus municipalibus*

---

66. — (1) Savigny, VII, § 315.

« *non permittitur in integrum restituere.. ..* » Ainsi le droit
d'accorder les restitutions *in integrum* fait partie de l'*imperium*
et non de la *jurisdictio*. N'est-ce pas assez dire que la restitution *in integrum* ne rentre pas dans les attributions conten-
tieuses du magistrat ; qu'elle ne fait pas l'objet d'un droit ; mais
que si le magistrat l'octroie, c'est qu'il veut bien accorder cette
faveur, ce privilége : c'est l'expression de la loi 4, D., *Ex quib.
caus. major.* (2).

67. — Cela établi, voici ce qui en résulte : avant d'avoir prononcé sur l'octroi de la restitution *in integrum*, le préteur lui-
même ne considère pas l'acte comme inexistant : au contraire,
même aux yeux du préteur, l'acte est complétement valable ; et
ce ne sera que lorsque le magistrat consentira à le rescinder,
qu'il perdra à ses yeux son efficacité, et que rétroactivement il
sera considéré comme n'ayant jamais existé.

N'y a-t-il pas là presqu'une annulabilité ? Nous ne croyons
pas que cela puisse encore être contesté après ce que nous venons
de dire. Un acte a été passé : le Droit civil le regarde comme valable ; et le préteur le considère également comme tel. Mais aux
yeux de ce dernier, l'acte est vicié ; et ce vice peut être entouré
de circonstances telles que le magistrat consentira à rendre un
décret par lequel il rescindera l'acte. En Droit prétorien, l'acte
n'existera plus : il aura été annulé et sera considéré comme
n'ayant jamais existé. Il existera sans doute encore en principe
au regard du Droit civil ; mais nous n'avons pas à nous en
occuper : nous voulions montrer seulement que la nullité prétorienne des restitutions *in integrum* est en Droit prétorien
presqu'une annulabilité. Il nous semble que cette proposition est
désormais un fait acquis.

Cependant une remarque s'impose. La nullité prétorienne résultant de l'*in integrum restitutio* diffère de l'annulabilité
proprement dite en ce qu'elle constitue une faveur, tandis que

---

(2) Merklen, *De la restitution des mineurs de 25 ans en Droit
romain* (th. doct., Paris. 1875), 13-14.

l'inefficacité de l'acte vraiment annulable est l'objet d'un droit rigoureux. Mais c'est précisément ce caractère de faveur qui a empêché le préteur de considérer l'acte contre lequel il accorde la restitution *in integrum* comme un acte inexistant.

SECTION II.

RESCISION DU TESTAMENT PAR L'OCTROI DE LA « BONORUM POSSESSIO CONTRA TABULAS ».

68. — Dans la délation de la *bonorum possessio contra tabulas*, nous constaterons une cause de nullité prétorienne véritable, qui à notre avis fut certainement à un moment donné une sorte d'annulabilité se rapprochant de très-près de la restitution *in integrum*, mais qui, avec le temps, perdit un peu de la netteté de son caractère, et, sous Justinien, devint même une inexistence.

69. — Le *pater* a fait un testament où il a omis une des personnes qu'il doit instituer ou exhéréder. Si c'est le Droit civil qui exige l'institution ou l'exhérédation, le testament est considéré par le Droit civil comme inexistant : *nullum est testamentum*. Si c'est le Droit honoraire qui prohibe l'omission pure et simple, le préteur donne à l'omis la *bonorum possessio contra tabulas*. Cette *bonorum possessio* est donnée tout aussi bien dans le cas où l'omission entraîne l'inexistence dans l'*ipsum jus* que quand *ipso jure* le testament est valable malgré l'omission. Dans le dernier cas, le préteur ne considère pas le testament comme nul complétement et absolument : le testament est seulement frappé d'une nullité partielle et relative : *partielle*, en ce que la nullité ne le frappe qu'autant qu'il empêche l'omis de venir prendre sa part *ab* intestat. Tout ce qui n'a pas rapport à ce sujet reste parfaitement valable : c'est ainsi que subsistent les exhérédations (10, 5, D., *De bon. pos. cont. tab.*, 37, 4) ; la substitution pupillaire (34, 2, D., *De vulg. et pup. subst.*), et sans doute aussi la *tutoris datio* (1). Il y a plus : certaines institutions, certains legs viennent même diminuer cette part *ab intestat*, comme on le verra dans le titre 5, livre 37, au Digeste. Nous pouvons donc bien dire que la nullité qui infecte le testament est partielle. Nous avons ajouté qu'elle est *relative :* et en effet les seules personnes en faveur desquelles le préteur a institué la *bonorum possessio contra tabulas* peuvent s'en prévaloir, ce qui ressortira de la suite de ces explications.

70. — Mais y a-t-il bien une nullité proprement dite dans l'inefficacité qui frappe le testament ? On pourrait en douter tout d'abord, et voir seulement dans le testament contre lequel est accordée la *bonorum possessio contra tabulas* un acte qui violerait le droit de tierces personnes, et leur serait inopposable : il ne constituerait pas un acte *nul,* mais n'aurait aucune valeur à l'égard de ces tiers (1). Pour qu'il y ait nullité il faut en effet un vice infectant l'acte au moment où il est né ou devait naître : un acte parfait, mais dont les effets s'arrêtent en face de droits sur lesquels il n'a pas d'influence, n'est pas un acte nul.

Nous ne nous trouvons pas en présence d'un acte de cette nature, mais d'un testament véritablement frappé de nullité. Le testament est infecté d'un vice de forme, l'omission : c'est ce vice qui amène l'invalidité du testament. Les héritiers omis n'avaient aucun droit opposable au testateur : il lui suffisait pour que ces héritiers fussent réduits au silence de faire un testament régulier, de les exhéréder (2) ; mais on suppose que si le testateur les a omis, sa volonté de ne pas les instituer n'est pas assez claire-

---

69. — (1) Accarias, I, 148.

70. — (1) Cpr. *supra*, 36, n. 1.

(2) Alors ils eussent sans doute pu faire valoir les droits résultant de l'*officium pietatis*, s'ils se trouvaient dans les conditions exigées pour pouvoir intenter la *querela inofficiosi testamenti* Mais il n'est pas question ici de ces droits que n'invoque pas le descendant demandant la *bonorum possessio contra tabulas.*

ment formulée; et le testament est attaqué au fond comme ne représentant pas la volonté réelle et éclairée du testateur. Du reste, le préteur en créant la *bonorum possessio contra tabulas* dans les cas où le Droit civil n'exigeait pas l'institution ou l'exhérédation, voulait introduire en Droit prétorien l'analogue de la sanction civile de l'omission ou de l'exhération irrégulière : or, le Droit civil considérait le testament omettant un *heres suus* comme nul (7, D., *De lib. et postum.*, 28, 2) : le préteur voulut certainement établir en Droit prétorien la même cause d'inefficacité, créer une nullité prétorienne dans des cas analogues à ceux où il y avait une nullité civile. Aussi les textes voulant dire que le testament est frappé de cette inefficacité s'expriment-ils de la façon suivante : *testamentum rescinditur,* qui vise certainement une cause de nullité (1, pr., D., *De leg. prœst.*, 37, 5. — 17, C., *De collation.*, 6, 20).

71. — Mais s'il y a là une nullité, c'est une nullité purement prétorienne : le *bonorum possessor* n'est pas en effet censé être héritier (Gaius, III, 81 ; IV, 34. — Ulpien, XVIII, 12). On trouve ici quelque chose d'analogue à ce qui se passe dans la procédure des restitutions *in integrum*. Souvent, il est vrai, la *bonorum possessio* n'est accordée qu'après une restitution *in integrum* ayant pour objet d'anéantir la *capitis deminutio* qui s'était produite. Cela ne change rien à la théorie.

72. — Quant aux caractères de cette nullité prétorienne, ils durent tout d'abord très-nettement se rapprocher de ceux de l'annulabilité. En effet, les *bonorum possessiones* avant d'être *edictales,* c'est-à-dire promises par l'édit, furent, selon nous, *decretales,* c'est-à-dire prononcées dans chaque cas particulier par décision spéciale du préteur, sans que celui-ci les ait promises d'avance dans son édit. De même, en effet, que les *edicta repentina* furent l'origine de l'*edictum perpetuum,* en ce que ce dut être souvent après avoir appliqué certaines mesures dans des cas particuliers que le préteur songea à généraliser ces mesures et à les promettre d'avance dans son édit, de même les les *bonorum possessiones* durent être accordées dans des cas particuliers avant d'être promises d'une façon générale. Cela est si vrai que certaines *bonorum possessiones* étaient restées assez longtemps *decretales* lorsqu'elles étaient couramment données par la jurisprudence prétorienne dans certains cas bien déterminés ; seulement, leurs règles au lieu d'être fixées par l'édit étaient restées régies par la coutume prétorienne : nous en trouvons un exemple dans la loi 14, 1, D., *De bon. poss. cont. tab.*, 37, 5. Le texte est d'Africain. Mais Ulpien, prévoyant la même hypothèse, ne parle plus de décret (3 § 9 ; 17, D., *eod. tit.*). Cependant il ne donne pas sa décision comme très-sûre : c'est que la *bonorum possessio* n'était pas encore donnée depuis longtemps sans doute en vertu de l'édit. Ce qui s'est passé dans ces hypothèses spéciales a dû se passer aussi en règle générale : cette conjecture nous paraît fort rationnelle. M. Accarias (1) pense qu'on n'est pas autorisé à la faire. Cependant nous ne comprendrions guère que le système des *bonorum possessiones* eût été immédiatement transporté dans l'édit ; il nous semble plus conforme à la nature des choses et à la façon générale dont procédait le préteur qui n'avait occasion d'établir ses principes qu'en en faisant l'application à des cas particuliers (2), d'admettre le développement lent de notre procédure.

Si l'on accepte avec nous cette conjecture, il faudra rapprocher les *bonorum possessiones contra tabulas* des restitutions *in integrum*. Dans les premières comme dans celles-ci le préteur ne décide qu'après *causæ cognitio ;* et l'on peut dire que la nullité du testament n'est qu'une faveur, une grâce, comme la nullité de l'acte contre lequel en obtient la restitution. On peut en conclure que même en Droit honoraire, dans cette période, le testament existe jusqu'au moment où il est rescindé par le décret que le préteur veut bien accorder.

---

72. — (1) Accarias, I, p. 1277, n. 1.

(2) V. *infra*, 87-89, comment l'action paulienne fut précédée par l'interdit fraudatoire, et comment cet interdit fut peut-être aussi l'origine de l'action de dol.

73. — Mais la nécessité du décret et de la *causæ cognitio* disparut à la longue en règle générale ; et du même coup tendit à disparaître ce caractère de l'annulabilité, dont il resta cependant toujours quelque chose.

L'intervention du préteur n'est presque plus qu'une formalité : il se borne à constater si les faits avancés par la partie, en les supposant vrais, rentrent bien dans les conditions prévues par l'édit. Quant à l'examen de la réalité de ces faits, c'est au juge qu'il reviendra (1, C., *Quorum bonorum*, 8, 2).

On pourrait dire que désormais il y a un véritable droit à la *bonorum possessio* par le fait seul que l'on réunit les conditions de l'édit. C'était, si l'on veut, l'édit lui-même qui attribuait la *bonorum possessio ;* de sorte qu'au moment du décès du testateur, alors que seulement le testament de simple projet devenait quelque chose de définitif, prenait corps, l'édit s'y appliquant immédiatement et sans aucune intervention du magistrat, faisait considérer ce testament comme nul : au moment même de sa naissance, le testament, pourrait-on dire, était ainsi considéré comme inefficace ; il était frappé d'une inexistence partielle.

Et l'on ferait valoir que les textes emploient des expressions caractéristiques lorsqu'ils veulent désigner le fait de demander au préteur la *bonorum possessio* : *petere* (ex. : 3, 7, D., *De bon. pos.*), *agnoscere* ou *admittere bonorum possessionem* (ex. : 3, 4, D., *eod. tit.*). *Petere* semble presque un reste de la période où la *bonorum possessio* était accordée non par l'édit, mais par le décret du magistrat. Mais les deux autres expressions, qu'on trouve peut-être plus fréquemment que la première, indiquent parfaitement, dira-t-on, ce fait que le préteur, en attribuant la *bonorum possessio* ne crée rien, ne donne aucun droit nouveau : la partie qui s'adresse à lui *reconnaît* le droit qui lui est attribué par l'édit, l'*accueille,* en somme fait voir qu'elle ne le refuse pas : car personne n'est forcé à le recevoir (3, 3, D., *eod. tit.*).

D'autre part, on voit ce droit à la *bonorum possessio* produire des effets alors même qu'elle n'a pas encore été demandée.

Lorsque la *bonorum possessio contra tabulas* est ouverte au profit d'un descendant omis, les descendants institués peuvent venir eux-mêmes la réclamer ; on dit alors *edictum per alios committitur* (3, 11, D., *De bon. poss. cont. tab.*). Mais ces institués n'ont pas besoin d'attendre que les descendants omis la demandent eux-mêmes (10, 6, D., *eod. tit.*).

Il résulte de cette décision, que ce n'est pas le décret du préteur qui fonde le droit à la *bonorum possessio contra tabulas* et annule le testament, mais que dès le décès du testateur, le droit des descendants omis se trouve ouvert ; que dès le décès, et avant leur demande, le testament est inefficace à leur égard, ce qui permet aux descendants institués de profiter de cette inexistence.

Il semble donc bien que désormais l'inefficacité du testament par suite de l'omission d'une personne dont le préteur exigeait l'institution ou l'exhérédation, existe *ab initio,* que c'est une inexistence.

74. — Cependant de son caractère ancien il lui restait toujours quelque chose. Si vraiment la *bonorum possessio* dérivait de l'édit lui-même, pourquoi cette nécessité d'une demande adressée au préteur, lequel ne fait pour ainsi dire que confirmer le texte de l'édit ? Si le testament est considéré comme inefficace *ab initio* par le Droit honoraire, pourquoi le préteur exige-t-il que l'on postule toujours l'ordre spécial de ne pas en tenir compte ? Pourquoi la nécessité de cette décision du magistrat qui n'examine aucun point de fait, et ne refuse jamais ce qui lui est demandé conformément à l'édit ? Nous ne concevons qu'une explication : l'édit accordant la *bonorum possessio contra tabulas* serait purement et simplement une sorte de projet ; il constituerait une *promesse* réalisée seulement par le magistrat au moment où on lui adresse une demande spéciale. Ce n'est donc pas l'édit qui annule le testament, c'est la décision spéciale du préteur ; et c'est bien pour cette raison que, dans les textes, le testament est dit *rescindé* (1 pr., *De legat. præst.,* 37, 5. — 17, C., *De collat.,* 6, 20).

Mais alors, comment expliquer l'expression : *bonorum possessio agnoscitur, admittitur?* Simplement par ce fait que la *bonorum possessio* est promise par l'édit, et qu'elle est toujours accordée par le préteur dans les cas particuliers qui lui sont soumis conformément à la promesse de l'édit ; de sorte qu'en fait' c'est bien l'édit qui attribue lui-même, qui offre déjà la *bonorum possessio*. Mais n'est-ce pas précisément un des caractères des annulabilités d'être accordées par la loi, et de n'être prononcées que par le magistrat, conformément à la loi ? — Quant à l'argument tiré de ce qu'avant la demande, la *bonorum possessio* offerte par l'édit à un descendant omis, fait bénéficier des dispositions de l'édit même les descendants institués, on peut très-bien comprendre que par le fait seul qu'une sorte de *droit à l'annulation* est né au profit des descendants omis, les descendants institués soient aussi admis à attaquer le testament. Cela prouve tout simplement que l'annulation du testament n'est plus une faveur, mais constitue en quelque sorte un droit acquis. Si c'était une faveur, le testament ne serait *certainement* pas inexistant ; si ce n'est pas une faveur, il *peut* néanmoins n'être pas infecté d'inexistence. La remarque faite ne prouve pas qu'il le soit.

75. — En résumé, l'on peut dire que si, dans la première période, le testament où se trouve omis un descendant que le Droit prétorien, non le Droit civil, oblige à instituer ou à exhéréder' est frappé d'une sorte d'annulabilité, dans une deuxième période, celle du Droit classique, le testament, tout en présentant en Droit prétorien des caractères d'inexistence, se rapproche cependant, en dernière analyse, plutôt de l'acte annulable que de l'acte inexistant.

76. — En était-il encore ainsi sous Justinien ? Nous ne le pensons pas. A mesure que le Droit romain vieillissait, le Droit civil et le Droit honoraire tendaient à se rapprocher. Le Droit civil considérait comme inexistant le testament qui omettait un *heres suus :* il était rationnel que le Droit honoraire en vînt à considérer lui aussi comme inexistant le testament où se trouvait omise l'une des personnes dont le préteur exigeait l'institution ou l'exhérédation.

Et en effet la nécessité de la demande de la *bonorum possessio* disparut (§ 10, Inst., *De bon. poss.*, III, 9. — 7, 3, C., *De cur. fur.*, 5, 70). On discute la question de savoir si, comme le dit Justinien, cette réforme fut faite par des princes antérieurs, ou si cet empereur a attribué à ses prédécesseurs une décision qui était une de ses innovations personnelles. M. Ortolan (1) enseigne que le § 10 précité ne fait que reproduire les décisions des lois 8 et 9, C., *Qui admitti ad bon. pos.*, 6, 9. — Avec M. Accarias (2) nous inclinerons plutôt à penser que Justinien a innové ici, ou que, tout au moins, il a fait passer dans la législation écrite une pratique qui peut-être s'était introduite sur la base des deux constitutions précitées, mais à la suite d' une interprétation défectueuse des décisions qu'elles renfermaient.

Que disent en effet ces deux constitutions ? La première, que si une personne simple, ignorante ou absente a négligé de demander la *bonorum possessio* dans les délais légaux, elle ne s'en verra pas pour cela exclue. — Mais faut-il en conclure que la *bonorum possessio* ne doive plus être demandée ? Point du tout : l'empereur n'a pu avoir qu'une pensée, celle de décider que l'expiration du délai n'emporte pas nécessairement renonciation à demander la *bonorum possessio ;* mais que la demande peut encore en être faite après, si l'on prouve que l'on avait laissé expirer le délai sans avoir la volonté de renoncer. — La seconde constitution supprime la nécessité de la formule solennelle exigée jusque-là pour obtenir la *bonorum possessio*(1 et 2, C., *Comm. de succ.*, 6,59), et dit que la demande pourra être portée même devant les juges inférieurs. — Pour que l'interprétation donnée à ces constitutions par Justinien, qui ailleurs (7, 3, C., *De cur. fur.*) les attribue à Constantin alors qu'elles sont de Constance, puisse être admise, il serait tout d'abord nécessaire d'intervertir au Code l'ordre de ces deux constitutions ; il faudrait que la constitution 9 soit antérieure en date à la constitution 8, ce que nous

---

76. — (1) Ortolan, III, 1122.

(2) Accarias. I, p. 1258, n. 2 ; — I, 468

ne pouvons admettre à cause de leur place respective. Notre interprétation de ces lois est du reste fort simple ; et si Constance avait eu la pensée qu'on lui prête, il faut avouer qu'il se serait exprimé d'une façon bien obscure.

On devra donc admettre que Justinien a attribué à ses prédécesseurs une décision qui lui était personnelle : il se l'appropriait, du reste, dans une certaine mesure déjà en l'approuvant : *bene providerunt*, dit le § 10 précité.

Jusqu'à Justinien, par conséquent, nous pouvons dire que le testament contre lequel on peut obtenir la *bonorum possessio contra tabulas* n'est pas inexistant ; mais qu'à côté de certains caractères communs à l'acte inexistant, il a les principaux caractères de l'acte annulable. Avant Justinien peut-être dans la pratique, et en tout cas depuis la rédaction des Institutes, la nullité changea de caractère, et c'est plutôt comme une inexistence qu'elle doit être considérée.

Nous n'examinons pas la question de savoir si la Novelle 115, eut pour résultat de supprimer implicitement la *bonorum possessio contra tabulas*. Cette difficile question ne présente pas pour nous un intérêt assez direct pour que nous essayions de la discuter dans tous ses détails. Disons seulement que la Novelle n'ayant pas abrogé d'une façon générale le Droit antérieur, nous ne voyons dans ses dispositions rien qui puisse nous faire décider que la *bonorum possessio contra tabulas* ait disparu de la législation (3).

SECTION III.

INEFFICACITÉ RÉSULTANT DES ACTIONS « DE DOLO » ET « QUOD METUS CAUSA », ET DES EXCEPTIONS « DOLI MALI » ET « METUS ».

§ I. — *Actions.*

77. — Les deux actions *de dolo* et *quod metus causa* sont arbitraires (31, Inst., *De actionibus*, 4, 6).

---

(3) V. *supra*, 42 *in fine.*

Nous avons vu plus haut (1) quelle était, à notre avis, la nature du *jussus judicis*. Selon nous ce *jussus* est l'ordre donné au défendeur d'exécuter en nature ses obligations. Par le contenu du *jussus*, on peut fixer exactement les obligations du défendeur, les obligations nées du dol ou de la violence (2).

L'objet du *jussus* des actions *de dolo* et *quod metus causa* est tout naturellement la remise des choses dans leur premier état, une sorte de restitution *in integrum*, comme dit Ulpien dans la loi 9, D., *Quod metus causa*, 4, 2 : il faut que le demandeur soit replacé dans une situation identique à celle qui existait avant l'acte. Donc, si un acte juridique contraire au premier est possible, le défendeur se voit ordonner de faire cet acte contraire. Si le premier acte était une tradition, le défendeur doit faire lui-même tradition au demandeur de l'objet qu'il avait reçu, et en même temps donner la *cautio de dolo* (9, §§ 5 et 7, D., *eod. tit.*). Si une acceptilation a détruit une obligation, le défendeur doit contracter une obligation identique. Si une stipulation a été faite sous l'empire de la violence, le défendeur doit faire immédiatement une acceptilation. La violence a-t-elle été employée à obtenir l'extinction de servitudes, d'un usufruit : ils doivent être constitués à nouveau (9, 7, D., *eod. tit.*). L'obligation dont il a été fait acceptilation était-elle garantie par des fidéjusseurs : le juge ordonnera non seulement que le débiteur principal contracte une nouvelle dette, mais encore que cette dette soit garantie par les premiers fidéjusseurs ou par d'autres au moins aussi solvables (10, D., *eod. tit.*).

Tel est le *jussus* de l'action *quod metus causa* ; tel est certainement aussi celui de l'action de dol : on ne verrait pas sur quoi l'on baserait la moindre différence entre ces deux actions à ce point de vue.

Nous avons ainsi les obligations de l'auteur du dol ou de celui qui a profité de la violence : il doit se prêter à l'acte juridique

---

77. — (1) V. *supra*, 46.

(2) Cpr. Accarias, II, 842.

inverse de celui qui a été fait : le dol, la violence ont été la source de cette obligation à l'anéantissement de l'acte juridique.

D'un autre côté, le rétablissement des choses en état est le véritable objet des actions *quod metus causa* et *de dolo* : la victime du fait délictueux agit en réalité dans le but direct de faire exécuter cette obligation de remise en état ; et si la condamnation, au moins avant Dioclétien, ne peut pas aboutir à réaliser directement ce but, à cause de son caractère exclusivement pécuniaire, il n'en est pas moins vrai que cette condamnation pécuniaire n'est pas ce à quoi tend directement l'action. Si le défendeur ne veut pas exécuter le *jussus*, l'action n'aboutira sans doute qu'à cette condamnation ; mais c'est qu'alors elle aura manqué son but réel qui est la remise effective des choses en état (10, pr., D., *eod. tit.)* (3).

Voilà l'objet véritable de nos actions *de dolo* et *quod metus causa*. Et, à cette façon de comprendre leur objet ne s'oppose pas ce principe, que si la restitution en nature est impossible, le juge ordonnera une réparation pécuniaire (18, 4, D., *De dolo malo*). Quand, en effet, la réparation en nature est impossible, il faut bien s'incliner devant la force des choses, et l'impossibilité d'aboutir, même par le *jussus judicis*, à la restitution en nature n'empêche pas qu'en principe c'est cette restitution qui fait l'objet direct de l'action, sauf à ce que cet objet se tranforme en un équivalent en argent, si on ne peut l'obtenir en nature.

78. — Nous pouvons donc dire qu'au regard du préteur l'acte juridique contre lequel est admise l'action *de dolo* ou *quod metus causa* n'est pas nul de plein droit, n'est pas inexistant. Cela est

----

(3) Ce texte montre clairement que ce n'est pas pour obtenir la condamnation au quadruple que l'on agit par l'action *quod metus causa* ; mais que le but direct de l'action est la restitution : « *...agi posse, ut se » reponant in obligationem* ». C'est dans le même sens que nous avons vu la loi 11, 5, D., *De act. empti*, 19, 1, et la loi 13, §§ 27 et 28, D., *eod. tit.*, dire que l'on agissait par l'action *empti* « *ad resolvendam emptionem* ».

absolument certain (1). Le préteur considère seulement l'auteur du dol ou celui qui profite de la violence comme tenu d'une obligation prétorienne dont l'objet est la résolution de l'acte.

Il n'y a pas ici annulabilité; mais il est facile de voir que les actes dont nous nous occupons présentent de sérieuses analogies avec les actes annulables.

L'acte annulable est un acte efficace pouvant devenir inefficace par l'effet d'une sentence du juge. L'acte est né, s'est formé; mais il est né en même temps que lui en faveur de certaines personnes, de tout le monde peut-être, un droit à le faire mettre à néant. Ce droit provient de ce que l'acte a été vicié dès l'origine.

Nous trouvons en Droit romain dans les actions *de dolo* et *quod metus causa* ces caractères : l'acte naît efficace, et une décision du juge le rendra inefficace. Dès sa formation, il est infecté d'un vice d'où dérive, pour certaines personnes, le droit de le faire mettre à néant. .

Seulement, ici la décision judiciaire n'a pas la même force qu'en cas d'annulabilité : il faut l'intervention des parties pour anéantir l'acte ; et cette mise à néant n'a pas théoriquement d'effet rétroactif.

79. — Il arriva un moment où le *jussus judicis* put être exécuté *manu militari*. Il arriva aussi une époque où les condamnations purent être prononcées *ad ipsam rem*. Quelle fut l'influence de ces changements sur la question que nous étudions ?

Ce fut exactement la même que sur l'action *ex vendito* tendant

---

78. — (1) C'est ce que les textes expriment en disant : « *Quamvis, si* » *liberum esset, noluissem, tamen coactus volui* » (21, 5, D., *Quod metus causa*, 4, 2. — 22, D., *De ritu nupt.*, 23, 2). Du reste, nous avons déjà adopté cette solution dans les n⁰ˢ 60 et s. En effet, nous avons reconnu que l'acte contre lequel est donnée la restitution *in integrum* n'est pas inexistant, même en Droit prétorien. Or, le même acte peut être attaqué soit par les actions de dol ou *quod metus causa*, soit par la restitution *in integrum ob dolum* ou *ob metum*. Dans l'un comme dans l'autre cas, nous le voyons, l'acte n'est pas inexistant. — Il y a accord des deux théories qui se controlent et se confirment l'une par l'autre.

à la mise à néant de la vente entachée de dol (1). Dans la dernière période du Droit romain, l'annulation de l'acte juridique par suite de l'exercice de l'action *de dolo* ou *quod metus causa* dut être l'effet direct de la sentence du juge, laquelle n'eut plus besoin, pour opérer, de la volonté des parties, la condamnation comprenant alors le *jussus* comme l'expression la plus adéquate des obligations des parties.

La loi 14, 9, *Quod metus causa*, nous apporte la preuve palpable de cette transformation. Telle qu'elle est rapportée au Digeste, elle serait d'Ulpien ; mais son contenu nous fait voir jusqu'à l'évidence qu'elle renferme un *tribonianisme*. Le jurisconsulte se plaçant dans le cas où une stipulation a été le résultat de la violence, dit que, d'après Julien, le demandeur qui a obtenu la condamnation au quadruple, faute d'avoir obéi au *jussus*, peut être forcé à exécuter la stipulation ; car le *simplum* est contenu dans le quadruple. Mais cette opinion n'est pas partagée par Labéon, d'après lequel la victime de la violence peut opposer une exception à *l'actio ex stipulatu*. Et la loi ajoute : « *Quod* « *quum durum videatur, ita temperandum est, ut tam tripli* « *condemnatione plectatur, quam acceptilationem omnimodo* « *facere compellatur.* »

Ainsi, désormais, la condamnation pécuniaire est du triple seulement, et le défendeur de l'action *quod metus causa* sera obligé à faire acceptilation de n'importe quelle manière. Mais l'acceptilation est un acte exigeant essentiellement le concours de la volonté de celui qui la fait : elle n'a lieu que par la prononciation d'une formule solennelle, et il est impossible de faire prononcer cette formule à une personne qui s'y refuserait absolument. D'autre part, évidemment la formule doit être prononcée avec la volonté de faire acceptilation ; et il est encore aussi impossible, sinon plus, d'obtenir un assentiment réel de celui qui ne voudrait pas le donner.

---

79. (1) V. *supra*, 48.

Que conclure de ces considérations ? C'est qu'il est impossible, dans le sens vrai du mot, de *compellere aliquem acceptilationem facere*. C'est que, si l'on veut une acceptilation, il faut purement et simplement la considérer comme faite par le défendeur qui refuse d'y procéder. Et cela du reste ne ressort-il pas du texte lui-même qui demande une acceptilation *quelconque : acceptilationem* OMNIMODO *facere ?* Le défendeur refusant d'éteindre sa créance, celle-ci sera éteinte de plein droit et par le seul effet de la sentence (2).

Il faut dire en conséquence qu'à partir de cette décision, l'action *quod metus causa* présente les caractéres d'une action en annulation plus accentués encore que précédemment : la décision du juge peut aboutir directement à l'anéantissement de l'acte juridique.

Mais pourquoi pensons-nous que cette décision n'est pas l'œuvre d'Ulpien, et qu'elle est due à une interpolation de Justinien ? C'est qu'à l'époque où vivait Ulpien, la procédure formulaire était encore en vigueur, et les condamnations exclusivement pécuniaires. Dans ces conditions il eût été absolument impossible que la condamnation de l'action *quod metus causa,* contînt un ordre de faire acceptilation, et que cet ordre eût l'effet d'une acceptilation. On ne put obtenir ce résultat que dans le système des condamnations *ad ipsam rem.* D'où il résulte que c'est Justinien qui a complété l'extrait d'Ulpien, en l'adaptant aux nouveaux principes en vigueur au moment de la rédaction du Digeste (3).

Est-il nécessaire d'ajouter qu'il n'y avait aucune raison pour ne pas appliquer à l'action de dol ces nouveaux principes, et pour ne pas admettre relativement aux résultats de cette action la solution donnée pour l'action *quod metus causa.*

80. — En résumé, à l'époque classique les actions *de dolo* et *quod metus causa* se rapprochent beaucoup d'actions en annula-

---

(2) Cpr. Mortet, p. 57.

(3) Mortet, p. 58.

tion (1). Cette sorte d'annulabilité à laquelle on aboutit exige encore dans la pratique le concours des parties ; mais dans la dernière période du Droit on peut se passer de ce concours. Néanmoins il reste toujours quelque chose du système ancien : la sentence du juge n'est pas censée décider en réalité l'annulation de l'acte, mais remplacer la volonté des parties qui refusent de concourir à l'anéantissement de cet acte. Quoi qu'il en soit, c'est à l'effet direct de la décision du juge qu'est due la mise à néant de l'acte vicié.

§ II. — *Exceptions.*

81. — Nous avons constaté dans les actes contre lesquels sont ouvertes les actions *de dolo* et *quod metus causa* une obligation quasi-délictuelle ou quasi-contractuelle de se prêter à l'anéantissement de l'acte. Cette obligation a précisément sa sanction dans les deux actions que nous avons étudiées.

Or, ce n'est pas seulement par une action que le préteur vient au secours de la victime des manœuvres frauduleuses ou de la violence ; c'est encore par une *exception,* l'exception *doli mali* ou l'exception *metus.*

Quel caractère faut-il attribuer à ces exceptions ? Elles sont destinées à rendre l'acte inefficace ; d'autre part, elles reposent, nous le supposons, sur un vice existant déjà au moment où l'acte a dû se former. Il y a là un moyen de nullité prétorienne. Mais l'exception tend-elle à faire déclarer l'acte inexistant, ou à en faire prononcer en quelque sorte l'annulation ?

A première vue, il semble bien que si le préteur considére l'acte comme frappé d'une sorte d'annulabilité quand on lui demande l'action, il ne peut pas le considérer comme inexistant quand on veut invoquer l'exception. C'est là une raison qui semble bien simple, et qu'il est difficile, à notre avis, de renverser.

----

80. — (1) Nous entendons par actions en annulation, des actions sanctionnant l'annulabilité.

D'autre part, et pour entrer plus à fond dans la discussion, nous dirons que la façon, selon nous, la plus rationnelle de concevoir l'exception, c'est d'y voir une sanction de l'obligation de résolution née avec l'acte. L'obligation de résolution est sanctionnée par l'action, si la victime du dol ou de la violence veut prendre l'offensive ; et si elle reste sur la défensive, c'est l'exception qui lui permettra de se prévaloir de cette obligation.

82. — Il résulte de là que l'acte doit être ici, de même que tout à l'heure, considéré comme soumis à une sorte d'annulabilité. Seulement, en matière d'exceptions on serait arrivé immédiatement aux résultats qui ne furent obtenus pour les actions qu'après la suppression du système formulaire. Tant que dura, en effet, la procédure des formules, le juge, nous l'avons vu, ne pouvait prononcer que des condamnations pécuniaires. Ce ne fut qu'après la réforme de Dioclétien que l'on put tenir la résolution pour opérée, et qu'ainsi les actions aboutirent forcément à l'inefficacité de l'acte attaqué. — Quand l'inefficacité est demandée par voie d'exception, c'est du magistrat que dépend immédiatement l'efficacité ou l'inefficacité de l'acte. Le demandeur devrait se prêter à l'anéantissement du contrat : le préteur refuse purement et simplement la formule, ou, s'il ne peut pas vérifier lui-même l'existence du dol ou de la violence, il soumet la condamnation à la condition que le juge ne constatera pas de dol ou de violence. En somme, le magistrat considère l'acte comme anéanti. Il ne le dit pas sans doute : il préfère éluder la question, comme il le fait d'ailleurs en d'autres circonstances : nous avons vu, en effet, que même après avoir rescindé l'acte, le préteur octroyant la restitution *in integrum* n'indique pas cette rescision dans la formule, mais ordonne simplement au juge de statuer comme si l'acte rescindé n'avait pas existé. En matière d'exceptions, il évite également de dire qu'il tient l'anéantissement pour opéré : c'est qu'il n'a pas à rendre compte au juge des raisons qui lui ont fait choisir telle ou telle rédaction de la formule.

83. — En résumé, la façon dont nous comprenons le fondement de l'exception, nous amène à dire que l'acte doit être envisagé absolument au même point de vue, qu'il soit attaqué par voie d'action ou d'exception.

84. — Mais cette manière de concevoir l'exception soulève quelques objections qu'il sera facile, pensons-nous, de détruire.

Nous avons représenté l'exception comme étant simplement l'action accordée au défendeur. Or l'exception de dol a été créée avant l'action (1) ; et le résultat des exceptions n'est pas le même que celui des actions : c'est ainsi que l'exception de dol n'entraîne pas l'infamie ; que l'exception *metus* sert seulement à repousser l'action à laquelle on l'oppose, mais n'a pas pour conséquence la condamnation au quadruple.

Si l'exception *doli mali* a été créée avant l'action *de dolo*, nous n'y trouvons pas la preuve que l'exception n'est pas l'action accordée au défendeur. Sans doute cette proposition ne peut pas s'énoncer sous cette forme pour la période qui précéda la création de l'action ; mais il suffit que l'exception ait eu dès cette époque pour fondement l'obligation que l'action sanctionna plus tard. Cette obligation, que l'on reconnut au moment où l'on créa l'exception, ne fut d'abord sanctionnée que par une exception ; plus tard seulement on lui donna la sanction d'une action. Il dut se passer en notre matière ce qui se produisit, par exemple, pour les pactes.

---

84. — (1) L'exception de dol fut proposée par le préteur Cassius, alors que n'existait pas encore l'exception *metus* (4, 33, D., *De dol. mal. et met. ex.*, 44, 4). Or, l'exception *metus* a été créée au plus tard en même temps temps que l'action *quod metus causa* (156, 1, D., *De reg. jur.*, 50, 17).

D'après un passage de Cicéron (*Ep. ad Quintum fratr.*, I, 1, n° 7), l'action *quod metus causa* fut imaginée par Cnœus Octavius, qui fut consul, en l'an 674 de Rome.

L'action de dol fut proposée pour la première fois par Aquilius Gallus, en l'an 688 (Cicér., *De off.*, III, 14. — *De nat. dcor.*, III, 30). — D'après cela, il est certain que l'exception de dol précéda l'action de dol. — D'autre part, le préteur Cassius est probablement celui qui, au dire de Valère Maxime, était d'une si grande sévérité, qu'on l'avait surnommé *scopulus raorum* (*Facta dictaque memorabilia*, liv. III, ch. VII, n° 9). L'exception de dol remonterait donc au milieu du VII° siècle, et l'action n'aurait été que créée vers la fin du siècle. Cpr. Accarias, II, p. 1061, t. et n. 2 ; —p. 1076.

L'obligation née d'un simple pacte ne fut d'abord sanctionnée que par une exception ; plus tard, le préteur y ajouta pour certains d'entre eux la sanction d'une action *in factum*. De même l'obligation née du dol, d'abord sanctionnée seulement par une exception, put être poursuivie plus tard par voie d'action.

Mais l'exception et l'action n'aboutissent pas aux mêmes résultats. — Nous ne le nions pas. Nous disons seulement que cela ne les empêche pas d'avoir le même fondement. Si l'infamie, la condamnation au quadruple sont prononcées contre le défendeur à l'action *de dolo* ou *quod metus causa,* c'est pour forcer ce défendeur à exécuter le *jussus judicis ;* mais ces condamnations ne sont pas l'objet direct de ces actions : nous avons longuement montré que le but véritable des deux actions, c'est l'anéantissement de l'acte : c'est de même le but de l'exception, qui y arrive plus directement et sans qu'il soit nécessaire d'intimider l'auteur du dol ou celui qui bénéficie de la violence, en les menaçant de condamnations sévères (2).

Nous pouvons donc maintenir notre proposition : que l'exception est l'action accordée au demandeur ; ou, si l'on préfère, que l'exception et l'action ont le même objet, forment la sanction de la même obligation.

Ne pourrait-on pas trouver une autre objection dans ce fait que si par erreur une personne tenue d'une obligation contre laquelle elle eût pu opposer l'exception *doli mali* ou *metus* a payé, elle peut directement intenter la *condictio indebiti* (3) ? Si en effet, tant que l'exception n'est pas opposée, l'acte est pleinement efficace, comment peut-on venir prétendre directement que l'on a payé l'indû ? Il sera vrai que l'on devait, jusqu'au

---

(2) Ajoutons en passant que ces condamnations eussent été d'ailleurs incompatibles avec la procédure formulaire, qui excluait toute condamnation prononcée contre le demandeur.

(3) La *condictio indebiti* est accordée à quiconque a payé lorsqu'il avait une exception perpétuelle qu'il ignorait (26, §§ 3 et 7, D., *De cond. ind.*, 12, 6). Or, les exceptions *doli mali* et *metus* sont perpétuelles (Gaius, IV, 121).

moment où l'acte sera annulé. Or, ce n'est même pas demander l'annulation, que d'intenter la *condictio indebiti*. Si l'on vient ainsi *de plano* prétendre que l'on ne devait pas, c'est que l'obligation était inexistante.

Cette objection tombe d'elle-même, si l'on tient compte de ce que l'exception de dol a existé avant l'action. Au moment où il n'y avait pas encore de moyen offensif d'attaquer l'acte infecté de dol, si l'on n'avait pas accordé à la victime du dol, qui avait payé par erreur, la *condictio indebiti*, elle n'aurait eu aucun moyen de répéter ce qu'elle aurait ainsi payé. Or, qui ne comprend que ce résultat eût été souverainement injuste ? Car, ainsi que le fait remarquer M. Accarias (4), « *à ne regarder que le* « *résultat pratique*, celui qui a une action condamnée à ne « jamais aboutir est tout aussi dépourvu de droit que celui qui « n'a pas d'action du tout (112, D., *De reg. jur.*, 50, 17). » Si l'on ajoute que les Romains accordaient difficilement l'action de dol, à cause de la peine sévère de l'infamie qu'elle entraînait, on comprendra que l'on ait continué à accorder la *condictio indebiti* après la création de l'action de dol.

Quant à l'exception *metus*, il semble qu'elle a précédé l'action *quod metus causa*, comme l'exception *doli mali* a précédé l'action *de dolo*. Mais, cela même ne fût-il pas, on conçoit que l'on n'ait pas traité différemment les actes infectés de violence ou de manœuvres frauduleuses.

Ces arguments nous semblent bien suffisants pour justifier notre manière de voir, sans qu'il soit besoin d'allonger la discussion en en développant de nouveaux. L'objection considère comme un résultat de principes juridiques un fait provenant de conceptions exclusivement pratiques. C'est ce résultat pratique seulement que les textes ont en vue lorsqu'ils disent, comme celui que nous citions tout à l'heure, que c'est comme s'il n'y avait pas d'action, quand elle peut être repoussée par une exception (7, 8, D., *De*

---

(4) Accarias, II, 659.

dolo malo, 4, 3. — 55, D., *De verb. sign.*, 50, 16). C'est au même point de vue que se placent les jurisconsultes quand ils appellent l'action paralysée par une *exceptio perpetua : inanis* (8, D., *De cond. ob turp.*, 12, 5) ; *inefficax* (13, D., *De jur. dot.*, 23, 3) ; *quasi nulla* (25, D., *De verb. oblig.*, 45, 1). Cela veut dire simplement que l'action n'aura pas de résultat pratique si l'on oppose l'exception : mais cela ne signifie point que le préteur lui-même la considère *ab initio* comme éteinte ; pas plus qu'on ne considère comme telle l'action qui est ouverte contre un insolvable, et que l'on désigne cependant de la même expression *(inanis)* (6, D., *De dolo malo*).

En un mot, toutes ces objections ne portent pas et laissent subsister tout entière notre théorie, savoir que les exceptions *doli mali* et *metus* doivent être assimilées au point de vue de la nullité aux actions *de dolo* et *quod metus causa*.

SECTION IV.

INEFFICACITÉ RÉSULTANT DE LA « PAULIANA ACTIO » ET DE L' « INTERDICTUM FRAUDATORIUM ».

85. — Nous devons tout d'abord, au commencement de cette section, prévenir une objection qui se présente naturellement à l'esprit. Y a-t-il bien une nullité dans l'inefficacité qui frappe les actes faits par un débiteur en fraude de ses créanciers ? Des auteurs jouissant de la plus grande autorité enseignent qu'en Droit moderne l'action paulienne ne constitue pas une action en nullité. Mais, à notre avis, il faut absolument faire ici abstraction des idées que l'on a pu puiser dans l'étude du Droit français sur la matière. Il s'agit ici d'une nullité, de moyens de nullité, comme cela apparaîtra dans le développement de la présente section.

86. — Les créanciers, lésés par des actes faits en fraude de leurs droits, trouvent différents moyens à opposer à ces actes. Nous ne parlerons pas de la nullité dont la loi Ælia Sentia frappe les affranchissements faits *in fraudem creditorum* (Gaius, I, 37) : l'affranchissement est inexistant : *qui... manumittit... nihil agit*, dit Gaius (*loc. cit.*) (1). Il n'y a pas de doute à cet égard. Nous ne parlerons pas plus de la restitution *in integrum* accordée par le préteur contre les actes faits *in fraudem creditorum*. Nous nous bornerons à renvoyer à l'étude des restitutions *in integrum* (2). Il nous reste dans tout le système de l'inefficacité des actes faits en fraude des créanciers, l'action paulienne et l'interdit fraudatoire.

L'*action paulienne* d'abord : pour en trouver le caractère, voyons quel en est l'objet direct, le but immédiat. La loi 38, 4, D., *De usuris*, 22, 1, nous dit que le préteur veille à ce que tout soit rétabli comme s'il n'y avait pas eu d'acte. S'il y a eu une acceptilation de faite, le résultat de l'action sera de faire contracter une stipulation rétablissant la dette (10, 14, D., *Quæ in fraudem credit.*, 42, 8. — 17, pr., D., *eod. tit.*) ; s'il y a eu tradition d'une chose, l'acquéreur doit en retransférer la propriété (14, D., *eod. tit.*) ; et, faute de pouvoir livrer la chose elle-même, la personne tenue de l'action paulienne, si elle n'a que des actions tendant à obtenir cette chose, doit céder ces actions (ibid.). En un mot, la *pauliana actio* a pour objet de rétablir l'état de choses antérieur, absolument comme les actions *de dolo* et *quod metus causa* que nous avons déjà étudiées, et auxquelles nous nous contentons de faire un renvoi. Rappelons seulement que c'est par le *jussus* que le juge ordonne ces restitutions : l'action paulienne est arbitraire.

Les actions *de dolo* et *quod metus causa* étant, ainsi que nous l'avons montré, de véritables actions en nullité, l'action

***

86. — (1) V. *supra,* 38, n. 3.

(2) V. *supra,* 60, t. et n. 2.

paulienne qui tend au même résultat est aussi une action en nullité.

Elle forme du reste un système avec la loi *Ælia Sentia*, la restitution *in integrum* et l'interdit fraudatoire. La loi *Ælia Sentia* édicte une nullité ; la restitution *in integrum* est une voie de nullité bien certainement aussi. Il est rationnel que l'action paulienne, qui constitue un moyen différent tendant au même but, ait le même caractère d'action en nullité.

Il n'y a pas lieu d'insister sur le caractère de cette nullité : comme l'action *de dolo* ou *quod metus causa*, l'action paulienne a beaucoup d'analogie avec une action en annulation (3).

87. — L'interdit fraudatoire eut, à notre avis, le même caractère. On trouve dans les textes peu de renseignements sur cet *interdictum fraudatorium*. Il est mentionné au Digeste (67, §§ 1 et 2, *Ad. S.C. Trebell.*, 36, 1) et au Code Théodosien (1, *De integri restit.*, 2, 16). Il nous y est présenté comme un moyen de faire rentrer dans le patrimoine d'un débiteur des choses qui en ont été soustraites en fraude des droits de ses créanciers. Mais une autre loi du Digeste (96, pr., *De solut.*, 46, 3) donne le *fraudatorium interdictum* pour attaquer des actes faits par le tuteur contre les intérêts du pupille avec le concours frauduleux de tiers. Cela nous conduit à dire que cet interdit n'était pas seulement donné contre les actes des débiteurs voulant soustraire à leurs créanciers une partie de leur gage, mais que c'était un moyen plus général pour rétablir un état de choses modifié dans une pensée frauduleuse et par dol. Qui sait si l'*interdictum fraudatorium* ne fut pas le moyen par lequel le préteur pourvut tout d'abord à la répression du dol? Il aurait été remplacé, en général, par l'action de dol, et, dans la matière spéciale des actes faits en fraude des créanciers, par l'action paulienne, à côté de laquelle il aurait survécu théoriquement au moins.

Mais cet interdit ayant pour but de rétablir une situation mo-

---

(3) V. *supra*, 77 et s. — V. aussi *supra*, 80, n. 1.

difiée par un acte vicié *ab origine*, absolument comme si cet acet n'avait pas existé, c'était une voie de nullité ; et, comme nous le verrons, cette nullité présentait des analogies sérieuses avec l'annulabilité.

88. — Pour établir d'une manière précise ce caractère d'annulabilité, il faut déterminer le résultat auquel permettait d'arriver l'interdit fraudatoire. Un interdit, c'était une loi prétorienne toute spéciale, réduite à un cas particulier, à une espèce soumise au préteur. Celui-ci, en règle, édictait dans l'édit des dispositions générales, et c'étaient ces dispositions générales qu'il appliquait dans les espèces qu'on lui soumettait. En matière d'interdits, le magistrat ne fait la loi qu'au moment où on la lui demande, et seulement pour le cas qui se présente. Un autre cas identique se produira demain : une décision, une loi spéciale sera encore nécessaire. Sans doute, la coutume, l'usage établirent des règles constantes, dont le magistrat ne s'écartait pas : aussi le voyons-nous promettre des interdits dans son édit (1, C., *De interdict.*, 8, 1). Mais l'ancienne procédure subsista jusqu'à la fin du système formulaire : il fallut toujours une décision spéciale pour que les parties fussent liées ; en rendant l'interdit le préteur faisait la loi des parties, comme il la faisait, en règle générale, par son édit. Dans la procédure ordinaire, c'était l'édit qui servait de base à l'action ; en matière d'interdits, c'était dans la décision spéciale du préteur que la formule délivrée ensuite avait son fondement (1).

---

88. — (1) Nous avons constaté quelque chose d'analogue pour les *bonorum possessiones* et les restitutions *in integrum* ; mais dans ces deux institutions l'influence de la décision spéciale n'est pas aussi prépondérante qu'ici, où elle est exclusive. Il y a pour ainsi dire une gradation entre les trois institutions. Dans la *bonorum possessio*, l'édit a une importance prépondérante : la décision du préteur n'est guère qu'une formalité. La restitution *in integrum* peut aussi être rattachée plus ou moins à l'édit ; mais le préteur se réserve d'examiner les circonstances, et de la refuser si l'équité lui semble le demander. Quand il s'agit d'interdits, c'est la décision spéciale qui est seule à considérer ; la promesse de l'interdit faite *in albo* est une indication générale de la jurisprudence qui s'est établie ;

APPENDICE

Droit des Édiles curules.

93. — Ventes attaquées pour cause de vices cachés de la chose vendue (1). — Nous avons vu les actions *de dolo* et *quod metus causa* imaginées par le préteur pour arriver à frapper d'inefficacité les actes faits sous l'empire du dol ou de la violence (2). Nous trouvons dans l'action *redhibitoria*, donnée par les édiles curules aux acheteurs contre les vendeurs, une action ayant à peu près le même but : obtenir le rétablissement des choses dans l'état où elles se trouvaient avant l'acte.

Les parties sont obligées de se faire la restitution des choses qu'elles s'étaient livrées avec tous leurs accessoires : ainsi, si les obligations n'ont pas été exécutées, elles doivent s'en décharger, s'en faire la remise (45, D., *De œdil. edict.*, 21, 1). Aussi les textes comparent–ils l'effet de l'action *redhibitoria* à l'effet de la restitution *in integrum* (23 § 7 ; 60, D., *eod. tit.*). Si le vendeur n'exécute pas volontairement ces obligations, il est condamné au double (45, D., *eod. tit.*).

On le voit, ici encore, l'acte naît avec une obligation à la charge du vendeur de se prêter à son anéantissement. Cet anéantissement est l'œuvre des parties sans doute ; il n'est pas

----

93. — (1) Il ne faudrait pas vouloir exclure de l'étude des nullités romaines la vente infectée de vices rédhibitoires, parce que dans notre législation actuelle cette vente n'est pas proprement *nulle*. En Droit romain, l'action *redhibitoria* étant analogue aux actions *de dolo* et *quod metus causa*, il est fort rationnel que nous en parlions ici. — L'action *ex empto* qui est donnée pour obtenir le même résultat que l'action *rédhibitoria* doit être de même rapprochée de l'action *ex empto* ayant pour objet l'anéantissement d'une vente infectée de dol.

(2) V. *supra*, 77 et s.

l'œuvre du pouvoir judiciaire : mais il n'en est pas moins vrai qu'il y a une analogie frappante°entre la caducité frappant la vente dans cette hypothèse et l'annulabilité.

De l'action *redhibitoria* il faut rapprocher l'action *ex empto* qui aboutissait *officio judicis* à la résolution de la vente, lorsque l'objet vendu avait des vices cachés connus du vendeur, mais non déclarés par lui. Cette action *ex empto* fut appliquée, à une certaine époque, dans tous les cas où les actions édilitiennes étaient accordées (Paul, *Sentent.*, II, 17, § 6. — 6, 4. D., *De act. empti.*, 19, 1). On pourrait répéter ici tout ce qui a été dit de l'influence du dol sur les actions de bonne foi (3).

----

(3) V. *supra*, 43 et s.

CONCLUSION

—

94. — Arrivé à ce point de notre travail, nous éprouvons le besoin de jeter un regard en arrière, et d'embrasser d'un coup d'œil les résultats que nous avons obtenus.

95. — Dans le Droit civil, nous avons constaté qu'en principe général la nullité se confond avec l'inexistence ; que sans doute quelquefois cette inexistence ne s'étend pas à l'acte juridique tout entier, et se trouve restreinte à certaines parties de cet acte ; mais que, même dans ce cas, l'inexistence apparaît avec les caractères les plus nets. Exceptionnellement nous avons trouvé dans le Droit civil des actes ayant, à des degrés divers, beaucoup des caractères de l'acte annulable.

Dans le Droit prétorien, nous pouvons dire que nous n'avons pas reconnu de véritable inexistence. Les nullités prétoriennes frappent des actes que le préteur lui-même considère comme s'étant formés, comme ayant réellement pris naissance. Mais ces actes sont nés avec un vice qui, à la suite de l'intervention du magistrat ou du juge, peut amener leur inefficacité. Nous avons découvert dans ces actes des caractères de l'acte annulable : dans certains d'entre eux, il y a presqu'une annulabilité; dans les autres, l'analogie n'est pas aussi marquée. En tous cas, la constatation de cette communauté de caractères nous semble présenter un certain intérêt scientifique.

96. — Cette espèce de nullité, plus ou moins rapprochée de la nnulabilité, qui existe ainsi à la fois dans le Droit civil à titre d'exception, et dans le Droit honoraire en règle générale, n'a pas toujours la même sanction. En Droit civil, comme sanction, il n'y a pas d'action spéciale en nullité. Nous avons vu, en effet, que les actions employées pour obtenir la rescision sont dans un cas la *petitio hereditatis,* dans les autres cas l'action du contrat vicié. Mais nulle part les textes ne mentionnent une prétendue *querela nullitatis,* que certains auteurs ont proposée.

Par contre, en Droit prétorien, il y a des voies de nullité spéciales. Ces voies de nullité diffèrent suivant les cas. La mieux caractérisée est, sans contredit, l'*in integrum restitutio ;* puis viennent la demande de la *bonorum possessio contra tabulas,* qui a un caractère assez peu défini, au moins dans la dernière phase de son évolution ; les actions *de dolo, quod metus causa,* et les exceptions correspondantes ; l'action paulienne, et l'interdit fraudatoire.

97. — Voilà, en résumé, la théorie des nullités du Droit romain. Il est désormais établi pour nous que l'inexistence n'était pas le seul mode de nullité à Rome ; mais que les jurisconsultes romains ont eu la notion d'actes produisant effet jusqu'à un moment où l'intervention du pouvoir judiciaire amène leur inefficacité sur le fondement d'un vice existant dès la formation de ces actes. La question n'est pas de savoir si les Romains ont véritablement approfondi cette théorie ; s'ils ont nettement dégagé toutes les divergences qui séparent l'acte inexistant de l'acte frappé de cette sorte d'annulabilité que nous avons constatée. Ce qui nous importe, c'est de voir qu'ils ont créé cette distinction, ou plutôt qu'elle s'est imposée à eux comme résultante des différents principes du Droit, et qu'ils ne l'ont pas laissée passer inaperçue. Ce qui nous importe, c'est de pouvoir constater dès à présent que la théorie moderne de la distinction de l'inexistence et de l'annulabilité n'est pas précisément une nouveauté ; qu'elle a déjà des racines très-puissantes dans le Droit romain.

98. — Est-ce bien cette théorie romaine, telle que nous l'avons étudiée, qui a passé dans nos lois ?

Nous verrons dans la partie de notre travail portant sur le

Droit français actuel, que les rédacteurs du Code civil semblent n'avoir pas voulu innover dans la théorie des nullités, mais paraissent avoir eu l'intention de suivre les errements de l'Ancien Droit français. Ainsi, c'est par l'intermédiaire de l'Ancien Droit français que la théorie du Code civil se rattache à la théorie du Droit romain.

Une question intéressante est donc de savoir quelle influence la théorie romaine a pu exercer sur le développement de l'Ancien Droit. Les anciens auteurs ont-il analysé, comme nous avons essayé de le faire, les inefficacités du Droit romain? Se sont-ils demandé, comme nous l'avons fait, si, par exemple, le préteur considérait comme inexistants ou comme annulables en *Droit honoraire pur*, les actes contre lesquels il accordait la restitution *in integrum*? Des questions comme celles-là ont fort bien pu ne pas se poser à l'esprit des juristes.

Il nous semble plus probable que ce fut l'apparence générale, l'effet extérieur, qui frappa principalement l'esprit des jurisconsultes anciens, et exerça la plus grande influence sur le développement de la théorie des nullités. C'est, en effet, surtout l'apparence qui peut agir sur l'évolution du Droit lorsque la principale source du Droit est la coutume.

Or, cette apparence extérieure, la voici :

Certains actes sont considérés comme valables, comme pleinement efficaces *(jure civili)*. Le préteur intervient, et par l'effet de sa décision, ces actes perdent leur efficacité. C'est purement et simplement la combinaison du Droit civil et du Droit honoraire.

Transportez ces principes dans une législation qui n'est pas, comme la législation romaine, composée de deux parties souvent en contradiction l'une avec l'autre : vous aurez l'annulabilité. Pour que l'influence du Droit romain sur l'Ancien Droit français amène dans celui-ci la théorie de l'annulabilité, on voit qu'il n'eût même pas été nécessaire que cette annulabilité eût existé à Rome. La simple combinaison du Droit civil et du Droit honoraire eût pu produire cet effet.

Quoi qu'il en soit, que les jurisconsultes anciens aient vu dans le Droit romain ce qui y était réellement, ou qu'ils l'aient jugé seulement sur l'apparence, il est certain que l'étude du Droit romain pouvait les entraîner à adopter, par esprit d'imitation, des annulabilités.

DROIT FRANÇAIS

ANCIEN DROIT FRANÇAIS

NOTIONS GÉNÉRALES

99. — Nous croyons avoir établi que les Romains connurent la distinction de l'inexistence et de l'annulabilité, ou du moins une distinction analogue, et nous pensons avoir déterminé quelle fut la portée de cette distinction. Mais nous ne sommes encore qu'à la moitié du chemin que nous nous proposions de parcourir avant d'arriver à l'étude de la législation actuelle. Les lois romaines, en effet, ne se rattachent au Code civil que par un intermédiaire, l'Ancien Droit français, et c'est à travers l'évolution de l'Ancien Droit que nous devrons suivre maintenant l'histoire de notre distinction.

Le travail que nous entreprenons présente un puissant intérêt historique : cela est de toute évidence. Il serait superflu d'insister sur son intérêt pratique, qui se justifie suffisamment par une seule considération : la nécessité de l'étude des origines pour faire la lumière sur une théorie quelle qu'elle soit.

100. — Nous partirons de l'époque de l'invasion des Barbares.

Auparavant, la Gaule soumise à la domination de Rome, était régie par les lois romaines combinées sans doute avec les restes des coutumes celtiques. On se reportera pour le Droit de cette période à notre étude sur la législation romaine : les principes que nous avons posés formèrent certainement le fond du Droit gallo-romain.

101. — Pleins de respect pour une législation qu'ils sentaient supérieure à la leur, les Barbares, après l'invasion, laissèrent aux vaincus les lois romaines, et conservèrent pour eux-mêmes leurs coutumes nationales. Il faudra successivement étudier dans cette *période barbare* les lois des Gallo-Romains et celles des Barbares.

102. — Par la force des choses il devait arriver que les Gallo-Romains et les Barbares, tout d'abord nettement séparés, se confondissent peu à peu de façon à ce qu'à un moment donné il fût difficile d'attribuer à chacun la race dont il était issu. D'autre part, les deux législations existant à côté l'une de l'autre, appliquées par les mêmes juges, devaient fatalement se faire des emprunts réciproques. Sous cette double influence, la diversité de législation dans le même pays tendit à disparaître : le Droit romain absorba le Droit barbare dans le Midi de la France, où la domination romaine avait laissé les traces les plus profondes, et où les Barbares se trouvaient relativement peu nombreux ; et le Droit germanique l'emporta sur le Droit romain dans les provinces du Nord.

C'est ainsi que de personnelles, les lois redevenaient territoriales, et qu'une seconde période commençait dans l'histoire du Droit français. L'état de la science du Droit encore imparfaite et presque dans l'enfance donne à cette seconde période un caractère qui la différencie de la période suivante : c'est seulement dans celle-ci que le Droit national pourra être considéré comme formé. La seconde période sera qualifiée *féodale*, parce qu'elle correspond à l'époque où la féodalité était dans son plein développement.

Nous réserverons à la suivante le nom de *période monarchique*, parce que ce fut à partir du XVIᵉ siècle, précisément à l'entrée de cette période, que dans la lutte entre le pouvoir royal et la féodalité la victoire se dessina en faveur du roi. On ne s'étonnera pas de ce que nous rendions solidaires, par l'emploi de cette expression, l'histoire du Droit privé et l'histoire du Droit public. D'abord, les jurisconsultes dont nous aurons à étudier les doctrines, furent les plus puissants auxiliaires de la royauté contre la féodalité ; d'autre part, on verra que le développement du pouvoir royal ne fut pas sans effet sur la théorie des nullités (1).

Dans ces deux dernières périodes, nous devrons étudier successivement la législation des pays dits *de coutume* où le Droit s'est formé surtout d'emprunts aux lois germaniques ; et celle des pays de *Droit écrit*, où l'on appliquait plus généralement le Droit romain.

Nous aurons encore dans l'une et dans l'autre de ces périodes à nous consacrer à des recherches qui ne seront pas restreintes à certaines parties du royaume.

C'est ainsi que, pour la période féodale, nous nous demanderons si notre distinction fut acceptée par le Droit canonique, qui fut en vigueur dans la France entière, et qui exerça sur le développement du Droit commun une influence ne permettant pas d'en négliger l'étude.

Dans la période monarchique, à partir du XVIIᵉ siècle, nous trouverons de sérieuses manifestations de cette tendance à l'unité de la législation, qui devait aboutir plus tard à la rédaction de nos Codes. Les jurisconsultes, en général, n'écrivent plus pour les pays de Droit écrit ou les pays de coutume : ils étudient du *Droit français,* et nous aurons à les suivre sur ce terrain. D'autre part nous devrons dans cette période, comme dans la précédente, déterminer l'état du Droit canonique.

---

102. — (1) Nous faisons allusion à la théorie des lettres de rescision.

CHAPITRE I

Période barbare.

———

SECTION I.

LOIS PERSONNELLES DES GALLO-ROMAINS.

103. — Le Droit qui fut appliqué aux Gallo-Romains pendant la période que nous allons étudier n'est pas celui que nous possédons dans le *Corpus juris civilis*. Il se passa des siècles avant que les recueils de Justinien ne pénétrassent dans les Gaules. On pense qu'à l'exception des Novelles, ils n'y furent connus que vers la fin du XIᵉ siècle (1). Quant aux Novelles, on n'en possédait pas le texte, mais seulement un résumé, fait par Julien, et dont M. Ortolan (2) ne trouve pas de trace en France avant le IXᵉ siècle.

Jusqu'à cette époque, ce fut le Droit romain antéjustinien que l'on appliqua uniquement ; et ce Droit est consigné dans des recueils que les rois barbares firent rédiger, et auxquels ils donnèrent force de loi à l'égard de leurs sujets romains : nous voulons parler de la loi romaine des Visigoths, ou *Bréviaire d'Alaric*, et de la loi romaine des Burgondes, ou *Papien*.

104. — Il ne faut pas compulser longtemps le Bréviaire d'Alaric pour y retrouver les actes nuls d'une nullité d'inexistence, et les actes contre lesquels la restitution *in integrum* seulement

———

103. — (1) Laferrière, *Histoire du Droit français*, IV, p. 285 et 286.

(2) Ortolan, *Législation romaine*, I, 607.

est admise. Nous y lisons quelque part (1) : « Si contra bonos
« mores aliquid mandare voluerimus, hoc est, si cuiquam man-
« demus, ut alicui furtum faciat, aut homicidium aut adulterium
« admittat, in his rebus *mandati obligatio non contrahitur* ».
Voilà la nullité normale du Droit civil romain : il n'y a pas
d'obligation ; l'obligation est frappée d'inefficacité originaire,
d'inexistence.

105. — D'autre part, il y a des actes contre lesquels peut
être obtenue la restitution *in integrum*.

Tels sont les actes du mineur (1). Tels sont encore certains
actes des femmes, même majeures (2).

Faut-il voir là une annulabilité ?

Nous savons qu'à Rome, le préteur ne considérait pas comme
inexistants les actes contre lesquels il accordait la restitution
in integrum. Cela tenait à ce que la restitution était toujours
dans une certaine mesure une grâce, une faveur. Il est possible
qu'à l'époque barbare, cette conception de la restitution *in integrum* ait subsisté. Quant à affirmer qu'elle subsista en effet, cela
serait peut-être téméraire.

Mais une considération d'un autre genre nous permettra,
croyons-nous, de dire que l'acte susceptible d'être l'objet d'une
restitution *in integrum* fut à cette époque considéré comme
annulable. C'est qu'avec le temps, le souvenir de la séparation du
Droit prétorien et du Droit civil, avait dû peu à peu s'effacer, et
finir par disparaître. En effet, en Gaule, il n'y avait pas de préteur ; il avait été remplacé, au témoignage des glossateurs du
Bréviaire (3), par le *judex civitatis,* magistrat inférieur qui
certainement n'avait pas le pouvoir législatif du préteur. L'idée

---

104. — (1) *Lex romana Visigothorum : Gaius,* II, tit. IX.

105. — (1) *Lex rom. Visig.* : cod. Theod., liv. II, tit. XVI, § 1 ; — et
Paul. Sentent., liv. I, tit. VII, glose sur le § 2. — *Lex. rom. Burgundiorum,* tit. XXXVI, ch. 7, 8 et 9.

(2) *Lex. rom. Visig.* : cod. Theod., liv. II, tit. XVI, § 3.

(3) *Lex rom. Visig.* : *Paul. Sentent.,* liv. I, tit. VII, glose sur
le § 2.

de la dualité du Droit civil et du Droit honoraire devait donc tendre à s'effacer, et cela devait se produire d'autant plus aisément que l'on retrouvait dans un même corps de Droit, dans les lois romaines rédigées par les ordres des rois barbares, les règles du Droit prétorien aussi bien que les règles du Droit civil. De là une conséquence inévitable : la conception de l'annulabilité. Puisque l'on admettait, en effet, que certains actes considérés par la loi comme s'étant formés, pouvaient être frappés d'inefficacité par l'intervention du magistrat, en vertu d'une délégation que ce magistrat trouvait dans la loi elle-même, les actes dont s'agit devaient être considérés comme annulables. Cependant, s'il était vrai que le caractère de faveur de la restitution *in integrum* dans le Droit classique romain eût subsisté, il faudrait atténuer l'expression : on aurait une sorte d'annulabilité.

Quoi qu'il en soit, le Bréviaire d'Alaric, ou plutôt l'interprétation qui en fut faite par les contemporains, semble bien attribuer à la restitution *in integrum* ce caractère d'annulabilité. Les mineurs, dit une glose (4), obtiennent la restitution « ad *restau-* « *randa* ea quæ... gesta esse probantur », montrant parfaitement ainsi que le *judex civitatis*, successeur du préteur, modifie une situation antérieure, défait ce qui a été fait, pour rétablir, restaurer l'état de choses primitif (5).

Nous ajouterons que les actes faits par les tuteurs en fraude de leurs pupilles peuvent être attaqués par le *fraudatorium interdictum* (6). Il y a là une intervention du magistrat com-

---

(4) Ibid.

(5) Ce caractère d'annulabilité nous semble confirmé par un texte du Bréviaire d'Alaric que nous avons cité déjà (*cod. Theod.*, liv. II, tit. XVI, § 3), ou plutôt par l'*interpretatio* de ce texte. Le glossateur dit que si les femmes peuvent en général réparer leurs omissions ou erreurs, il ne leur est pas permis d'attaquer les actes qu'elles ont faits publiquement et solennellement ; mais que ces actes *in sua firmitate perdurent*. Ils subsistent dans leur force, ils conservent leur force : cela ne signifie-t-il pas que les autres actes eux aussi produisaient effet, mais perdent leur force par l'annulation, tandis que ceux dont parle le texte la conservent.

(6) *Lex rom. Visig. : cod. Theod.*, liv. II, tit. XVI, § 1.

parable à la restitution *in integrum* (7). Les actes contre lesquels est donné l'interdit fraudatoire présentent avec les actes annulables de très-sérieuses analogies, s'ils ne se confondent pas complétement avec eux.

SECTION II.

LOIS PERSONNELLES DES BARBARES.

106. — Les lois germaniques ont deux formules pour les nullités.

Dans certains cas elles disent de l'acte : *nullam habere poterit firmitatem* (1) ; *nulla ratione firma sit* (2) ; *nullo tempore posse valere* (3).

Dans d'autres cas, les expressions sont toutes différentes. Ainsi nous lisons dans les *Leges Burgundiorum* (4) : « Ita ut quod ante « quintum decimum annum gestum fuerit (a minore ætati), intra « aliud quindecennium si voluerit, *revocandi habeat potesta-* « *tem. — Quod si intra expressum tempus non revocaverit,* « *in sua firmitate permaneat.* » Dans ce texte, il faut signaler l'expression *revocare quod gestum fuerit*, qui ne s'applique pas à l'état *de fait* créé par l'exécution de l'acte, et qu'il s'agirait de remplacer par l'état antérieur : en effet *gerere* signifie *faire des actes juridiques : quod gestum fuerit*, c'est l'acte juridique, et *revocare quod gestum fuerit*, c'est rétracter l'acte juridique, manifester la volonté de le faire rescinder. D'autre part *in sua*

---

(7) V. *supra*, 88, n. 1, et 90.

106. — (1) *Leges Burgundiorum*, tit. XLIII, § 1 (a). — *Lex Wisigothorum*, liv. II, tit. V, ch. 9 (b), et ch. 11 (c).

(2) *Lex Baiuwariorum*, tit. XV, ch. 2, § 2 (d).

(3) *Lex Wisig.*, liv. II, tit. V, ch. 7 (e).

(4) *Leg. Burgund.*, tit. LXXXVII, §§ 2 et 3 (f).

firmitate permaneat a une grande valeur probante. Il ne s'agit pas en effet ici, comme ces termes l'indiquent fort bien, d'une inexistence ; il ne s'agit pas d'un acte qui ne produirait aucun effet, mais qui deviendrait efficace parce que l'intéressé y aurait consenti ou serait censé y avoir consenti : il y a seulement confirmation, *quæ nil dat novi :* avant cette confirmation l'acte n'était pas inefficace ; l'efficacité subsiste : seulement de provisoire elle est devenue définitive : *firmitas permanet.*

Le même genre de formule doit être signalé dans la *Lex Baiuwariorum* (5). « Venditionis hæc forma servetur ut nemo « propterea *firmitatem venditionis inrumpat*, quod dicat se « vili pretio vendidisse ; sed postquam factum est negotium, *non* « *sit mutatum*. Nisi forte vitium invenerit quod ille venditor « celavit » : dans ce cas, l'acheteur peut demander la nullité dans les trois jours.

De même encore l'*Edictus Langobardorum* (6) nous montre un *infans* qui a aliéné son bien : arrivé à l'*œtas legitima*, il peut *secundum legem cartolam ipsam irrumpere* (7).

Ainsi, c'est une chose pour nous établie, il y a dans les lois barbares deux façons d'envisager les actes, juridiques : tantôt on les présente comme inefficaces *ab initio*, comme inexistants ; tantôt comme efficaces tout d'abord, mais ensuite révocables, attaquables, rescindables.

107. — Remarquons, du reste, les différentes hypothèses auxquelles s'appliquent les expressions de l'une et de l'autre catégorie. Sont inefficaces *ab initio*, les donations et testaments qui manquent des solennités légales, pour lesquels, par exemple, le nombre des témoins s'est trouvé insuffisant (1) ; les pactes extorqués

---

(5) *Lex Baiuw.,* tit. XV, ch. 9 (*g*).

(6) Les Lombards, sans doute, n'habitaient pas le territoire de la Gaule ; mais leur loi est intéressante à citer, parce qu'elle vient confirmer les lois des Barbares établis en Gaule ; et que toutes ces lois barbares ont un fonds commun considérable.

(7) *Ed. Langobard., Liutprandi leges,* ch. 58 (*h*). V. une expression identique dans la *Lex Wisig.,* liv. V, tit. IV, ch. 7 (*i*).

107. — (1) Texte *a*).

par violence ou crainte (2) ; les manifestations de volonté des aliénés dans leurs moments de folie (3) ; les contrats illicites (4).

On a pu voir au contraire par les textes déjà cités qu'au nombre des actes attaquables se trouvent les contrats du mineur (5), les ventes de choses infectées de vices cachés (6).

108. — Nous ferons observer que l'inexistence dans les premiers cas, la simple éventualité de rescision dans les seconds, se présentent comme fort rationnelles, et que le classement de ces diverses hypothèses semble logiquement établi.

De nos jours encore, sauf pour les pactes extorqués par violence ou par crainte, on s'accorde assez généralement à considérer comme inexistants tous les actes compris dans la première catégorie (1). Il en est autrement, sans doute, des actes faits sous l'empire de la violence ; mais on comprend que dans cet état de civilisation où l'on abusait si facilement de la puissance physique, l'on ait regardé la liberté comme complétement détruite par la violence, et que l'on ait considéré le consentement obtenu par l'emploi de la force comme n'existant pas.

D'autre part, les actes du mineur sont encore annulables dans la théorie moderne. Quant à l'action intentée pour faire rescinder la vente, parce que la chose vendue était infectée de vices cachés, le Code civil ne la considère pas non plus comme une action en déclaration d'inexistence. Il est vrai qu'elle n'est pas

---

(2) Textes *b*) et *d*).

(3) Texte *c*).

(4) Texte *e*).

(5) Textes *f*) et *h*). — *L'Edictus Langobardorum* parle d'un *infans* et non d'un *minor*. Mais cette expression d'*infans* n'est pas prise dans le sens où elle était acceptée à Rome. Nous lisons en effet, dans l'*Edictus Langobardorum* lui-même (*Liutprand. leg.*, ch. 19) que l'*infantia* dure jusqu'à 18 ans.

(6) Texte *g*).

108. — (1) Il n'en est ainsi cependant pour l'aliéné que dans le cas où il n'est pas interdit. C'est du moins la théorie généralement enseignée.

néanmoins dans notre Droit, une action en annulation. Mais nous pensons qu'il y a là une anomalie, et que pour être logique, c'est comme une nullité que le Code civil aurait dû envisager la défectuosité dont il frappe la vente. Il y a, en effet, dans le contrat lui-même un vice, une imperfection, et cela est suffisant pour que l'on puisse y voir un acte nul. Du reste, nous avons dit qu'à Rome il y avait dans le même cas nullité (2).

109. — Dans ces hypothèses, il n'y a pas inefficacité immédiate. C'est déjà un caractère de l'annulabilité. Quant aux autres caractères, nous ne pouvons pas affirmer qu'ils soient réunis plutôt qu'à Rome. Ainsi, la sentence du juge opère-t-elle directement? Fait-elle l'objet d'un droit véritable ? Ce sont des questions auxquelles il nous serait difficile de répondre. Contentons-nous donc d'affirmer que d'après les lois personnelles des Barbares il y avait des actes inexistants, et d'autres actes dont l'inefficacité était seulement éventuelle. Cette façon de concevoir la nullité provenait-elle des coutumes germaniques, ou bien fut-elle un emprunt fait par les Barbares à la législation romaine? La solution de cette question n'est pas des plus faciles ; mais il n'y aurait rien d'impossible à ce que les Germains empruntant déjà la langue latine pour rédiger leurs lois personnelles, aient fait en même temps aux Romains l'emprunt de cette manière de concevoir la nullité. Quoi qu'il en soit, il ne nous semble pas possible de nier le fait de cette conception : c'est ce qui importe le plus.

---

(2) V. *supra*, 93, n. 1.

CHAPITRE II

Période féodale.

—

SECTION I.

DROIT CIVIL.

§ I. — *Coutumes du Nord.*

110. — Le Droit qui régit le Nord de la France pendant la période féodale se trouve renfermé dans les *Coutumiers* rédigés au XIIIᵉ et au XIVᵉ siècle. Il faut bien se garder de considérer les coutumiers comme une œuvre législative : leur autorité était purement doctrinale. Mais ils nous suffisent pour constater les usages de l'époque à laquelle ils ont été rédigés. Le même caractère doctrinal explique comment quelquefois les auteurs des coutumiers exposent le Droit plutôt comme ils désireraient le voir, que comme il était appliqué en réalité. C'est pourquoi il faut toujours attacher une grande attention à la forme qu'ils donnent à leur exposition. Lorsqu'ils nous avertissent, par exemple, que « *ce tient bien notre us* », nous sommes fixés : le coutumier constate alors le Droit tel qu'il était appliqué. Mais, chose qui donnera du prix aux coutumiers même pour les cas où ils exposeraient des règles simplement désirables aux yeux de leurs auteurs, si au moment de la rédaction du coutumier, les règles exposées n'avaient pas encore pénétré dans la pratique, elles durent certainement ne pas tarder à y entrer et à faire partie de la coutume, à cause de l'autorité considérable dont les coutumiers jouirent pendant des siècles.

111. — A. — Le plus ancien coutumier est le *Conseil de Pierre de Fontaines* (1). Cet auteur subit au plus haut degré l'influence du Droit romain. Il se contente même souvent de traduire ou de paraphraser certains textes du Digeste ou du Code de Justinien. Mais il a bien soin de dire que la coutume est conforme à ces lois : « Bien s'accorde nostres usages à molt d'aides que les « lois écrites font as souz-aagiez » (2).

112. — Dans ses paraphrases des lois romaines, le *Conseil* reproduit fidèlement la distinction des actes nuls de plein droit, et des actes contre lesquels il y a lieu seulement à restitution *in integrum*. « Covenance faite par laide cause, dit-il, ou par tri- « cherie ou contre bones (meurs), ou contre loi, ou costume du « païs, ou contre l'establissement au soverein signor du païs *n'est* « *mie à tenir* » (1). C'est la paraphrase de la constitution 6 au Code, *De pactis*, 2, 3.

On remarquera que P. de Fontaines a ajouté au texte latin *la tricherie,* c'est-à-dire le dol, qui en Droit romain ne rendait pas les conventions nulles de plein droit. Mais nous tirons précisément argument de cette addition au texte romain, pour montrer que P. de Fontaines ne copiait pas servilement Justinien, et qu'il comprenait la portée des expressions *n'est mie à tenir* (2), *ne vaut rien* (3), *n'ait nule force* (4), employées par opposition à celles qui, comme nous allons le voir, évoquent l'idée d'une resti- tution *in integrum*. On a longtemps, en effet, considéré *fausse-*

---

111. — (1) Lui-même se proclame le premier auteur français, car il dit en demandant qu'on ménage les reproches à son ouvrage : « premièrement » parce que nus n'enprist onques devant moi ceste chose dont j'aie exem- » plaire (*Conseil*, p. 5). » — Du Cange place vers l'an 1253 la rédaction du *Conseil* (*Conseil,* introduction par Marnier, p. II). P. de Fontaines était bailli de Vermandois à cette époque.

    (2) *Conseil,* ch. XIV, § 8.

112. — (1) *Conseil,* ch. XV, § 1.

    (2) *Conseil,* ch. XV, § 2.

    (3) *Conseil,* ch. XV, § 4.

    (4) *Conseil,* ch. XV, § 6.

ment (5) le dol comme rendant nuls *ipso jure* en Droit romain, les contrats de bonne foi. Ce fut. sans doute sous l'inspiration de cette idée que P. de Fontaines vit une omission dans le texte de la constitution précitée, et qu'il la compléta.

113. — En regard de ces expressions qui s'appliquent sans le moindre doute à des actes frappés d'inefficacité originaire, il y en a d'autres dans le *Conseil* qui reproduisent les termes des lois romaines accordant la restitution *in integrum*.

P. de Fontaines dit par exemple : « Ne se descorde pas notre « usage d'une loi escrite qui dist : *Il nos plest que cil qui ont* « *meins de XXV ans puissent avoir aide* d'enterine restitution « *se ils sont déceu* » (1).

Ailleurs il explique que si le mineur n'ayant point de tuteur vend un de ses biens, il pourra, une fois arrivé à sa majorité, demander *reseisine*. P. de Fontaines cite à l'appui la const. 4, C., *De in integ. rest.*, 2, 22, où il traduit *in integrum restitutio* par *reseisine* ou par *restitucion* (2). — Un peu plus loin, la même expression se retrouve : le mineur peut être *resaisiz* contre les marchés qu'il a passés (3).

Celui qui a promis par crainte, peut demander quittance à celui qui a stipulé (4). S'il faut que le stipulant donne quittance, c'est donc que l'obligation était née. — De même celui qui a libéré des cautions par crainte, peut actionner ces *pleges,* pour « *qu'il se remettent en obligation* » (5) : ici encore c'est parce que l'obligation était éteinte.

114. — L'auteur du *Conseil* a voulu, cela ne fait l'objet d'aucun doute, reproduire la distinction romaine des actes nuls de plein droit et des actes contre lesquels est admise la restitution *in integrum*. A notre avis, c'était admettre l'inexistence

---

(5) V. *supra,* 43, t. et n. 2.

113. — (1) *Conseil,* ch. XV, § 15.

(2) *Conseil,* ch. XV, § 9.

(3) *Conseil,* ch. X, § 10.

(4) *Conseil,* ch. XV, § 70.

(5) *Conseil,* ch. XV, § 72.

et l'annulabilité, ou tout au moins une sorte d'annulabilité. Car il ne vivait pas à une époque où l'on pouvait tenir compte de la dualité du Droit civil et du Droit prétorien. De ce qu'il emprunte au Droit romain il en fait un ensemble, un tout, qui n'admet plus la scission de deux Droits dont l'un peut considérer comme valable un acte inexistant au regard de l'autre. On trouve dans le *Conseil* des actes inexistants ; et, à côté, des actes valables pouvant perdre leur efficacité par l'intervention du magistrat. Cela suffit pour nous permettre de dire sans crainte de nous tromper que P. de Fontaines a connu une sorte d'annulabilité, sinon la véritable annulabilité (1). Nous n'affirmons pas catégoriquement que l'éventualité de rescision du *Conseil* était une véritable annulabilité, parce que nous ne pouvons pas nous rendre précisément compte du caractère plus ou moins rigoureux du droit à l'annulation. Mais nous inclinerions à penser que c'est un droit strict, non une faveur ; et que par conséquent le *Conseil* nous offre des exemples de véritable annulabilité.

115. — B. — Nous avons cru reconnaître dans le *Conseil* de P. de Fontaines la distinction de l'inexistence et de l'annulabilité. Il semble que ce soit le seul coutumier où l'on puisse découvrir cette distinction.

Au premier abord, Philippe de Beaumanoir, en ses *Coutumes de Beauvoisis* (1), paraît l'avoir admise aussi. Il reproduit, en effet, les expressions du *Conseil* que nous avons interprétées comme établissant l'inexistence ; il a d'autres expressions qui semblent au contraire inspirées par la notion de l'annulabilité. Tantôt, en effet, nous lisons dans les *Coutumes de Beauvoisis* : Telle convention *n'est mie à tenir, est de nule valeur* ou *est nule ;* tantôt *la convenence pot estre rapelée, on peut avoir restablissement.*

---

114. — (1) V. *supra*, 105.

115. — (1) Rédigées en 1283. — Le coutumier de Beauvoisis n'est pas, comme pourrait le faire croire son titre, une œuvre toute locale. Son auteur nous avertit lui-même qu'une partie de son livre reposera sur « le droit qui » est communs a toz es coutumes de France » (prologue, p. 13).

Mais si l'on y regarde de près, ces expressions ne nous éclairent pas. Il suffit, en effet, de consulter le tableau ci-dessous pour être persuadé que Beaumanoir n'attachait pas aux expressions que nous venons de citer, le sens que l'on pourrait croire, puisque ce tableau montre qu'il applique à la même hypothèse des expressions prises dans les deux catégories. Dans la première colonne verticale (en commençant par la gauche), nous indiquons les principales expressions employées par Beaumanoir pour désigner les nullités. Dans la première colonne horizontale, nous indiquons les conventions que l'auteur considère comme nulles. Pour avoir les passages du coutumier où telle expression est appliquée à telle convention, il suffit de se reporter à la figure formée par la rencontre de la colonne horizontale où se trouve notée l'expression, et de la colonne verticale où se trouve indiquée la convention.

	Convention contraire aux bonnes mœurs ou a la loi	Convention faite sous l'empire de la crainte	Convention consentie par un mineur
N'est mie à tenir	ch. 34 § 2 § 23 § 24	ch. 34 § 26	
Est de nule valeur (est nule)		ch 34 § 38 § 40	ch. 16 § 9
On ne pot sivir de telle convenence			ch. 34 § 56
Ne peut estre tenue			ch. 34 § 56
Pot estre rapelée	ch. 34 § 24	ch. 34 § 29	ch. 16 § 11
On peut avoir restablissement			ch. 16 § 4

Le tableau ci-dessus montre jusqu'à l'évidence qu'on ne peut pas tirer argument de ces expressions pour dire que Beaumanoir a fait la distinction de l'inexistence et de l'annulabilité. Au contraire, il prouve que l'auteur du coutumier n'a pas fait cette distinction, parce que s'il avait considéré certains actes comme inexistants, et d'autres actes comme annulables, ces expressions eussent eu pour lui un sens précis, et il ne les eût pas appliquées les unes et les autres aux mêmes hypothèses, jetant ainsi le lecteur dans la plus grande confusion.

Beaumanoir n'a donc pas admis la distinction : la question lui a peut-être échappé. Ou plutôt il semble n'avoir pas compris qu'un acte juridique quelconque pût être inefficace sans que la justice eût prononcé. Quand l'auteur disait : telle convenence *n'est mie à tenir*, il sous-entendait : *en vertu d'une sentence du juge.* — Lorsqu'il écrivait : telle convenence *est de nule valeur,* on devait ajouter : *à la condition qu'un jugement le déclare.* — Quelquefois même la tendance à ne pas séparer la notion de la nullité de l'idée d'une action en justice se manifeste explicitement chez Beaumanoir. C'est ainsi que nous lisons quelque part (2) : « sans grant force, ou sans grant peur *provée,* ne « serait pas la convenence nule ».

116. — Si l'on entend ainsi, comme se référant toujours au moins implicitement à l'action en justice, les expressions de l'auteur qui semblent accuser l'inexistence, toute confusion cesse. Le texte de Beaumanoir apparaît lumineux.

Nous comprenons d'abord les expressions que nous avons notées : *la convenence pot estre rapelée, le sous-aagié peut avoir restablissement.*

Nous comprenons la pensée de Beaumanoir nous disant (1) relativement aux conventions obtenues par la séquestration : « On les pot *rapeler* dedens l'an et le jor c'on ist de prison. Mais « s'il ne le contredisait dedens l'an et le jor qu'il seroit en se « delivre poeste, *le convenence tenroit* ».

---

(2) *Coutumes de Beauvoisis,* ch. 34, § 38.
116. — (1) *Op. cit.,* ch. 34, § 29.

Nous comprenons surtout le chapitre entier des nullités de mariage, où les expressions de l'auteur n'ont jamais même l'apparence d'expressions visant l'inexistence.

Le mariage nul n'est considéré par lui que comme mariage annulé : le terme dont il se sert est le mot *desseuré*, qui pour lui signifie *dissous*.

Il dit en effet (2) que l'enfant né après que le « mariages est « *desseurés,* el tant que trent nuef semaines et uns jors sont « passé *puis le mort* du mari, sont bastars » ; car, ajoute-t-il, la femme ne pouvant porter son enfant plus de trente-neuf semaines et un jour, « il apert qu'il fu conçeus *puis que li* « *barons fut mors* ». Le mariage est donc *desseuré*, c'est-à-dire dissous, par la mort de l'un des époux (3). — Immédiatement après, Beaumanoir nous parle du *desseurement* par Sainte Eglise, parce qu'un des époux a été surpris en péché de fornication : c'est, comme on le voit, le divorce.

L'auteur arrive alors aux nullités de mariage : « Autre coze « est des *dessoivrements* qui sont fet par Sainte Eglise, par cause « de lignage » (4). Dans ce cas « quand il ont esté ensanlle tant « qu'il ont eu enfans, et Sainte Eglise le sait, *ele depart le ma-* « *riage* » (5). S'il y a bonne foi, et si le ministre de l'Eglise ne veut pas *confermer* le mariage, « il convient que li mariages soit *desseurés* » (6). Dans les cas où il s'agit de départir le mariage, par exemple quand l'impuissance du mari est alléguée pour *desseurer* le mariage, on ne doit pas recevoir l'aveu des parties (7).

On voit par tous ces textes que Beaumanoir emploie les mêmes

---

(2) *Op. cit.*, ch. 18, § 5.

(3) V. aussi : ch. 18, § 18 : « et dura tant li mariage qu'il fut *des- ν seurés par mort* ».

(4) *Op cit.*, ch. 18, § 7.

(5) Ibid.

(6) Ibid.

(7) *Op. cit ,* ch. 18, § 17.

expressions en cas de nullité du mariage qu'en cas de dissolution par la mort ou par le divorce.

117. — Ici l'idée se précise : le caractère d'annulation est plus net qu'en matière de conventions : il y a un anéantissement opéré par la justice, et cet anéantissement est rétroactif : « Et « quiconques prend de celes dessus dites, *ils sont en avoltire* « (c'est-à-dire en état d'adultère, pour concubinage), ne li enfans « qui d'aus naissent ne doivent pas estre loiel, ains sont tenu pour « bastart quant ao biens » (1). Mais ce n'est pas l'annulabilité véritable : le juge d'Eglise, en effet, n'est pas lié par la loi : il n'y a pas de droit strict à l'annulation : le juge peut, s'il lui plaît, confirmer le mariage (2).

118. — Deux choses résultent de cette discussion : 1º que Beaumanoir ne fait pas la distinction de l'inexistence et de l'annulabilité ; 2º qu'il ne conçoit pas, à notre estime, les nullités autrement que comme nécessitant une intervention de la justice.

119. — Où Beaumanoir a-t-il puisé cette conception de la nullité ? Nous serions assez porté à croire qu'il a simplement cédé à la force des apparences, et que sa manière d'envisager la nullité n'est pas le résultat d'idées réfléchies et arrêtées. — Est-ce à dire que le souvenir de la restitution *in integrum* romaine ne l'ait pas aussi poussé dans cette voie ? est-ce à dire qu'il ne doive rien de sa doctrine à l'idée de l'intervention personnelle et nécessaire du préteur, intervention qu'il aurait étendue à toutes les nullités ? C'est une extension de ce genre qui semble avoir été faite par les auteurs du *Coutumier d'Artois* et de la *Somme rural* (1). Nous croyons qu'il serait téméraire d'affirmer comme le fait le comte Beugnot (2), que le bailli de Clermont ne s'est pas au moins inspiré du Droit romain. Il serait curieux, en effet, qu'à la fin du XIIIe siècle un homme éclairé comme le fut Beaumanoir n'ait pas connu les lois romaines, alors surtout que P. de Fontaines, dont

---

117. — (1) *Op. cit.*, ch. 18, § 8.

(2) *Op. cit.*, ch. 18, §§ 7 et 8.

119. — (1) V. *infra*, 120 et 121.

(2) *Coutumes de Beauvoisis*, tome II, p. 1, n. a.

l'ouvrage, pense-t-on, avait été lu par lui, suivait si servilement les mêmes lois. Les connaissant, il devait s'en inspirer. *S'il veut avoir restablissement* (3), *le dechevance provée, se coze li seroit ramenée en l'estat où elle estoit quant il fu decheus* (4) : toutes ces expressions ne rappellent-elles pas d'une manière frappante l'*in integrum restitutio* ? On remarquera toutefois que Beaumanoir n'emploie pas les termes romains d'*entérine restitucion* que l'on trouve sans cesse sous la plume de ses contemporains. Il en donne lui-même la raison (5) : il veut parler pour être compris de tout le monde, pour que « li lai le puissent en-« tendre ».

Il ne faut donc pas nier catégoriquement les emprunts que Beaumanoir peut avoir faits aux Romains. Sans doute il n'a pas reproduit les théories romaines ; mais il est vraisemblable qu'elles ont exercé sur lui une certaine influence. On comprend l'intérêt de cette observation : nous trouvons en effet dans les autres coutumiers des vestiges certains de l'influence romaine : nous ne serons donc pas obligé d'en isoler le coutumier de Beauvoisis, et nous nous expliquerons pourquoi les nullités sont envisagées d'une façon à peu près identique par Beaumanoir et par les auteurs de ces coutumiers.

120. — C. — Le *Coutumier d'Artois* (1) porte la trace évidente de l'influence du Droit romain. Mais l'auteur du coutumier se garde de reproduire les théories romaines : au contraire, il semble n'avoir pas conçu les actes nuls autrement que comme devant être l'objet d'une sentence de justice : il semble avoir voulu considérer toutes les nullités comme des restitutions *in integrum*.

Le *Coutumier d'Artois*, pour exprimer que certains actes juridiques sont frappés de nullité, dit tantôt que les actes dont

---

(3) *Op. cit.*, ch. 16, § 4.

(4) *Op. cit.*, ch. 16, § 12.

(5) *Op. cit.*, ch. 6, 1.

120. — (1) Rédigé en l'an 130J environ (*Coutumier d'Artois*, introduction par Ad. Tardif).

s'agit *ne font mie à tenir*, tantôt qu'ils *doivent iestre rapielées.*
Ces expressions s'expliquent les unes par les autres ; ou plutôt
les premières s'expliquent par les secondes. C'est ce que prouve
par exemple le passage suivant : « Dont je te dit generalment que
« convenences faites par force, et par peur de mort, et contre
« droit, contre coustume de pais, et contre toutes boines meurs,
« *ne font mie à tenir*, et *pueent et doivent iestre rapielees*
« par peremptoire action » (2). Ailleurs le coutumier explique ce
qu'il faut entendre par la proposition que ce qui est fait par force
ne doit rien valoir : il distingue entre le cas où la convention a
été exécutée et celui où elle ne l'a pas été. Dans le premier cas *a
on droit de demander la*, et dans le second *on n'i est mie tenu
de respondre* (3) : l'idée de nullité amène, on le voit, inévitable-
ment celle de l'intervention de la justice. Si ce dernier texte pouvait paraître douteux, il suffirait de faire remarquer qu'il est
placé sous la rubrique « En quel cas on puet iestre *restabli* de
« son hiretage vendu » (4) ; et que pour éclaircir l'explication que
nous venons de rapporter des mots *ne doit rien valoir*, le coutumier donne l'exemple d'un prêtre qui sous l'empire de la crainte
avait fait une remise de dette : il *en fu restabli.*

En un mot, l'auteur semble ne pas pouvoir comprendre qu'un
acte soit inefficace si le juge ne l'a pas annulé.

Le *Coutumier d'Artois* a puisé en cette matière dans les lois
romaines. C'est ce qui résulte des deux textes suivants : « Se tu
« pues prouver pardevant le baillu de la contree, dou don, ou
« de pais faite, ou de mise, ou d'aucun autre obligement, t'ait
« esté estors par paours de mort, ou parce que tu cremoies mau-
« vaises capitaus, *cil ne soufferra pas que ce soit tenable,
« selonc la forme d'establissement* » (5). Qui ne reconnaîtrait
dans ce texte une copie plus ou moins fidèle de la loi 1, C., *De*

---

(2) *Coutumier d'Artois*, tit. 7, § 3.
(3) *Op. cit.*, tit, 31, § 8.
(4) *Op. cit.*, tit. 31.
(5) *Op. cit.*, tit. 31, § 4.

rescind. vend., 4, 44 : « Si pater tuus per vim coactus domum
« vendidit... aditus itaque nomine tuo præses provinciæ *aucto-*
« *ritatem suam interponet...* » ? Les termes mêmes du coutumier indiquent d'ailleurs l'origine romaine du paragraphe : *selonc
la forme d'establissement,* ne signifie-t-il pas : *selon l'édit du
préteur* ?

Le *Coutumier d'Artois* est plus explicite dans un autre passage où il renvoie directement à une loi accordant la restitution
in integrum. Il s'agit *de restitution faire à sous-aagiés :* le
coutumier après avoir dit que le mineur de 25 ans peut être
resaisis, s'il a été déçu, ajoute : « Et a ce s'accorde la lois qui
« ensi dist : *Enterine restitutions* doit iestre faite... » (6).
L'expression *enterine restitutions* est évidemment la reproduction d'*in integrum restitutio.* L'acte contre lequel le préteur
accordait la restitution *in integrum* devait être compris à cette
époque comme un acte annulable (7). Est-ce parce qu'il voyait
le préteur romain prononcer l'annulation d'actes juridiques efficaces jusque-là, que l'auteur du *Coutumier d'Artois* semble avoir
considéré toutes les nullités comme des annulabilités ? Ou bien
fut-il ébloui par les apparences selon lesquelles un acte n'est inefficace qu'après que le juge a prononcé sur la nullité ? Il est possible que ces deux influences se soient réunies pour agir sur la
théorie de l'auteur. Quoi qu'il en soit, un point pour nous hors de
doute, c'est qu'il n'a pas eu la notion de l'inexistence.

121. — D. — Dans la *Somme rural,* ou *Grand Coustumier
général de practique civil et canon* par Jean Bouteillier (1), la
tendance à voir partout des annulabilités est tout aussi marquée ;
mais dans cet ouvrage elle s'explique plus encore que partout
ailleurs par l'influence du Droit romain.

Il n'y a rien à déduire en faveur de l'inexistence des expressions

---

(6) *Op. cit.,* lit. 27, § 1.

(7) V. *supra,* 105 et 114.

121. — (1) Bouteillier écrivait vers la fin du XIV⁰ siècle (Gautier, *Précis
d'Histoire du Droit français,* p. 157).

du coutumier disant que telle paction *n'est à tenir, ou ne vaut*. Car après avoir placé les stipulations faites par peur parmi celles qui *ne sont à tenir* (2), et avoir dit de ces conventions « *ce ne* « *vaudrait, ne à soustenir ne seroit* » (3), il ajoute immédiatement : « et si fait estoit, si le pourroit-on repeter par le droict de « *restitution enterine* » (4). La restitution *in integrum*, annulation prononcée par le magistrat, devait entraîner dans l'esprit de Bouteillier l'idée d'une annulabilité (5), ou au moins d'une sorte d'annulabilité, surtout si l'on remarque qu'il fait de la restitution *in integrum* une action spéciale soumise à une prescription spéciale (6). Les expressions *n'est mie à tenir* et autres équivalentes ne sont donc pas employées par Bouteillier pour édicter une inexistence ; au contraire, en s'exprimant ainsi, il sous-entend la condition qu'il y ait annulation, rescision par la justice. Voilà donc des nullités se rapprochant beaucoup des annulabilités, si elles ne se confondent pas complétement avec elles.

Mais ce n'est pas tout : il semble que l'on retrouve dans toutes les nullités du *Grand Coustumier* ce caractère d'annulabilité : notamment dans les nullités des actes des mineurs, des contrats infectés de dol ou de violence.

Etudiant la valeur des actes du mineur, l'auteur remplace dans ses traductions des textes romains les nullités *ipso jure* par la restitution *in integrum*. C'est ainsi qu'il accorde au pupille le droit de demander la *restitution*, et s'appuie sur le pr. et le § 1, Inst., *De auct tut.*, I, 21 (7), où il est question uniquement d'actes nuls *ipso jure*.

De même, après avoir décidé que le pupille ne peut faire obligation, vente, ni achat, parce que. comme il le dit plus loin,

---

(2) *Somme rural*, liv. I, tit. 42.
(3) *Op. cit.*, liv. I, tit. 54.
(4) Ibid.
(5) V. *supra*, 105 et 114.
(6) *Somme rural,* liv. I, tit. 20.
(7) *Op. cit.*, liv. I, tit. 92.

« chose qu'il face *ne tient* », il explique sa pensée en lui accordant le « droict de *restitution enterine* » (8). On peut affirmer, sans crainte de se tromper, que Bouteillier considère toutes les nullités des actes des pupilles comme des cas de restitution *in integrum*, c'est-à-dire qu'il ne conçoit ces nullités que comme prononcées par le magistrat.

En matière de contrats infectés de dol ou de violence, il accorde les actions de dol ou *quod metus causa*. Ces actions sont soumises à une prescription spéciale (9). — C'est un des caractères de l'acte annulable, de donner naissance à une action en annulation, se prescrivant spécialement.

Du reste, il apparaît clairement que, dans la pensée de l'auteur, les actes soumis à une action en nullité existent jusqu'à l'annulation. Un titre (10) de la *Somme rural* porte comme rubrique : « Comment on *deffait* la vente *qui est faicte* ». — La vente est à *deffaire* « quand trouvé seroit ou que on voye qu'il ait marché « faire engin, ou barat, on faux entendre, ou de mendre prix de « la moitié que ne vaille la chose » (11). Quand dans un marché il y a déception de plus de la moitié du juste prix : « ce marché « doit estre mis à neant » (12).

Partout, on le voit, l'annulabilité apparaît. D'autre part, nous n'avons rien trouvé dans la *Somme rural* qui pût nous faire penser que Bouteillier ait eu l'idée de l'inexistence. Il prend son inspiration dans le Droit romain : il étend la restitution *in integrum* à des hypothèses où sans aucun doute le Droit romain prononçait la nullité *ipso jure*. Ne pourrait-on pas en conclure que s'il a considéré en général les actes nuls comme inefficaces seulement à partir de la sentence du magistrat, c'est qu'il a simplement généralisé la restitution *in integrum* et les actions en annulation

---

(8) Ibid.
(9) *Op. cit.*, liv. I, tit. 20.
(10) *Op. cit.*, liv. I, tit. 67.
(11) Ibid.
(12) *Op. cit.*, liv. I, tit. 27.

du Droit romain. Il n'a pas vu sans doute qu'à côté de ces sortes d'annulabilités, le Droit romain admettait des inexistences, et ce fut peut-être pour avoir trouvé dans le Droit romain ces actions en annulation, qu'il fut porté à ne pas rechercher l'inexistence sous l'apparence d'annulabilité qu'ont tous les actes nuls.

122. — En résumé, l'étude des coutumiers nous apprend que la distinction de l'inexistence et de l'annulabilité n'a pas été faite par leurs auteurs en général. Il n'y a d'exception que pour le *Conseil* de P. de Fontaines qui a fidèlement reproduit les expressions correspondant à la nullité *ipso jure* et à la restitution *in integrum* des Romains, et qui, ainsi que nous l'avons remarqué, l'a fait en connaissance de cause. C'était donc l'admission de la distinction. Seulement le *Conseil* n'est pas aussi original que les autres coutumiers ; c'est plutôt du Droit romain que du Droit français, et à ce titre il nous intéresse moins directement que les autres. Pour ceux-ci, ainsi que nous avons essayé de le montrer, l'idée de la nullité est inséparable de celle de l'intervention de la justice. Cette conception de la nullité n'est pas, à notre estime, le résultat d'une théorie arrêtée et réfléchie : c'est le produit d'une tendance toute naturelle à ne voir les choses que par leur aspect pratique, tendance encouragée peut-être par l'existence en Droit romain de la restitution *in integrum* et d'actions en annulation.

§ II. — *Coutumes du Midi.*

123. — La distinction de l'inexistence et de l'annulabilité qui échappa aux auteurs des provinces du Nord, fut assez nettement marquée dans les coutumes du Midi.

Elle avait, ainsi que nous l'avons vu, subsisté dans les lois romaines des Barbares. Ce furent ces mêmes lois qui formèrent le fond de la législation des provinces du Midi, quand au système des lois personnelles succéda celui des lois territoaiales.

L'état du Droit romain, tel qu'il fut appliqué en France à cette époque, est consigné dans un petit ouvrage, rédigé dans la première moitié du XIIe siècle (1) à Valence en Dauphiné, et connu sous le nom de *Petri Exceptiones*.

Il reproduit clairement la distinction entre la nullité de plein droit, c'est-à-dire l'inexistence, et la restitution *in integrum* considérée comme annulabilité (2).

124. — On y lit quelque part (1) :

« Minores annis vigenti quinque mobiles res suas si alienave-« rint sine tutoris aut curatoris auctoritate, *nullo jure valet* « *alienatio*. Si vero tutoris aut curatoris auctoritate fecerint, « *valet quidem*, sed si damnum inde passi sunt, est in electione « eorum, vel res suas recuperare *per restitutionem in integrum* « et per cognitionem judicis, vel damnum a tutore vel a curatore « exigere... Immobiles autem si alienaverint sine tutoris aut cura-« toris auctoritate et sine auctoritate majoris judicis loci, prorsus « *nihil valet alienatio. necest eis necessaria in integrum res-« titutio, quum nullo jure destituti sint.* Si vero tutoris aut « curatoris auctoritate et judicis res immobiles alienaverint, et « propter famis necessitatem fecerint, aut..., *firma manebit* « alienatio. Aliter enim si fecerint, etiam cum auctoritate judicis, « *restituentur in integrum*, vel adversus tutorem aut curatorem « agent, ut supra dictum est ».

Il y a dans ce texte plusieurs choses à relever : l'aliénation des meubles ou des immeubles faite sans autorisation *nullo jure valet, nihil valet, nec est eis necessaria in integrum restitutio quum nullo jure destituti sint.* C'est bien là clairement indiqué l'acte inexistant qui n'a aucune valeur, et qui n'a pas besoin d'être annulé, parce qu'il n'a produit aucun effet, parce qu'*aucun droit n'a été transféré*. La restitution *in integrum* est au contraire nécessaire quand l'acte a produit ses effets : alors l'aliénation *firma non manebit*, perdra sa force ; les droits transférés seront anéantis : il y a là, à n'en pas douter, et le rédacteur des *Petri*

Exceptiones le pensait certainement ainsi, au moins une sorte d'annulabilité.

125. — Autant du reste nous avons vu les auteurs des coutumiers perdre de vue l'idée de l'inexistence pour ne s'occuper que de l'objet final de la nullité qui est de modifier un état de fait, autant nous voyons les *Petri exceptiones* fixer dans un langage remarquablement clair et précis l'inexistence complète des actes juridiques. C'est que l'auteur puise dans les textes du Droit romain qui seront toujours un modèle de clarté et de précision. Il y a bien des choses, dit-il, qui exigent des solennités :

« Ea enim, si sine solemnium observatione facta sint, pro *in-« fectis et inutilibus* habenda sunt... Dicit enim... Justinianus : « testamentum non jure factum, id est non solemniter factum, « *pro infecto habendum* est, et hoc in Institutionibus... inve-« nitur » (1).

De même, ajoute-t-il, le Code dit que l'adoption faite sans solennité est *inutilis* (2) ; enfin le Digeste, que tout *negotium* fait sans les solennités requises est *invalidum* (3).

Par contre, certains actes sont annulables. On sait qu'à Rome la violence ne rendait pas nul de plein droit l'acte qui en était entaché. *Coactus volui, tamen volui,* disait la loi 21, 5, D., *Quod metus causa*, 4, 2, proposition dont la loi 22, D., *De ritu nupt.*, 23, 2, reproduisait le sens (4). C'est le même principe que donnent encore les *Petri Exceptiones :* Que la donation, vente ou autre aliénation, porte ce recueil, faite par crainte de la mort ou obtenue par des tourments corporels, *totum rescendatur* (5).

126. Il n'y a donc pas de doute : dans les coutumes du Midi, on distinguait des actes annulables.

Nous ne possédons pas sur la législation des pays de Droit écrit

---

125. — (1) *Op. cit.*, liv. I, ch. 66.

      (2) Ibid.

      (3) Ibid.

      (4) V. *supra*, 44.

      (5) *Petri Exceptiones,* liv. II, ch. 6. — V. pour le sens du mot *res-cindere : supra*, 38.

à cette période d'autres monuments. Mais il n'y a aucune témérité à avancer que ces idées subsistèrent. Nous les retrouverons, en effet, dans les mêmes pays à la période suivante (1). Il n'y a aucune raison qui puisse faire penser qu'elles aient disparu dans l'intervalle, d'autant plus qu'elles reposaient sur des principes formant le fond même du Droit romain dont l'essence avait passé dans les pays de Droit écrit.

SECTION II.

DROIT CANONIQUE.

127. — Quelle fut l'influence du Droit canonique sur le développement du Droit civil français? La discussion d'une pareille question ne serait pas ici à sa place. Cependant ne fût-ce que pour nous justifier de ce que nous comprenions dans notre étude le Droit canonique, il nous faut rappeler combien fut important le rôle qu'il joua dans la société, appliqué à une foule de personnes en toutes matières, et dans un certain nombre de matières à tout le monde. Si l'on songe en outre qu'il était enseigné dans les Universités à côté du Droit civil, et que le clergé avait la haute main sur l'enseignement, on se rendra compte de l'influence que devait fatalement exercer ce Droit spécial sur notre Droit national alors en formation et destiné pour cette raison même à faire de nombreux emprunts aux institutions déjà organisées au milieu desquelles il se développait.

Lé Droit canonique connut la distinction des actes annulables et des actes inexistants. On en trouve la preuve certaine dans le *Corpus juris canonici*. La distinction apparaît sous la forme de l'ancienne distinction romaine des actes nuls de plein droit et

126. — (1) V. *infra*, 182 à 187.

des actes contre lesquels la restitution *in integrum* seulement
est admise. La restitution *in integrum,* c'est l'annulation (1)
prononcée par le magistrat, au nom du Souverain Pontife, d'un
acte valable en lui-même, *qui tenet,* disent les glossateurs du
Corpus juris canonici ; tandis que, dans les autres cas de nullités, *nullus est contractus ipso jure* (2).

129. — Il y a dans le recueil de décrétales de Grégoire IX
un texte très-précis sur ce point. Il s'agit de deux frères qui
demandent la nullité d'une vente faite par eux pendant leur minorité de biens compris dans la succession maternelle. Grégoire IX
décide :

« Quocirca mandamus, quatenus, si præmissa inveneritis
« veritate subnixa, vel venditionem prædictam quoad partem ex
« successione maternam ipsos contingentem *nullam nunciare*
« *curetis,* si in ea debita juris solemnitas est omissa, vel si
« forsitan intervenerit, et eos læsos esse constiterit, tam super
« ea, quam super residua portione, dum tamen quod offerunt
« duxerint faciendum , *auctoritate nostra in integrum*
« *restituere* studeatis » (1).

Ce texte nous paraît extrêmement simple : s'il y a une cause de
nullité proprement dite, Grégoire IX ordonne au juge de déclarer
cette nullité ; mais si l'acte a été passé avec toutes les formalités
exigées par la loi, et qu'il y a seulement lésion, le pape décide
que l'on devra prononcer la restitution *in integrum* en vertu de

---

128. — (1) La distinction des actes nuls *ipso jure* et des actes contre
lesquels peut être donnée la restitution *in integrum* est certainement
empruntée au Droit romain comme l'indique la terminologie elle-même.
Sur le caractère d'annulabilité de cette restitution *in integrum* voir ce que
nous avons dit *supra*, 105 et 114.

(2) *Decr. Greg.,* liv. I, tit. 41, glose sur le ch. 1. — Nous citons
quelquefois l'opinion des glossateurs qui ont annoté le *Corpus juris canonici.* Sans doute les opinions qu'ils expriment ne sont que celles d'interprètes : mais ces interprètes vivant presque à l'époque à laquelle les textes
avaient été rédigés, étaient à même d'en comprendre la portée exacte ;
aussi leur opinion a-t-elle pour nous une grande valeur.

129. — (1) *Decr. Greg.,* liv. I, tit. 41, ch. 8.

son autorité suprême. La décrétale prévoit ainsi expressément les deux hypothèses qui peuvent se présenter, celle de l'inexistence et celle de l'annulabilité. Dans ce texte, les expressions sont certainement employées avec discernement, et l'on peut y avoir toute confiance, puisque précisément elles sont mises en opposition l'une avec l'autre par le texte lui-même (2).

---

(2) Ce texte a cependant été interprété dans un sens tout différent de celui dans lequel nous le comprenons. C'est dans l'*Enchiridion* d'Imbert que l'on trouve cette interprétation, et nous croyons qu'il ne nous sera pas difficile de la faire tomber.

Imbert commence par dire que tous contrats, même nuls de droit, ne peuvent être déclarés nuls que s'ils ont été préalablement *cassez* et *annulez* par lettres du roi. « Et à ce, ajoute-t-il, fait beaucoup l'auctorité » d'Innocent (*in c. constitutus de in integ. restit. in antiq.*), lequel dit » qu'il faut noter du texte préallégué la forme de la demande, tendant à ce » que le Juge de son office déclare la vendition nulle : ou bien qu'elle soit » rescindée par bénéfice du Prince, combien qu'aucuns soient d'opinion » contraire, parce que la rescision presuppose la validité du contrat. Mais » l'autre opinion a été approuvée par arrest de la cour de Parlement de » Paris le 14 août 1543 » (*Enchir.*, v° *Contracts*, p. 83 et 84).

Ce qu'il faut noter, d'après Imbert, dans cette décrétale, qu'il désigne par les mots « le texte préallégué », et qui est celle dont nous publions un extrait, c'est-à-dire la c. 8, *Decr. Greg.*, liv. I, tit. 41, c'est la forme de la demande (faite au pape) et où les requérants prient le Souverain Pontife d'ordonner la déclaration de nullité, ou de leur subvenir par la restitution *in integrum*.

Evidemment, Imbert veut dire que, malgré l'opinion contraire de quelques-uns, la restitution *in integrum* peut être prononcée alors même que l'acte est nul *ipso jure* : toutes les nullités pourraient être ainsi considérées comme des sortes d'annulabilités.

Nous ferons remarquer que, d'abord, Imbert commet une erreur en attribuant à Innocent une décrétale qui est de Grégoire IX. La cause de l'erreur est sans doute dans ce que les décrétales précédentes (ch. 2 à 6), dans le *Corpus juris canonici*, sont d'Innocent III. La requête adressée au pape, que Grégoire IX rappelle dans sa lettre, pour y faire droit ensuite (« lequel » dit qu'il faut noter la forme de la demande »), porte bien la demande d'une déclaration de nullité ou d'une restitution *in integrum*. Mais Imbert semble croire que le pape donne au juge le choix arbitraire entre la nullité et la restitution *in integrum*, d'où il suivrait que la restitution *in integrum* ne serait pas inconciliable avec la nullité. Or, ce choix n'est point du tout accordé au juge, et la décrétale prévoit deux hypothèses complétement différente., l'une, où la vente aurait été faite sans les formalités légales, et

130. — Ces idées se retrouvent fréquemment sous la plume
des papes ou des glossateurs des décrétales. Ils mettent volontiers
en opposition les actes nuls *ipso jure* et ceux qui, étant valables,
peuvent être anéantis ou paralysés par l'effet de la restitution *in
integrum* ou d'une exception (1).

Une glose surtout (2), due à Grégoire de Parme, montre comment on avait une idée nette du caractère d'annulabilité de certains contrats. Le glossateur se demande par quelle action on
réclame la rescision de la vente pour cause de lésion d'outre-
moitié. Les uns prétendent, dit-il, que la rescision est prononcée
officio judicis, c'est-à-dire par une restitution *in integrum* .
D'autres pensent que c'est par une *condictio* née de la loi 2, C.,
De rescind. vend. Vinc. croit, ajoute-t-il, que c'est par une
condictio née du contrat de vente et tendant à obtenir soit le
supplément de prix, soit la rescision du contrat. En somme, on
ne s'entendait pas au juste sur le nom à donner à l'action ;
mais il ressort de cette glose que pour tout le monde le contrat
était tout d'abord efficace, et pouvait être postérieurement mis
à néant à la suite de l'exercice d'une action.

---

serait nulle *ipso jure* : dans ce cas, le pape décide qu'il faudra déclarer la
nullité ; l'autre, où la vente serait valable, parce qu'elle aurait été faite
régulièrement, et où il y aurait seulement lésion : alors ce sera la restitution
in integrum qui sera prononcée , mais, dans ce cas, l'acte n'était pas nul.
C'est, du reste, ce que comprenait parfaitement le glossateur qui complétait
les termes de la requête (*eamdem mandaremus nunciari nullam*) par
ceux-ci : « *quasi factam a minore XXV ann.* SI JURIS SOLEMNITAS NON FUIT
» SERVATA » ; et les mots « *vel... per... beneficium* (*in integr. restit.*)
» *subvenire* », en disant : « *Supple :* SI JURIS SOLEMNITAS FUIT SERVATA *in*
» *venditione* ».

Ainsi, la décrétale prouve précisément le contraire de ce que croyait y
trouver Imbert. Ce qui en résulte, c'est qu'il y a des cas d'inexistence et
des cas d'annulabilité, et qu'en Droit canonique on faisait parfaitement la
différence entre eux.

130. — (1) Glose sur *Decr. Greg.*, liv. I, tit. 41, ch. 1. — Glose sur le
mot *Deceptione, Decr. Greg.*, liv. III, tit. 17, ch. 3. — Glose sur *Sexti De-
cretal.*, liv. II, tit. 3, ch. 1.

    (2) Glose sur *Decr. Greg.*, liv. III, tit, 17, ch. 6. — Grégoire de
Parme est mort au milieu du XIIIe siècle.

131. — Nous ne croyons pas devoir pousser plus loin cette étude du Droit canonique au Moyen-Age. Il nous semble qu'il en résulte assez clairement que les canonistes percevaient nettement l'inexistence et l'annulabilité ou du moins une sorte d'annulabilité.

CHAPITRE III

Période monarchique.

132. — Nous voici arrivé à la période *classique* de l'Ancien Droit français. Notre Droit national est sorti de l'enfance, il est formé. Cela ne l'empêche pas d'acquérir encore des forces nouvelles. Il est l'objet des travaux des plus illustres jurisconsultes : d'Argentré, Dumoulin, Guy Coquille, le Président Favre, Domat, Bourjon, Pothier et tant d'autres donnent à la science du Droit un éclat qui rappelle les beaux temps du Droit romain.

Nous nous proposons de rechercher si tous ces jurisconsultes ont distingué les nullités en inexistences et annulabilités, et dans le cas où nous trouverions dans leurs œuvres cette distinction, sur quelle base ils l'auraient etablie.

123. — Notre travail dans ce chapitre ne sera plus aussi simple que dans les précédents : un élément nouveau viendra le compliquer : nous voulons parler des *Lettres de Chancellerie*, appelées souvent *Lettres de Rescision*.

C'étaient des lettres qu'à partir d'une certaine époque la partie qui voulait obtenir une sentence sur certaines nullités de contrats était obligée de demander au roi : elles autorisaient le juge à ne pas tenir compte de l'acte argué de nullite. Elles étaient délivrées par les chancelleries établies près les Parlements, moyennant un droit perçu au profit du Trésor.

Les lettres de rescision donnèrent lieu à de nombreuses controverses entre les auteurs. On discuta beaucoup sur l'étendue de l'obligation aux lettres : étaient-elles obligatoires pour toutes les nullités, ou seulement pour un certain nombre ? et dans la dernière alternative, quelles étaient les nullités pour lesquelles elles devaient être exigées ? On discuta de même sur l'effet de la délivrance des lettres : les uns considéraient la formalité comme purement bursale : les autres pensaient que l'octroi des lettres royaux avaient un effet juridique, et lui attribuaient plus ou moins directement l'inefficacité de l'acte. Ces données générales permettent de constater qu'à partir du moment où l'usage des lettres de rescision fut admis, un nouvel élément entrait dans la théorie des nullités.

DIVISION I

Droit spécial à certaines parties du royaume.

SECTION 1.

DROIT COUTUMIER.

§ I. — *XVIe siècle.*

1. — Théorie des grands Jurisconsultes.

134 — A. — *D'Argentré.* — La distinction de l'inexistence et de l'annulabilité fut nettement saisie, à notre avis, par l'auteur des *Commentaires sur les coutumes de Bretagne.* Après avoir séparé les contrats nuls de plein droit de ceux qui sont seulement susceptibles de rescision, d'Argentré met en lumière l'inexistence des premiers l'annulabilité des seconds. D'autre part, il rapproche des rescisions les restitutions *in integrum*, dans le but d'empêcher qu'on ne les confonde. Les rescisions sont pour lui de véritables annulabilités ; les restitutions ne sont que des sortes d'annulabilités.

Quand la cause de l'inefficacité est dans un fait personnel à l'un des contractants, comme dans des manœuvres dolosives, d'Argentré dit qu'il y a lieu à rescision. Il y a restitution *in inte-*

grum lorsque la cause de l'inefficacité de l'acte se trouve dans un élément extrinsèque, ou, en d'autres termes, n'est pas le fait des parties : de ces causes sont l'absence, l'ignorance, la minorité, etc. (1).

Nous nous contentons pour le moment de ces données générales, nous réservant de déterminer d'une façon plus précise le caractère de la restitution lorsque nous aurons fait ressortir celui de la rescision.

135. — D'Argentré oppose les contrats nuls de plein droit à ceux qui peuvent être seulement rescindés.

Voyons comment il analyse l'inexistence des contrats nuls de plein droit :

« In totum NIHILI EST QUOD FIT, actus pro non factis nec dictis « habentur, sine ullo juris effectu, *ne nomine quidem aut appel-* « *latione contractus digni*, sed actus tantum *meri facti*... Hic « tuus dictus tutulus re vera TITULUS NON EST, sed actus facti « *nullo juris effectu*... Tales nullitates fateor rescissionibus non « indigent, ipsa enim legis executio pro nullitate est, *nec hominis* « *aut factum, aut judicium expectat, aut declarationem*, quia « potentiam lex removit ab actu » (1).

On ne peut pas exprimer plus clairement que rien n'a été fait, que l'acte est inexistant. D'Argentré y met une véritable insistance, comme pour dessiller les yeux à ceux qui, nous l'avons établi, ne voyaient partout que des annulabilités.

136. — La pensée de l'auteur mérite d'être suivie dans les applications.

Ces nullités ne se prescrivent pas en elles-mêmes ; car elles ne peuvent pas se confirmer : *in totum nulla nec ratificari, nec confirmari posse* (1) ; *perpetuo (tales) nullitates objici possunt, nec ista decennii regula constringuntur* (2). Et en effet,

---

134. — (1) D'Argentré, *Commentarii in patrias Brittorum leges*, sur l'art. 283, col. 1365 et 1366.
135. — (1) *Op. cit.*, sur l'art. 283, col. 1368.
136. — (1) *Op. cit.*, sur l'art. 481, col. 1848.
 (2) *Op. cit.*, sur l'art. 283, col. 1368.

puisqu'il n'y a pas d'acte, il n'y a pas d'action en nullité qui puisse se prescrire ; la seule prescription possible est la prescription acquisitive de la chose elle-même, et d'une façon générale la prescription des actions nées de l'exécution que l'acte aurait pu recevoir en fait, ou la prescription des actions qui existaient avant le prétendu acte. C'est ce que fait remarquer d'Argentré : « Tamdiu opponi possunt, *quamdiu* RES IPSÆ *præscriptæ non* « *sunt* in casibus præscriptibilibus » (3). Aussi s'étonne-t-il de ce que l'ordonnance de François Ier, d'août 1539, art. 134, ait soumis à la prescription de dix ans les nullités des actes des mineurs : « *Mirum est* fieri posse, ut tam nulli actus *revalescant* « per majoritatem non petita restitutione intra decennium a « tempore majoritatis, cum dicerent in totum nulla nec ratificari, « nec confirmari posse. Sed nec de hoc necessaria restitutio, « cum sine decreto facta est... » (4).

Ainsi, il est certain qu'en règle générale, les actions nées de l'exécution de fait de l'acte se prescrivent directement. Ce sont, en effet, ces actions qui serviront à faire déclarer la nullité.

Le mineur dont un bien aurait été vendu sans les formalités légales, peut le revendiquer directement (c'est-à-dire sans lettres de rescision), puisqu'il n'y a rien de fait, et que la propriété n'a pas été transférée : « Tam nulla est alienatio, ut minor directo « *vendicare* liceat, velut nihil actum sit, et dominium a persona « pupilli non abscesserit » (5). De même nous lisons ailleurs que les aliénations de meubles ou d'immeubles faites par le mineur sans décret, sont nulles en ce sens que « ne dominium a minore « abscedat, sic ut directæ *vendicationes* minoribus pro talibus « dentur tam adversus emptorem quam adversus tertium posses- « sorem » (6).

137. — En regard de l'inexistence, plaçons l'annulabilité.

---

(3) *Op. cit.,* sur l'art. 283, col. 1369.
(4) *Op. cit.,* sur l'art. 481, col. 1848.
(5) *Op. cit.,* sur l'art. 481, col. 1849.
(6) *Op. cit.,* sur l'art. 266, col. 1104.

« Juridicæ rescissiones habendæ sunt, quæ adversus *contractus*
« *per se quidem et jure subsistentes* intenduntur, sed propter
« intercurrentes causas rescissibiles sunt » (1 . D'Argentré avait
déjà qualifié ces actes : « *initio validi, post invaliditati sub-*
« *jecti* » (2). Il est donc absolument certain qu'à ses yeux,
l'inefficacité dont s'agit n'a pas lieu dès la formation de l'acte :
le langage de d'Argentré est ici, comme tout à l'heure, d'une
merveilleuse clarté.

138. — Pour que cette inefficacité se produise, il y a une
double condition. Il faut d'abord que les particuliers en faveur
desquels elle a été édictée la demandent : « *Non sine privatorum*
« *querelis infringuntur*, propositis et probatis, idque intra tem-
« pora hic præfixa » (1). Il est nécessaire en second lieu que la
rescision soit prononcée : « Necesse habet qui consensit eo refu-
« gere ut *rescindi petat*, quod alieno dolo aut fraude inductus
« fecerit » (2) Dans le Droit romain, on adressait aux magistrats
la demande de rescision ; mais il fut décidé aux États-Généraux
d'Orléans (3) que la couronne reprendrait ce droit (4). Dans l'attribution qui fut ainsi faite au roi du droit de rescinder les actes
juridiques, d'Argentré reconnaît une mesure fiscale (5) ; néanmoins la rescision reste pour lui un véritable anéantissement de
l'acte juridique, une annulation demandée au roi, mais qui rentre
dans les attributions normales du magistrat. Cette rescision ne
dépend pas du bon vouloir du roi ou du magistrat : elle constitue
un droit, et fait l'objet d'une véritable action (6) : elle repose, en

---

137. — (1) *Op. cit.*, sur l'art. 283, col. 1369.

    (2) Ibid.

138. — (1) *Op. cit.*, sur l'art. 283, col. 1368.

    (2) *Op. cit.*, sur l'art. 283, col. 1369.

    (3) D'Argentré dit : « In conventibus ordinum Aureliis actum est,
» ut hoc jus restitueretur ». Ce sont sans doute les États-Généraux réunis à
Orléans par Charles VII en 1439, et qui votèrent spécialement une taille
annuelle de 1,200 000 livres pour l'entretien d'une armée permanente.

    (4) Ibid.

    (5) Ibid.

    (6) *Op. cit*, sur l'art. 283, col 1366.

effet, sur une obligation née à la charge de l'une des parties (7) ;
c'est dans la loi elle-même que le magistrat (et le roi qui en tient
la place) prend le pouvoir de rescision : LEX *non assistit* (8).

L'action en annulation est qualifiée *rescindens*, et l'on appelle
rescissoria l'action exercée pour rentrer en possession de la
chose qui a fait l'objet du contrat, ou retirer le bénéfice de la rescision. Cette action *rescissoria* est celle qui est intentée directement en cas d'inexistence. Mais pour les actes inexistants il n'y
a pas d'action *rescindens :* c'est uniquement de là que provient
la différence de l'inexistence et de l'annulabilité.

On trouve dans d'Argentré (9) une, longue discussion sur le
point de savoir si l'action *rescissoria* peut être intentée avant la
fin de l'instance de l'action *rescindens*. La jurisprudence, nous
apprend l'auteur, se décida primitivement pour la négative ; mais
la solution contraire fut définitivement adoptée et d'Argentré s'y
rallie. Chacune de ces actions devait se prescrire séparément ;
mais depuis le moment où l'on admit que les deux instances pouvaient être poursuivies en même temps, la seule prescription possible fut celle de dix ans.

En un mot, l'acte rescindable de d'Argentré a tous les caractères de l'annulabilité la mieux caractérisée.

139. — Il ne suffit pas d'avoir établi que les *Commentaires
sur les coutumes de Bretagne* renferment la distinction de
l'inexistence et de l'annulabilité. Il faut encore déterminer quels
sont les actes existants, et quels sont d'autre part les actes annulables.

D'Argentré établit un critérium : les conventions faites en violation d'une loi d'intérêt public (1) sont inexistantes ; les nullités
édictées dans un intérêt purement privé (2) constituent des annu-

----

(7) Ibid.

(8) *Op. cit.*, sur l'art. 283, col. 1368.

(9) *Op. cit.*, sur l'art. 283, col. 1370 et s.

139. — (1) « Quæ ex publicis causis nullæ sunt ».

(2) « Quæ privatum interesse respiciunt ».

labilités (3). Toute la question revient à savoir ce que l'auteur entend par convention portant atteinte à l'ordre public.

140. — Au siége de la matière (1), il considère comme contraire à l'intérêt ou à l'ordre public les contrats passés avec un interdit, avec un individu condamné à une peine capitale, avec une personne privée de ses droits civils par une condamnation, ou avec un fou, un enfant sans raison ; de même les contrats ayant pour objet une chose hors du commerce *(res sacra, sepulchra, domanium regis, homo liber)*. De ces exemples il résulte, à notre avis, la conclusion suivante : une loi est d'ordre public lorsqu'elle 'a été édictée, non pas dans l'intérêt d'une personne déterminée, mais soit parce que la société est directement intéressée à son exécution, soit parce que la raison même, plutôt que l'intérêt direct de la société, imposait cette disposition. Telle n'est pas la conception moderne de l'ordre public. Nous ne rangeons dans les statuts d'ordre public que les dispositions auxquelles la société est directement intéressée. L'interêt public de d'Argentré est donc plus large que l'ordre public moderne. Il est aisé de voir, en effet, qu'il y a pour lui inexistence dans des cas où l'ordre public tel que nous l'entendons aujourd'hui n'est pas intéressé, et où la cause de l'inexistence est uniquement ce fait que l'acte en question se trouve dépourvu de l'un de ses éléments essentiels. C'est ainsi que d'Argentré écrit : « Furiosi et tales « consensum non habent idoneum ad obligandum, *in quo est* « *substantiale subjectum contrahendi, et sine quo non magis* « *contractus consistunt quam* FIGLINA SINE LUTO » (2) ; ce que nous traduirons ainsi : *Il n'y a pas plus de contrat sans consentement que de vase d'argile sans argile.* Ailleurs, nous lisons dans le même sens : « *Nulli sunt (contractus) in quibus* « *consensus deficit, cum in consensu posita sit naturalium* « *obligationum* MATERIA, *quæ si non subsistit, nec contractus*

---

(3) *Op. cit.*, sur l'art. 283, col. 1368 et s.

140. — (1) *Op. cit.*, sur l'art. 283, col. 1368.

(2) *Op. cit.*, sur l'art. 246, col. 1106 et 1107.

« *esse, nec dici potest* » (3). Lorsqu'il n'y a pas de consentement, *contractus in substantialibus deficit* (4). D'Argentré,
qui venait de parler des contrats faits contre les bonnes mœurs,
ou portant sur une chose hors du commerce, ajoute : « Superiores
« nullitates cum *a publicis causis aut naturalibus originem*
« *habeant...* » (5), d'où l'on voit que l'auteur distingue parfaitement les causes diverses des inexistences. Dans ce dernier texte,
nullitates a publicis causis correspond bien aux nullités d'ordre
public du Droit moderne. Mais cela même prouve qu'en général
l'intérêt public doit être pris chez d'Argentré dans un sens plus
étendu, puisqu'en général il comprend sous la dénomination de
nullités d'intérêt public, ces nullités qu'il distingue ici en deux
catégories.

Parmi les inexistences, l'auteur place des nullités qu'il ne
rattache pas directement à l'ordre public, mais qu'il ne fait pas
rentrer non plus dans les nullités d'intérêt privé : ce sont les
nullités de forme, *quæ ex defectu substantialis formæ incur-
runt :* il les assimile aux nullités d'ordre public (6).

On peut dire d'une façon générale que pour d'Argentré les
actes inexistants sont ceux qui violent une disposition légale dont
l'exécution intéresse directement la société, ou qui manquent
d'un élément sans lequel on ne peut pas les concevoir, ou qui ne
sont pas revêtus de certaines formes, qualifiées substantielles,
auxquelles les assujétissait la loi.

141. — En dehors des restitutions *in integrum* qu'il ne
considère pas à proprement parler comme des nullités, l'auteur
voit dans toutes les autres nullités des annulabilités. Il fait néanmoins une réserve, c'est que la nullité soit demandée par une personne qui ait été partie à l'acte. Une semblable réserve est fort
rationnelle : car si la loi décide qu'un acte fait dans des conditions

---

(3) *Op. cit*, sur l'art. 266, col. 1006.
(4) *Op. cit.*, sur l'art 266, col. 1010.
(5) Ibid
(6) *Op. cit.*, sur l'art. 283, col. 1369.

déterminées ne me sera pas opposable, il ne faut pas conclure de ce que cette disposition de la loi est conçue dans mon intérêt personnel que cet acte est frappé d'annulabilité : je n'ai pas, en effet, à l'attaquer puisqu'il n'existe pas à mon égard. Il y a en ce cas, si l'on nous passe l'expression, plutôt *non opposabilité* que nullité. Ce sont les principes que d'Argentré applique aux donations dépassant la quotité disponible (1).

142. — Telle est la doctrine du jurisconsulte breton sur les nullités de plein droit et la rescision. Des rescisions nous avons annoncé qu'il rapproche les restitutions *in integrum*, que l'on a l'habitude d'appeler au palais *relevamenta* (1). Nous savons dans quels cas il y a lieu à restitution *in integrum* (2). D'Argentré considère à des points de vue tout différents l'annulation d'un acte juridique, suivant qu'elle a lieu par l'effet d'une rescision ou d'une restitution *in integrum :* dans le premier cas, le magistrat prononce sur une action véritable, dont le fondement est une obligation à la charge du défendeur ; dans le second cas, il n'y a pas d'action, pas d'obligation : c'est en vertu de son *officium* que le juge restitue les actions dont la formation de l'acte avait entraîné la perte (3).

D'où l'on peut conclure que d'Argentré ne voit pas dans les restitutions *in integrum* de véritables annulabilités. Sans doute, c'est la loi qui donne au juge cet *officium* (4) ; mais l'annulation n'est pas l'objet d'un droit véritable. Les restitutions ont conservé le caractère qu'elles avaient à Rome ; et, comme à Rome, les actes contre lesquels elles sont données sont frappés seulement d'une sorte d'annulabilité.

---

141. — (1) Ibid.

142. — (1) *Op. cit.*, sur l'art. 266, col. 1195.

(2) V. *supra*, 134.

(3) D'Argentré, *op. cit.*, sur l'art. 283, col. 1366 ; — sur l'art. 266, col. 1196. — D'Argentré cite la loi 49, D., *De act. empt.*, 19, 1, pour prouver que dans les hypothèses où il y a lieu à restitution *in integrum*, il n'y a ni action ni obligation.

(4) « Officio judicis *a lege inducto* » (*op. cit.*, sur l'art. 283, col. 1366).

143. — En résumé, pour d'Argentré il y a trois catégories d'actes nuls :

1° Les actes inexistants ;

2° Les annulables, nettement opposés aux premiers ;

3° Les actes susceptibles d'une restitution *in integrum* : on pourrait presque les qualifier annulables, tant ils ont d'analogie avec les actes annulables. D'Argentré ne met pas cette catégorie en évidence comme les deux premières. Il n'oppose pas ces actes susceptibles de restitution aux actes inexistants, tandis qu'il met sans cesse en opposition l'inexistence et l'annulabilité véritable. Par contre, il les rapproche fort souvent des actes annulables.

144. — Quelle est la source de cette dictinction ?

On pourrait peut-être la trouver à la fois dans la nature des choses et dans l'histoire du Droit.

Dans la nature des choses, parce que d'Argentré justifie l'inexistence d'après les données de la raison, et attribue aux caractères de l'annulabilité un motif rationnel, savoir la naissance d'une obligation.

Dans l'histoire, parce qu'il rattache au Droit romain et les rescisions et les restitutions. Pour les restitutions, leur origine romaine est évidente : leur nom seul dénonce cette origine. Quant aux rescisions, le doute n'est pas possible non plus : parlant de cette voie de nullité, d'Argentré s'exprime de la manière suivante : « Quod remedium *jure quidem civili* non aliunde « quam ab magistratibus petit solebat » (1). On sait que le *Jus civile*, c'est le Droit romain. Ailleurs, il fait remarquer que la loi 10, C., *De rescind. vend.*, 4, 44, confond la rescision avec la restitution *in integrum* (2). D'après lui, la rescision existait donc déjà en Droit romain.

Si l'on considère quelles sont les hypothèses où d'Argentré dit qu'il y a rescision, et que l'on recherche quel était le moyen d'attaquer l'acte dans ces hypothèses en Droit romain en dehors

---

144. — (1) *Op cit.*, sur l'art 283 col 1369.

(2) *Op. cit.*, sur l'art. 283, col 1383

de la restitution *in integrum*, on reconnaît aisément ce que le jurisconsulte entend par les rescisions romaines : ce ne peuvent etre que ces actions *ad resolvendum contractum* que nous avons découvertes dans les cas de dol (action du contrat ou action *de dolo*), de violence (action *quod metus causa*), de lésion d'outre-moitié (action *venditi*). On trouvera la confirmation de cette théorie dans le texte qui vient d'être cité : la loi 10, C., *De rescind. vend.*, se plaçant dans l'hypothèse d'une vente où il y a eu dol de la part de l'acheteur, donne au vendeur la restitution *in integrum* : d'Argentré fait observer que c'est *rescissio* qu'il aurait fallu dire : or, cette *rescissio* est obtenue par l'action *venditi*.

Seulement, les actes contre lesquels étaient données les actions dont s'agit, n'étaient frappés en Droit romain que d'une sorte d'annulabilité (3). Leur caractère n'est plus le même dans la doctrine de d'Argentré : le magistrat ou le roi prononcent la rescision *en leur propre nom*, en vertu du pouvoir que la loi leur confère : ils ne sont plus censés comme dans la dernière période du Droit romain remplacer les parties dont l'une au moins se refuse à résoudre de bon gré l'acte attaqué : c'est donc à une véritable annulabilité qu'aboutissent ces rescisions.

143. — On pourrait donc soutenir que la théorie exposée dans les *Commentaires sur les coutumes de Bretagne* a été inspirée à la fois par des considérations rationnelles et par le désir de reproduire la théorie romaine. Cependant, cette opinion ne nous semble pas tout-à-fait exacte ; et nous pensons que d'Argentré s'est proposé surtout de suivre les errements du Droit romain. N'a-t-il pas tout d'abord voulu conserver aux actions en rescision romaines leur caractère d'actions tendant à faire prononcer l'inefficacité d'actes jusque-là pleinement efficaces ; et cherché seulement ensuite à justifier ce caractère par des considérations rationnelles ? Ne serait-ce pas alors seulement, qu'il

---

(3) V. notamment *supra*, 80.

aurait songé à distinguer les nullités suivant que l'intérêt lésé est public ou privé ? Il aurait ainsi puisé l'idée de l'annulabilité dans le Droit romain, et justifié cette idée en faisant intervenir une distinction étrangère au Droit romain. S'il n'en était pas ainsi, si d'Argentré avait conçu immédiatement la distinction de l'inexistence et de l'annulabilité sous la forme de distinction des nullités d'ordre public ou d'intérêt privé, nous ne comprendrions pas, par exemple, comment il aurait rangé dans les inexistences la nullité de l'aliénation de l'héritage du mineur sans les formalités légales (1). Car il est bien difficile d'expliquer cette nullité autrement que par l'intérêt privé du mineur, par une pensée de protection, conçue uniquement en faveur du mineur. Sans doute, dans les premiers temps du Droit romain l'incapacité de l'impubère ne fut pas inspirée par le désir de le secourir dans sa faiblesse ; elle était dirigée plutôt contre lui. Si ces tendances avaient subsisté, la nullité qui en résultait eût pu être rattachée aux nullités d'ordre public. Mais il y avait des siècles, à l'époque où écrivait d'Argentré, que les droits des agnats avaient disparu, et que l'impubère était *protégé* par la loi. Il faut donc admettre que d'Argentré se réglait moins sur le caractère d'ordre public ou d'intérêt privé d'une nullité que sur la manière dont opérait cette nullité d'après les traditions. La nullité de l'aliénation de l'immeuble de l'impubère avait lieu *ipso jure* d'après le Droit romain : d'Argentré (que l'on nous passe l'expression) donne le coup de pouce pour la faire rentrer dans les nullités d'ordre public, et pour pouvoir décider encore qu'elle opère *ipso jure* en Droit français. En réalité, c'est donc le Droit romain qui inspire d'Argentré, quoiqu'il veuille s'en rendre en quelque sorte indépendant en justifiant sa distinction par des principes rationnels.

146. — La théorie des nullités, telle que nous venons de l'exposer d'après d'Argentré, n'était pas, il s'en fallait de beaucoup, universellement admise : c'est lui-même qui nous l'apprend.

---

145. — (1) V. *supra*, 136.

D'abord, les auteurs scolastiqnes (*scolastici scriptores*) confon-
daient les rescisions et les restitutions *in integrum* (1). En second lieu et surtout, les praticiens étendaient la nécessité des lettres de rescision à toutes les nullités. D'Argentré n'a laissé passer
aucune occasion de critiquer une pratique, d'après lui, si vicieuse (2).
De ce que telle était la pratique, peut-on conclure qu'en général
toutes les nullités étaient considérées comme des annulabilités ?
Pas précisément : car il n'est pas certain que cette pratique ait
été raisonnée, et il est difficile de dire quel effet on attribuait à la
rescision : peut-être n'y voyait-on qu'une simple mesure fiscale,
à laquelle *en fait* il fallait se soumettre pour réussir dans son
action, mais qui *en droit* ne produisait aucun effet.

Ce qui peut le faire penser, c'est que tous les auteurs n'envi-
sageaient pas la rescision comme d'Argentré. Pour lui, ce qu'il y
avait de fiscal dans l'institution de la rescision, ce n'était pas
cette institution elle-même ; c'était seulement l'attribution au roi
d'un droit qui aurait dû appartenir aux magistrats : mais, au
fond, un acte rescindable était un acte annulable. Or, nous verrons que telle ne fut pas l'opinion de tous les auteurs.

C'est donc avec raison que nous avons pu dire que si la majorité
des contemporains de d'Argentré soumettaient toutes les nullités
à la nécessité de l'obtention des lettres de rescision, cela ne
prouve pas qu'ils aient considéré toutes les nullités comme des
annulabilités.

147. — B. — *Guy Coquille.* — On trouvera sur les nullités
dans les œuvres de Guy Coquille, une théorie qui ne sera plus
absolument celle de d'Argentré.

Tout d'abord, les deux jurisconsultes n'envisagent pas les lettres de Chancellerie de la même manière.

Guy Coquille n'y voit guère que le moyen de réaliser un but
politique. Le passage où il exprime cette pensée jette quelque
lumière sur l'origine et le développement de cette institution, et
mérite d'être reproduit :

----

146. — (1) D'Argentré, *op. cit.*, sur l'art. 283, col. 1365.
(2) *Op. cit.*, sur l'art. 283, col. 1367-1369 ; — sur l'art. 481, col. 1849.

« Mais depuis 300 ans en ça les Cours de Parlement, et les
« gens du Roy ont eu pour cabale et loi non écrite, d'observer et
« d'exécuter tous moyens pour abbaisser l'authorité et la Juridic-
« tion des Seigneurs, et accroître celle du Roy ; Ce qui a été pra-
« tiqué encores de plus grande ardeur, quand toutes sortes d'Etats
« Royaux ont été faits venaux, afin qu'on en tirât plus d'argent
« quand la pratique serait plus grande. L'un des moyens est en
« ce que les lettres Royaux qu'on obtient en Chancellerie ne sont
« adressées qu'à Juges et Officiers Royaux : combien qu'il soit
« question de chose qui gist en exercice de Jurisdiction ordinaire,
« comme... Et par une pratique *invétérée sans grande raison*
« que pour toutes rescisions de Contrats, quoy que la nullité y
« soit,... il est *accoûtumé* de prendre lettres en Chancellerie qui
« sont adressées à Juges Royaux, et quoy que par ce *pretexte*
« ils ne deussent connoître que du simple enterinement des lettres
« pour declarer l'impetrant habile et bien dispensé pour exercer
« ce remède à lui octroyé, neanmoins avec leurs longues mains,
« ils prennent la connaissance de tout ce qui s'en ensuit, comme...
« et de toutes autres questions qui ont tant soi peu d'attinence et
« dépendance à ce dont ils ont connu » (1).

Les lettres de Chancellerie n'ont donc guère d'autre fondement, aux yeux de Guy Coquille, que le but d'accroître l'autorité
du roi ; elles n'ont point pour lui de base jurid.que ; et constituent
seulement une formalité *de pur fait*, qui ne peut avoir aucun
effet *sur le droit lui-même*. L'octroi des lettres ne pourrait
donc pas rendre inefficace ce qui ne l'aurait pas été auparavant ;
d'où il suit que la nécessité de l'obtention de ces lettres n'a pas
pour conséquence nécessaire de faire considérer comme frappés
d'annulabilite ou au moins d'une sorte d'annulabilité les actes
auxquels elle s'applique.

Voilà, si nous ne nous trompons, comment Guy Coquille
comprend les lettres de Chancellerie. Et quand, dans un autre
de ses ouvrages, il dit que « les lettres de Chancellerie doivent

---

147. — (1) *Histoire du Pays et Duché de Nivernois*, p. 436 et 437.

« être obtenues quand on fonde la nullité ou la rescision sur le
« droit civil romain,... parce que le droit romain n'a force de loy
« en France, et qu'il faut que la restitution fondée sur iceluy soit
« autorisée par le Roy » (2), nous pensons qu'il entend indiquer
simplement la raison généralement adoptée, mais ne donne cette
raison que pour ce qu'elle vaut, sans lui attribuer personnellement grande valeur. Autrement, il y aurait contradiction entre
les deux passages précités. Nous pourrons constater, du reste, un
peu plus loin, qu'il donne à sa distinction de l'inexistence et de
l'annulabilité un tout autre fondement que la nécessité de
l'obtention des *lettres Royaux*.

148. — Il est utile, pour bien entrer dans la pensée de Guy
Coquille, de séparer avec lui les nullités empruntées directement
aux Romains de celles qui sont prononcées seulement par les
coutumes ou les ordonnances.

149. — I. — Quand il s'agit des règles venant du Droit
romain, Guy Coquille distingue toujours soigneusement la nullité,
la rescision et la restitution *in integrum*. On trouve, par
exemple, cette distinction à la question CXXXIV (1), où il
explique qu'à Rome la minorité ne se confondait pas avec l'impuberté : les contrats passés par les mineurs n'étaient pas *nuls*,
ni *rescindables* ; mais seulement susceptibles d'*in integrum
restitutio*. L'auteur ne dit pas formellement que cette dictinction
existe encore en France, mais cela ressort clairement de la
lecture de cette question CXXXIV. — D'autre part, dans le
passage des *Coutumes de Nivernois* que nous avons rapporté
ci-dessus (2), il disait : « ... quand on fonde *la nullité ou la
« rescision* sur le droit civil romain » ; et il ajoutait : « Ce que
« je crois être général en tous cas de *restitution en entier ou
« déclaration de nullité* introduites par le droit romain ». Il y

---

(2) *Les Coustumes du Pays et Comte de Nivernois*, p. 196.
149. — (1) *Questions, réponses et méditations sur les articles des
coûtumes*, p. 213.
(2) *Coûtumes de Nivernois*, p. 196.

a, on le voit, opposition entre la nullité d'une part, la rescision et la restitution en entier d'autre part. En un mot, Guy Coquille distingue parfois la rescision et la restitution : parfois aussi il emploie ces deux termes l'un pour l'autre par opposition à celui de nullité.

150. — Voyons ce qu'il entendait par la rescision. Nous avons vu que pour d'Argentré les actions en rescision étaient les anciennes actions romaines données *ad resolvendum contractum*, comme l'action *venditi* servant à attaquer un contrat lésionnaire, l'action du contrat tendant à faire résoudre un contrat de bonne foi infecté de dol, les actions de dol et *quod metus causa*. De même que d'Argentré, Guy Coquille rattache les rescisions au Droit romain. En ce sens, on peut tirer argument de l'*Institution au Droit François* (1) : « L'action pour être reçû « à racheter suivant la faculté octroyée. Le remède pour décep- « tion d'outre-moitié de juste prix. Ou l'action pour *autre cas* « *de rescision*, peuvent être adressées contre le premier ac- « quéreur ou contre le detenteur... Ceci emporte la décision « d'une question faite par les Docteurs, *in leg. 2. C. de pact.* « *inter empt. et vend. compos.*, parce qu'il semble par ladite « loy que l'action soit purement personnelle. Mais... ». Voilà donc que la loi 2, C., 4, 54, prévoit un cas de rescision : or il s'agit, dans cette loi, d'une vente avec pacte de réméré : le texte accorde l'action *præscriptis verbis* ou l'action *ex vendito* pour faire rentrer la chose en la possession du vendeur. Nous avons vu, d'autre part, que c'était aussi l'action *ex vendito* qui permettait d'arriver à l'anéantissement de la vente entachée de lésion. On peut conclure de là que les autres actions en res- cision dont parle Guy Coquille sont bien celles de d'Argentré, c'est-à-dire les actions données par le Droit romain *ad resol- vendum contractum*.

Cela seul nous permettrait déjà d'affirmer que les rescisions étaient des annulabilités, puisque ces actions fondées sur une

---

150. — (1) *Institution au Droit des François*, p. 119.

obligation de l'une des parties avaient pour but d'arriver à l'anéantissement du contrat lui-même.

Mais indépendamment de tout rapport avec le Droit romain, Guy Coquille donne aux actions en rescision le caractère d'actions *personnelles in rem scriptæ*. Les présenter comme *actions in rem scriptæ*, c'est dire qu'elles peuvent être intentées contre les sous-acquéreurs ; les appeler *actions personnelles*, c'est en faire des actions en annulation :

« Si l'action est *personnelle in rem scripta*, l'issue de la-
« quelle emporte aliénation, ou confirmation de la propriété de
« l'héritage de la femme, comme une *rescision de vente d'héri-*
« *tage...* » (2). — « Plusieurs *actions personnelles* sont qui
« regardent les immeubles et la propriété d'iceux, *comme une*
« *rescision de contrat...* » (3).

Telles sont les rescisions ; à n'en pas douter, Guy Coquille les considère comme des annulabilités.

151. — Quant aux restitutions *in integrum,* les eût-il même distinguées toujours des rescisions, on eût pu dire néanmoins à cause de la disparition de l'ancienne dualité du Droit civil et du Droit prétorien (1), qu'elles constituaient sinon des annulabilités, du moins des sortes d'annulabilités. C'est précisément parce qu'il y a de si grandes analogies entre les rescisions et les restitutions qu'en les opposant à la nullité, Guy Coquille, comme on l'a vu, emploie l'une pour l'autre les expressions de *rescision* et de *restitution en entier :* il ne voit pas d'intérêt à les distinguer à ce point de vue : voilà la cause de cette confusion.

152. — D'autre part, comme on a constaté que Guy Co-quille met soigneusement en opposition avec la rescision ou la

---

(2) *Questions,* CVII, p. 196.

(3) *Coûtumes de Nivernois,* p 205. — Il faut remarquer que le mot *action personnelle* est pris ici dans son sens propre ; car Guy Coquille l'emploie précisément en relevant l'erreur des praticiens qui appellent *personnelles* toutes les actions *mobilières,* erreur que nous retrouvons dans l'art. 59 de notre Code de Procédure civile.

151. — (1) V. *supra,* 105 et 114.

restitution la nullité *ipso jure,* on peut, à coup sûr, en conclure qu'à côté des annulabilités, il y avait pour lui des inexistences : il n'est pas nécessaire, en effet, d'insister sur le caractère d'inexistence de la nullité *ipso jure* du Droit romain. Mais ce qui met à nu la pensée de Coquille, et ce qui nous apporte la preuve la plus certaine qu'en opposant à la rescision et à la restitution en entier la nullité *ipso jure,* l'auteur était effectivement inspiré de la pensée que nous lui prêtons, c'est la remarque suivante : Coquille fait cette distinction pour déterminer à quelles nullités s'étend la nécessité de l'obtention des lettres, et il nous dit : « Les lettres sont exigées dans tous les cas de nullité venant du Droit romain, qu'il y ait nullité *ipso jure,* rescision ou restitution. Ainsi, quoique, dans les hypothèses où il y avait nullité *ipso jure,* on puisse être tenté de penser qu'aucune formalité n'est nécessaire pour faire déclarer la nullité, puisque *ab initio* il n'y a rien eu de fait, cependant il faut demander des lettres comme dans les cas de rescision ou de restitution. On justifie cette règle par le principe que les lois romaines n'ont pas d'effet en France sans une volonté spéciale du roi : moi, je pense que c'est uniquement dans un but politique qu'elle a été établie ». Tel est à peu près le langage de Coquille ; mais il en résulte évidemment que c'est précisément *parce qu'*il saisissait le caractère d'inexistence des nullités proprement dites du Droit romain, qu'il a cru devoir opposer ces nullités aux rescisions et restitutions. Du reste, l'interprétation que nous donnons au texte de Coquille est confirmée par l'expression de *déclaration* de nullité que nous l'avons vu employer.

Ainsi tout s'accorde pour nous faire dire que, d'après Coquille, si les restitutions et les rescisions constituent des annulabilités, les nullites proprement dites ont tous les caractères de l'inexistence.

183. — II. — Par contre, pour tout ce qui n'est pas d'origine romaine, nous ne retrouvons plus l'annulabilité dans les œuvres de Guy Coquille. Mais la notion de l'inexistence y apparaît certaine.

Nous y voyons que rien n'a été fait quand l'acte juridique manque d'un élément substantiel ; nous y voyons d'autre part que la nullité d'une aliénation immobilière, prononcée en vertu des principes nouveaux du Droit français, n'est pas sanctionnée par une action personnelle, mais par l'action réelle, en d'autres termes que cette aliénation est inexistante.

154. — Celui qui achète un héritage assujetti au droit de *bordelage* devient en règle générale personnellement obligé en vertu du seul fait de son acquisition. Mais s'il a acheté l'immeuble avec clause qu'il est allodial ou frappé seulement de cens, il n'est pas obligé personnellement : « car *le consentement* expres « ou tacite est de celuy qui *produit l'action* personnelle, et *n'y* « *a rien plus contraire à consentement que l'erreur. Donques* « *est seulement tenu réellement* comme détenteur » (1). On ne peut pas dire plus clairement qu'il n'y a pas d'obligation.

155. — Les conséquences de l'inexistence n'échappent pas à l'auteur niverniste. Un mari aliène un immeuble propre de sa femme sans son consentement : l'acte est *nul* en vertu de la coutume. Cette nullité est une inexistence : si c'était une annulabilite, la femme pour recouvrer son immeuble devrait exercer une action en annulation : au lieu de cela, Guy Coquille lui donne l'action en revendication. — Si c'était une annulabilité, la prescription dont il faudrait s'occuper serait celle de l'action en annulation : Coquille parle non de cette prescription, mais de l'usucapion. Si nous établissons ces deux points, il faudra en conclure que Guy Coquille a su dégager nettement les conséquences de l'inexistence.

156. — Voici comment l'auteur résout la question : « Mais « si de fait il aliéne, ou baille en accense à longues années, qui « est espèce d'aliénation, on demande, si la femme constant le « mariage pourra agir par ACTION PÉTITOIRE pour révoquer cette « aliénation ; et contraindre l'acquereur, ou preneur de se désis- « ter. Ce qui semblerait de prime face : *puis que la coutume* « *déclare la nullité.* Toutefois pour deux raisons se doit dire que

---

154. — (1) *Coutumes de Nivernois*, p. 111.

« la femme ne peut, et ne doit, durant le mariage, intenter cette
« action; l'une parce qu'elle offenserait l'amitié et l'honneur
« qu'elle doit à son mari... » (1). Un peu plus loin, toujours dans
la même hypothèse, Guy Coquille parle d'*action pétitoire* à
intenter par la femme (2).

Il ressort de ces textes que la nullité de l'aliénation se poursuit
par une *action pétitoire :* seulement, dans le cas particulier,
pour des motifs spéciaux, la nullité ne peut être invoquée par
la femme durant le mariage, ce qui ne porte aucune atteinte au
fond même des droits qui lui compètent.

Or, une action pétitoire est une action réelle, une action en
revendication quand il s'agit de la propriété. Les actions réelles
sont ou possessoires ou pétitoires ; les actions personnelles ont
toujours le même caractère, et ne peuvent être qualifiées ni possessoires, ni pétitoires. Tel est du moins le sens que nous donnons de
nos jours au mot *action pétitoire*. Il est facile de se rendre
compte que c'est bien aussi le sens que lui attribuait Coquille.

Il suffit pour s'en convaincre de lire le texte proposé par lui
pour remplacer l'art. V du ch. XIII de la coutume de Nivernais,
dans le cas où cette coutume serait l'objet d'une révision : « Que
« le mary seul peut agir et être convenu en Jugement ès actions
« *personnelles, possessoires et pétitoires*, concernant les
« meubles et conquests de la communauté, et ès actions *posses-*
« *soires* pour l'héritage propre de la femme, quand la possession
« est de fait : mais ès *actions personnelles et pétitoires* qui
« concernent ou importent à la propriété de l'héritage propre de
« la femme, le mary seul sans sa femme ne puisse les exercer, ny
« sur icelles être convenu... » (3).

Pour que cette terminologie soit bien claire, il est bon de dire
que le terme *actions personnelles* ne peut être pris que dans le
sens que nous lui donnons aujourd'hui ; car c'est précisément

---

156. — (1) *Questions*, CV, p. 194.

(2) *Questions*, CV, p. 195.

(3) *Coûtumes de Nivernois*, p. 217.

pour rétablir ce sens méconnu par la coutume de Nivernais et les anciens praticiens (4), que Coquille propose le texte ci-dessus transcrit.

Ainsi l'opposition est parfaitement précise : d'un côté les actions personnelles, de l'autre les actions pétitoires et possessoires : la qualification de *pétitoire* ne s'applique qu'aux actions réelles.

La nullité de l'aliénation de l'immeuble propre de la femme sans son consentement devant être invoquée au moyen de l'action réelle est une inexistence.

157. — Nous avons ajouté que Coquille étudiait à ce sujet l'usucapion et non la prescription d'une action en annulation. Il dit en effet dans son *Institution au Droit François* que « si le « mari aliéne les biens dotaux de la femme durant le mariage « sans le consentement d'elle, la prescription ne court durant le « mariage » (1) contre la femme, parce que le mari serait appelé en garantie à la suite de l'action intentée par la femme. Or, dans tout son chapitre *des Prescriptions*, où nous puisons le texte précité, l'auteur semble ne s'occuper que de l'usucapion et laisser absolument de côté la prescription extinctive.

158. — Coquille a-t-il envisagé de la même façon, c'est-à-dire comme des inexistences, toutes les nullités qui n'avaient pas leur origine directe dans le Droit romain ? On pourrait le penser, d'abord parce qu'on n'a rien qui dénote des annulabilités en cette matière ; et ensuite parce qu'un texte cité plus haut (1) semble bien montrer que la nullité ne peut être qu'une inexistence quand cette nullité est prononcée par la coutume. La femme peut-elle intenter l'action pétitoire durant le mariage, se demande l'auteur? Oui, répond-il, on pourrait au premier abord être de cet avis, « *puis que la coûtume déclare la nullité* ».

159. — En résumé, il semble que Guy Coquille ait conçu la théorie des nullités de la manière suivante :

---

(4) V. *supra*, 150, n. 3.

157. — (1) *Institution au Droit François*, p. 109,

158. — (1) *Supra*, 156, t. et n. 1.

Les nullités tirées directement du Droit romain (et où les *lettres Royaux* sont exigés) se décomposent en nullités *ipso jure*, constituant des inexistences, et en rescisions ou restitutions, qu'on doit regarder comme des annulabilités. — Les nullités édictées seulement par les coutumes et les édits royaux sont toutes des inexistences.

160. — *C.* — *Dumoulin.* — L'un des plus grands jurisconsultes de l'Ancien Droit, Dumoulin mérite toute notre attention. Le célèbre auteur aperçut avec la plus grande netteté la distinction des actes inexistants et des actes annulables ; mais il considéra cette distinction comme entièrement indépendante de l'institution des lettres de Chancellerie qui, selon lui, n'avaient aucun effet *en droit*, et constituaient une formalité purement extrinsèque.

161. — L'acte qu'il appelle *nullus*, est un acte nettement inexistant.

Lorsqu'un mineur a vendu son immeuble sans décret du juge, *feudum non fuit alienatum, nec mutavit manum* (1).

Une personne reconnaît tenir à titre de fief ou de censive, etc., d'une autre personne sa propre chose, ne sachant pas que cette chose lui appartient : en ce cas, dit Dumoulin, *facit actum ipso jure nullum, et nullum dominium, nullam possessionem perdit* (2). S'il n'y a pas erreur de la part de l'auteur de la reconnaissance, l'acte est nul néanmoins : « *Non perdit aliquod* « *dominium :* sed concessio et recognitio, et contractus non valet « ipso jure, *nec* concedenti vel recognito, etiamsi esset Ecclesia, « *acquiritur aliquis verus titulus, nec aliquod jus*, et ita « punctualiter et expressim determinat Bart... quod per talem « actum *nec amittitur, nec transfertur ulla possessio* » (3).

Voilà la réalité juridique. Mais Dumoulin conçoit parfaitement

---

161. — (1) *Commentarii in Consuetudines Parisienses*, p. 392, n° 32. — Ces commentaires forment le premier des cinq volumes renfermant les œuvres complètes de Dumoulin.

(2) *Op. cit*, p. 73, n° 22.

(3) *Op. cit.*, p. 73, n° 26.

qu'en fait un acte *nullus*, c'est-à-dire inexistant, produise ses effets, si l'on ne fait pas la preuve de l'inexistence : il peut y avoir une apparence de validité suffisante pour que l'acte produise des effets tant que la nullité n'est pas déclarée. Il n'y a que la nullité évidente qui rende l'acte en fait immédiatement inefficace : « *Nullitas evidens, vel quæ in continenti probari offertur,* « *impedit executionem,* ut decidunt omnes Doctores » (4). Mais quand la nullité n'est pas évidente, et ne peut être immédiatement prouvée, l'apparence peut l'emporter sur la réalité : ainsi une vente nulle a été faite : la nullité n'est pas prouvée immédiatement : les droits seigneuriaux sont dus : « *Si vero non* « *possit docere in continenti,* patronus qui habet ex venditione « et traditione *facti* ex notorio consuetudinis intentionem funda- « tam, exequetur jus suum, et obtinebit » (5).

Il y a là un fait inévitable, et Dumoulin a eu le mérite de se rendre compte de ce fait, sans que l'idée de l'inexistence ait disparu pour cela à ses yeux.

162. — L'auteur n'a pas de l'annulabilité une notion moins précise. Parlant de la restitution et de la rescision, il indique les condi tions auxquelles elles entraînent la dispense des droits seigneuriaux : « Et hoc dummodo illa restitutio vel rescissio præcise « operetur *annullationem, retractationem* et *reductionem ad* « *non causam* contractus vel alienationis præcedentis, per « modum *annihilationis,* et ex causa necessaria inexistente (1) « ab initio contractus : secus si solum operaretur retractationem « ut ex nunc, pro tempore futuro, *non annullando nec revo-* « *cando retro in præteritum,* etiam si hoc fieret ex causa

---

(4) *Consilium* XXI, n° 5, au tome II des Œuvres complètes, p. 875. — Cpr. *Concilium* XVIII, n° 24, au même tome, p. 867.

(5) *Commentarii in Consuetudines Parisienses,* p. 335, n° 51.

162. — (1) Le mot *inexistens* est pris ici dans un sens tout différent de notre expression *inexistant,* formée de la réunion du verbe *existere* et de *in* privatif, tandis que le mot de Dumoulin résulte de la combinaison du même verbe avec la préposition *in,* signifiant *dans,* et est employé pour *qui inest.*

« antiqua et necessaria, puta quamdiu in vim pacti de retroven-
« dendo pretium emptori restituitur, tunc enim semel debentur
« jura ex prima venditione, quæ non annullatur, *nec reducitur*
« *ad non causam pro tempore præterito :* sed dumtaxat pro
« tempore futuro » (2).

Ce texte n'a pas besoin de commentaire : il montre assez
clairement comment pour Dumoulin la restitution ou la rescision
n'opèrent qu'à un moment donné, mais en vertu d'une cause
existint dès la formation de l'acte, et entraînant un anéantissement rétroactif. N'est-ce pas là avec tous ses caractères notre
annulabilité ?

163. — Il n'y a pas à le nier, Dumoulin a perçu nettement
les caractères de l'inexistence, et ceux de l'annulabilité. Il est
pénétré de cette distinction : aussi la retrouvons-nous fréquemment sous sa plume. Il ne parle pas de ce qu'il appelle la
nullité, sans en rapprocher immédiatement la rescision ou la
restitution.

164. — On constate cette antithèse d'abord au sujet de la
différence des moyens servant à opposer l'inexistence ou l'annulabilité. Nous relevons sur la question un passage très-intéressant. Dumoulin venait de dire que le vendeur peut intenter
l'action possessoire, et en même temps agir *ex vendito* puisque
les actions personnelles échappent à la règle interdisant le cumul
du possessoire et du pétitoire. Il veut montrer ensuite que l'on
peut cumuler l'action possessoire *cum nullitate rescindenti et
rescissorio* (ce sont là les termes mêmes de l'annotation
marginale) :

« Quod si idem venditor prætendat contractum nullum, aut
« rescindendum *ex capite quidem nullitatis*, NULLA NOVA
« OPUS EST ACTIONE, aut cumulatione, cum eodem contextu, vel
« per viam replicationis deduci possit, etiamsi a Cancellaria
« principis habeat rescriptum declarationis nullitatis : quia NON

---

(2) *Op. cit.*, p. 395, n° 40,

« est INCONVENIENS nec est cumulatio novæ actionis, sed QUÆSTIO
« INCIDENS, APPENDIX principalis instantiæ, ad cujus decisionem
« Princeps rescribi præscribit, NON HABITA RATIONE CONTRACTUS
« NULLI, si talis inveniatur. *Ex capite vero rescissionis*, sive ex
« l. 2, de rescind. vend., sive propter dolum qui incidit contrac-
« tui, etiamsi causam non dedit..., sive propter prætensum
« justum metum..., sive propter redhibitionem..., NOVA EST ET
« ALIA INSTANTIA, quæ simul eodem tempore intentari et conti-
« nuari potest » (1).

Il résulte clairement de là qu'il n'y a pas d'action spéciale
pour se prévaloir de la nullité proprement dite, mais qu'il suffit
d'invoquer dans n'importe quelle action l'inexistence d'un acte
juridique pour qu'il ne soit pas tenu compte de cet acte. Il s'agit
dans le texte précité d'une action possessoire intentée par le vendeur. A-t-il besoin d'invoquer la nullité de la vente, il le fera
eodem contextu, ou, si on lui oppose une exception tirée de ce
qu'il y a vente, il répondra dans une réplique que cette vente est
nulle : mais ce n'est pas là une action différente de l'action
possessoire, *non est inconveniens ;* c'est seulement un incident de
l'action possessoire, non une action, mais une simple *question,
quæstio incidens, appendix principalis instantiæ*. Le texte
prévoit le cas particulier d'une action possessoire : la solution
serait absolument la même dans une action pétitoire. On lit, par
exemple, dans le même Commentaire (2), que si le mineur a
vendu son immeuble sans décret du magistrat, c'est l'action en
revendication qui lui compète : *vendicat a possessore*. Voilà
comment Dumoulin conçoit ce qui constitue dans sa terminologie
la nullité : on n'invoque cette nullité que comme un moyen pour
faire réussir une action quelconque qui tire son origine de ce que
l'on considère l'acte comme n'ayant jamais existé. Et le caractère d'inexistence attribué à l'acte ne reçoit aucune atteinte de ce
fait que l'on demande au roi des lettres de Chancellerie : Dumoulin

---

164. — (1) *Op. cit.*, p. 845, n° 8.
(2) *Op. cit.*, p. 392, n° 32.

ne voit dans ces lettres qu'une simple formalité. D'après lui, le roi qui intervient ordonne purement et simplement qu'il soit passé outre à l'action sans tenir compte de l'acte incriminé si l'on y trouve une cause de nullité. Il ne s'agit ici ni d'annulation, n[i] de rescision, ni de rien de semblable : si l'on *constate* la nullité, *si talis inveniatur*, on ne tiendra aucun compte du contrat. La nullité n'est pas prononcée, elle est seulement déclarée ; et Dumoulin a bien soin de ne pas appeler les lettres *lettres de rescision,* mais *rescriptum* DECLARATIONIS *nullitatis.*

En regard de la nullité, le texte précité place la rescision. Ici, il ne s'agit plus d'une simple *quæstio incidens :* au contraire, il y a une action *nouvelle* et *différente, nova est et alia instantia;* c'est l'action en annulation, action spéciale qui ne se confond pas avec l'action possessoire. C'est là ce que la note marginale appelle la *nullitas rescindens,* absolument nécessaire pour que l'on puisse arriver au *judicium rescissorium.* Cette action en annulation donne précisément le caractère d'annulabilité à ce que Dumoulin appelle les rescisions.

165. — La différence des actes nuls et des actes seulement susceptibles de rescision au point de vue des moyens de faire valoir la nullité ou la rescision en entraîne une autre : s'il y a une action spéciale en rescision, cette action est soumise à une prescription spéciale ; au contraire, les actions diverses dans lesquelles la nullité proprement dite peut être invoquée se prescriront d'après les regles du Droit commun. Dumoulin oppose, en effet, l'acte *nullus* (1) à l'acte *ipso jure validus.* L'acte *ipso jure validus* peut dans certains cas être attaqué dans les dix ans par l'action en rescision. Quand l'acte est *nullus,* c'est la prescription ordinaire qui s'applique : *exceptionnellement,* en vertu de l'ordonnance de 1539, art. 136, les actes du mineur, même *nulli,* ne peuvent plus être attaqués quand ce mineur devenu majeur, a atteint l'âge de 35 ans (2).

---

165. — (1) Il dit aussi *ipso jure nullus* (op cit , p 73, n° 22 , *contractus non valet ipso jure* (op cit , p 73, n° 26).

(2) *Op. cit.,* p. 398, n° 47.

166. — Si Dumoulin compare la nullité et la rescision pour en indiquer la différence, son esprit est tellement imprégné de cette distinction qu'il la rappelle jusque dans les cas où les mêmes règles s'appliquent à la nullité et à la rescision. Dans son langage précis, il ne consent pas à comprendre sous la même dénomination ces deux espèces d'inefficacité des actes juridiques, alors même qu'au point de vue particulier où il se place, il n'y a pas de différence entre elles.

« Idem dicendum si venditio non sit NULLA sed ANNULLANDA per « rescissionem... Et *quantum ad materiam istam*, non est dif- « ferentia inter venditionem NULLAM vel ANNULLANDAM. — Sed « quid si patrono volente retrahere ab emptore, venditor inter- « cedat allegans NULLITATEM et RESCISSIONEM venditionis? Res- « pondeo, si in continenti doceat, excludetur patronus ab omni « jure, tam quinti vel subquinti denarii, quam retractus. si actus « sit NULLUS vel ANNULLANDUS... Si vero non possit docere in con- « tinenti, patronus... exequetur jus suum et obtinebit... sive in « NULLITATE, sive in RESCISSIONE prætensis per venditorem » (1).

167. — L'opposition est parfaitement marquée. La distinction est peut-être plus précise encore lorsqu'en regard de l'acte nul *ipso jure* l'auteur place à la fois les rescisions et les résolutions. Il semble ne pas faire de différence à cet égard entre les actes renfermant une condition résolutoire et ceux qu'un vice de formation peut faire rescinder.

« Item limitatur sexto nedum in venditione IPSO JURE NULLA, « sed etiam in venditione VALIDA, SED POSTEA RESCISSA et reso- « luta tali rescissione et resolutione per quam RETRO ANNULLATUR « et reducatur ad non causam : sive hujusmodi resolutio fiat « ipso jure, ut in vim pacti legis commissoriæ, seu addictionis « in diem, sive non ipso jure, sed per sententiam : sive beneficio « speciali restitutionis in integrum, ut in venditione, solemniter « sed non utiliter facta per minorem, sive alia dispositione juris

---

166. — (1) *Op. cit.*, p. 335, n°ˢ 50 et 51. — La fin de ce texte a été citée déjà au point de vue des effets de l'inexistence, *supra*, 161.

« communis, ut ex l. 2. C. de rescind. vendit. His enim omnibus
« casibus non debentur jura quinti denarii, etc. » (1).

Le texte suivant est encore très-explicite : « … secus si con-
« tractus quacumque de causa sit NULLUS : idem si EX POST FACTO
« ET EX CAUSA AB INITIO INEXISTENTE ANNULLETUR et reducatur
« ad non causam, sive hoc fiat ipso jure, sive per sententiam,
« sive de jure communi, sive jure speciali per beneficium res-
« titutionis in integrum... » (2).

Il est certain que cette annulation se produisant *ex post facto*
et *ipso jure* ne peut être que l'effet d'une condition résolutoire.
C'est du reste ce qui est mis en évidence dans le texte placé en
tête du présent numéro.

168. — Résumons-nous : il résulte de ce qui précède que
Dumoulin distingue les actes inexistants *(nulli)* et les actes annulables *(annullandi per rescissionem)*. Quand y a-t-il nullité
proprement dite, quand y a-t-il annulabilité ? Le critérium n'est
pas dans ce que la nullité serait prononcée par les coutumes ou
les ordonnances, et l'annulabilité seulement par le Droit romain :
nous n'avons pas trouvé trace d'un pareil critérium dans les
œuvres de Dumoulin. Le seul moyen que nous ayons de déterminer le principe d'après lequel il considère les actes juridiques
soit comme proprement *nuls*, soit comme annulables, est de
passer en revue les hypothèses où selon lui il y a annulabilité. Or,
il résulte des textes cités plus haut qu'il y a lieu à rescision lorsqu'une vente renferme une lésion de plus de moitié, lorsque le
consentement a été déterminé par la violence ou par un dol *qui
incidit contractui*, lorsque la chose vendue renferme des vices
cachés, enfin lorsqu'il y a lieu d'accorder la restitution *in integrum* à un mineur par exemple (1). Ce sont là les cas dans lesquels d'Argentré et Guy Coquille voyaient soit la rescision, soit
la restitution *in integrum*. Contrairement à l'opinion de d'Ar-

---

167. — (1) *Op. cit.*, p. 437, n° 9.

(2) *Op. cit*, p. 734, n° 12.

168. — (1) *Op. cit.*, p. 845, n° 8 , — p. 437, n° 9.

gentré qui distinguait nettement les rescisions des restitutions *in integrum*, et conformément à la théorie de Guy Coquille qui ne prenait pas toujours le soin de les bien distinguer, il ne faut pas attacher, d'après Dumoulin, une grande importance à cette ter--minologie. Nous estimons qu'à ses yeux il n'y a qu'une distinction importante : les actes juridiques sont nuls de plein droit, soit d'après le Droit romain, soit d'après la coutume ; ou bien ils sont rescindables : sont rescindables les contrats contre lesquels le Droit romain accordait la restitution *in integrum* ou les actions données, selon l'expression des jurisconsultes romains, *ad resol-vendum contractum*. Les actes nuls de plein droit sont inexistants, les actes rescindables sont annulables.

169. — Nous pouvons maintenant nous faire une idée d'ensemble de l'état de la théorie des nullités dans les ouvrages des grands jurisconsultes du XVIe siècle.

En somme, et si l'on va au fond des choses. l'on peut dire que d'Argentré, Guy Coquille, Dumoulin, conçoivent cette théorie de la même façon. Sans doute d'Argentré rattache plutôt l'idée d'annulabilité à la nécessité d'obtenir du roi des lettres de Chancellerie, tandis que pour les deux autres cette nécessité n'a pas d'influence directe sur la théorie elle-même. Nous avons vu que le jurisconsulte breton cherchant le fondement légal des lettres de Chancellerie, ne leur trouve aucune justification dans les cas où le Droit romain établissait la nullité *ipso jure,* et enseigne que dans ces hypothèses elles ne doivent pas être demandées, quoique la pratique soit contraire. Dans les cas où le Droit romain prononçait des rescisions, il considère qu'il y a annulabilité ; dans les cas où le préteur accordait la restitution *in integrum*, il voit une sorte d'annulabilité. C'est précisément dans ces cas de rescision et de restitution *in integrum* que Guy Coquille et Dumoulin admettent l'annulabilité. La différence des deux doctrines est donc au fond à peu près nulle.

La divergence des points de départ, du principe des deux systèmes les amène cependant à se séparer sur un point de détail :

l'ordonnance de 1510 plaçant expressément le dol dans les causes de rescision, d'Argentré sera obligé d'y voir une annulabilité, quoiqu'à son avis, comme il le fait remarquer, le dol ait rendu nuls *ipso jure* en Droit romain les contrats de bonne foi ( ) ; Guy Coquille et Dumoulin au contraire devront être portés par le principe de leur distinction à voir dans le *dolus causam dans* une cause d'inexistence des contrats de bonne foi, et dans le *dolus incidens* une cause d'annulabilité (2).

Mais, cette réserve faite, la doctrine des trois jurisconsultes est à peu près identique : tous trois ils distinguent des actes qui n'ont aucune existence légale, et des actes annulables. Les nullités *ipso jure* du Droit romain et les nullités prononcées par les coutumes et les ordonnances entraînent l'inexistence : les rescisions du Droit romain sont des annulabilités ; de même aussi les restitutions *in integrum*. Il faut toutefois faire relativement à d'Argentré cette réserve, que pour lui la restitution *in integrum* n'est pas une annulabilité aussi caractérisée que la rescision, et qu'il y voit toujours un certain caractère de faveur.

II. — Théorie des Jurisconsultes de second ordre.

170. — Nous venons de voir la doctrine des trois grands auteurs coutumiers du XVIe siècle. Cette doctrine ne fut pas unanimement reçue : d'Argentré nous en avertit lui-même. Tout d'abord, dans la pratique, les lettres de rescision étaient demandées dans bien d'autres cas que ceux auxquels d'Argentré les restreignait. Cela avait peu d'importance au point de vue de la théorie de l'inexistence et de l'annulabilité pour les jurisconsultes, comme Dumoulin ou Guy Coquille, dans l'opinion desquels les lettres n'avaient aucun effet juridique réel, et ne constituaient

---

169. — (1) D'Argentré, *Commentarii in patrias Brittorum leges*, sur l'art. 283, col. 1368.

(2) V. Dumoulin, *Commentarii in Consuetudines Parisienses*, p. 402. n° 55. — Cpr. *supra*, 43, 1. et n. 1 et 2.

qu'une simple formalité fiscale ou politique. Mais tous les auteurs
ne se plaçaient pas à ce point de vue. C'est ainsi que, pour *Imbert*,
les *lettres Royaux* sont exigés parce que « les Roys de France
« ne sont aucunement subjects aux loix susdites (loix Impériales),
« non plus qu'à l'Empire : mais seulement les reçoivent, entant
« qu'elles sont fondees en bonne raison et equité naturelle » (1).
Un contrat nul de droit ne sera donc considéré comme tel que si
l'on a obtenu préalablement des lettres du Prince (2). Ainsi, plus
de distinction entre les nullités romaines et les rescisions ou restitutions *in integrum* : toutes les nullités puisées dans le Droit
romain devront être l'objet de lettres de Chancellerie ; car les lois
romaines ne peuvent être appliquées que sur autorisation expresse
et spéciale du roi ; elles n'ont par elles-mêmes aucune autorité
en France. Cette conception de la nature des lettres de Chancellerie est la base d'une idée d'annulabilité bien caractérisée : « Contracts
« ou autres actes iaçoit qu'ils soyent nuls, par disposition de droit,
« doivent toutesfois estre *cassez et annullez* par lettres Royaux.
« Car en France voye de nullité n'a lieu » (3). On considère la
rescision octroyée par le roi comme ayant un effet juridique réel.
Il y a dans les lettres de Chancellerie ainsi envisagées quelque
chose de très-voisin des restitutions *in integrum* du Droit romain. Le *jus civile* à Rome considérait un acte comme valable ;
et à un moment donné un magistrat, le préteur, intervient, qui
veut bien décider en vertu de son autorité que l'on ne tiendra pas
compte de cet acte. Ici le Droit d'origine nationale considère un
acte comme valable ; à un moment donné un magistrat, le roi,
intervient, qui veut bien décider en vertu de son autorité que le
Droit romain sera appliqué, et que l'on ne tiendra pas compte de

---

170. — (1) *Enchiridion,* V° *Contracts,* p. 83. — Fontenay-le-Comte, où
Imbert exerçait la charge de lieutenant criminel, était une ville du bas
Poitou, faisant partie des pays de coutume. Imbert semble avoir eu surtout
pour but, dans la rédaction de son *Enchiridion,* d'étudier le Droit romain
qui avait subsisté dans les pays de coutume.

(2) Ibid.

(3) Ibid.

cet acte. Seulement, s'il y a de grandes analogies entre cette cassation et la cassation prononcée par le préteur accordant la restitution *in integrum*, si par suite de ces analogies l'acte dont s'agit peut être rapproché de l'acte annulable, il faut dire d'autre part qu'il présente avec l'acte annulable cette différence, c'est qu'il ne sera annulé que par une sorte de faveur. L'application du Droit romain est une concession gracieuse du roi, comme la restitution *in integrum* était une faveur octroyée par le préteur. Imbert ne se fait pas faute, d'ailleurs, de rapprocher l'octroi des lettres de rescision de la restitution *in integrum* (4).

171. — La manière de voir d'Imbert relativement aux lettres de rescision fut partagée par *Mornac*. Cet auteur critique les écrivains étrangers (*scriptores exteri*) d'après lesquels la mesure des lettres de Chancellerie serait purement fiscale. Pour lui, il est de l'avis de Maronius, *fisci patronus*, qui en 1599, montra le premier « invectum fuisse hunc morem in argumentum pri- « marii, meri, majorisque imperii nostrorum principum, qui, si « quid jure ipso Romano fiat, nihil tamen factum velint inter di- « tionis suæ homines, nisi læso et conquerenti indulgeant sublime « rescripti sui beneficium » (1). Il ajoute que les raisons fiscales ne sont que secondaires.

Ailleurs, Mornac rapproche la rescision prononcée par le roi et la restitution *in integrum* (2).

172. — Les *Institutes Coutumières* de Loysel, recueil des sentences et proverbes reçus, devaient forcément renfermer la maxime courante de l'Ancien Droit, que « Voies de nullité n'ont point de lieu » (1). A lire le commentaire de de Laurière sur

---

(4) V. *supra*, 120, n. 2, l'analyse d'un texte tiré d'Imbert où l'octroi des lettres de rescision est rapproché de la restitution *in integrum*, et où l'auteur interprète d'une façon défectueuse une décrétale de Grégoire IX.

171. — (1) Mornac, *Observationes in viginti quatuor priores Libros Digestorum, ad usum fori gallici*, sur la loi 21, 4, D., *Quod metus causa*, 4, 2.

(2) *Op. cit*, sur la loi 16 § 2, et 3 ; D., *De minoribus*, 4, 4.

172. — (1) Loysel, *Institutes Coutumières*, liv. V, tit. II, § V, règle 706.

cette règle, il semble qu'elle devrait être entendue comme nous avons montré qu'Imbert la comprenait, et comme elle fut comprise plus tard par Mornac. Mais Loysel l'a-t-il effectivement écrite sous l'inspiration des idées exprimées par de Laurière, un siècle plus tard ? Question embarrassante s'il en fut ! Qui nous prouve que Loysel n'a pas voulu constater simplement le fait de la nécessité des lettres de Chancellerie ? Il est difficile de dire s'il a conçu cette règle comme aussi générale que le dit de Laurière, et s'il a considéré l'intervention royale comme une formalité intrinsèque ou de pur fait. Il n'y a donc rien à tirer de l'énoncé de la maxime par Loysel.

173. — En résumé, le XVIe siècle nous présente deux conceptions de la théorie des nullités. Les grands jurisconsultes, d'Argentré, Guy Coquille, Dumoulin, voient d'une part l'inexistence dans les nullités *ipso jure* du Droit romain et les nullités originales du Droit français ; d'autre part, l'annulabilité dans les restitutions *in integrum* et ce qu'ils appellent les rescisions romaines : c'est du moins ainsi que l'on peut formuler leur doctrine générale. Les jurisconsultes de moindre talent, ceux que l'histoire du Droit peut placer au second rang, sont tentés de voir des sortes d'annulabilités dans toutes les nullités tirées du Droit romain. A cette catégorie appartiennent Imbert, auteur du milieu du XVIe siècle ; Mornac qui suivit Imbert de cinquante ans environ. Il semble que cette opinion fut l'opinion moyenne, l'opinion de la pratique.

§ II. — *XVIIe siècle.*

174. — La science du Droit, qui a été élevée à une si grande hauteur au XVIe siècle, s'affaisse dans le siècle suivant. On ne rencontre plus des noms illustres comme ceux des d'Argentré, des Dumoulin, des Guy Coquille. Cependant un jurisconsulte estimé, *Legrand*, peut nous fournir sur l'état de notre théorie à cette période, de très-utiles renseignements.

Louis Legrand, conseiller au présidial de Troyes, a laissé un excellent commentaire des coutumes au bailliage de cette ville. Nous y trouvons exposée très-clairement la distinction de l'inexistence et de l'annulabilité.

175. — Tout d'abord, Legrand eut le mérite de ne pas donner aux lettres de Chancellerie plus d'importance qu'elles n'en avaient. Il rappelle la nécessité de ces lettres pour tous les cas dont ne disposent pas expressément les coutumes, lors même qu'il s'agit d'une nullité romaine opérant *ipso jure ;* ce qui, dit-il, est exprimé par la maxime : « Voyes de nullité n'ont point de « lieu en France » (1). En même temps il insiste à plusieurs reprises sur la distinction, d'après lui absolument indépendante, entre les actes *nuls de droit* d'une part, et, d'autre part, *ceux qui subsistent dès leur commencement et peuvent être rescindés* (2). Les lettres de rescision ne sont que « simples forma-« lités » (3) reposant sur un but fiscal, « sur des Edits bur-« saux » (4) ; aussi doit-on néanmoins appliquer des règles différentes suivant que l'acte est ou non nul de droit : « Ce que je « m'étonne, dit Legrand, n'avoir pas été observé jusqu'à présent « par nos Docteurs français, qui veulent que les contrats quoique « nuls de droit, *soient jugez comme ayant toûjours été va-« lables jusqu'à l'obtention des lettres* » (5). — « Nous ne « devons pas, répète-t-il plus loin, nous arrêter aux lettres, « mais avoir égard au fond et au principal de l'affaire : et soit « qu'il y ait des lettres obtenuës ou non, distinguer toujours en « jugeant les contrats ou *actes nuls, soit d'après le Droit ro-« main, soit par le Droit français, d'avec ceux qui subsis-« tent dans leur commencement* » (6).

Ainsi pour fixer le caractère de l'inexistence ou de l'annula-

---

175. — (1) *Coutumes du bailliage de Troyes,* sur l'art. 139, glose I, n° 4.

(2) *Op. cit.,* sur l'art. 139, glose I, *passim.*

(3) *Op. cit.,* sur l'art. 139, glose I, n° 8 ; — glose VIII, n° 9.

(4) *Op. cit ,* sur l'art. 139, gl. I, n° 5.

(5) *Op. cit.,* sur l'art. 139, glose I, n° 8.

(6) *Op, cit.,* sur l'art. 139, gl. I, n° 9.

bilité, les lettres ne doivent pas entrer en ligne de compte : Legrand est absolument précis sur ce point.

176. — Mais, comme il nous le dit, sa théorie n'est pas universellement reçue. Certains auteurs considèrent la nécessité de l'obtention des lettres de Chancellerie comme une « marque « de souveraineté et autorité Royale » (1). Et naturellement, donnant cette origine aux lettres, ces auteurs devaient considérer comme subsistant dès le commencement même les actes nuls *ipso jure* en Droit romain. C'est, en effet, la conception qu'ils se font de ces actes, ainsi que nous l'avons vu tout à l'heure d'après Legrand (2).

Au nombre des partisans de cette manière de voir, Legrand cite Mornac (3). La doctrine de Mornac s'était perpétuée, et nous la retrouvons encore chez un auteur mort au commencement du XVIIIe siècle, Argou. Les lettres de Chancellerie sont pour Argou des moyens d'accorder la restitution *in integrum*. « Parmi nous, dit-il, il n'y a que le Roi qui puisse accorder la « restitution en entier, ce qui se fait par des lettres de Chan- (« cellerie, qu'on appelle lettres de rescision » (4). Et il ajoute que « ces lettres sont d'une nécessité absolue, quand même « l'acte contre lequel on veut se pourvoir serait nul de plein droit « (d'après le Droit romain) » (5). Cette identification de la rescision opérée par le roi et de la restitution *in integrum* implique certainement l'idée d'une annulation d'un acte valable à l'origine, l'idée d'une sorte d'annulabilité. En un mot, Argou continue bien la théorie de ces docteurs français dont parle Legrand.

177. — Ce que nous avons dit jusqu'à présent suffirait pour montrer que Legrand, loin de se laisser tromper par la prétendue importance des lettres de Chancellerie, a une perception nette de

---

176. — (1) *Op. cit.*, sur l'art. 139, gl. I, n° 5.

(2) *Op cit.*, sur l'art. 139, gl. I. n° 8.

(3) Ibid. — V. *supra*, 171.

(4) Argou, *Institution au Droit françois*, livre IV, chap. 14, (tome II, p. 479).

(5) Argou, II, p 480.

l'inexistence et de l'annulabilité. Mais il n'est pas inutile d'insister, et de faire apparaître comme il a parfaitement compris le néant de l'acte inexistant.

La simulation lui donne l'occasion de s'expliquer à ce sujet : « La donation simulée *n'est pas donation*, non plus que tout « autre contrat simulé *ne mérite le nom de contrat* » (1).

Ailleurs, parlant de la vente des immeubles du mineur faite sans les formes légales, il nous dit que : « le mineur *ne perd pas* « *le domaine* et la propriété de son héritage, et peut le *reven-* « *diquer* d'entre les mains de l'acquéreur sans se faire resti- « tuer » (2). Et ce qui donne beaucoup de poids à ce texte, c'est l'opposition qu'il fait immédiatement : « Mais, *quand la vente* « *subsiste*, pour avoir été faite avec les formes et solennités « susdites, le mineur *perd la possession et propriété* de son « héritage. *jusqu'à ce qu'il ait obtenu lettres et fait rescinder* « *la vente* pour lésion » (3).

Un peu plus loin, nous retrouvons les mêmes idées : dans le cas où l'acte d aliénation du mineur est fait sans les formalités légales, le mineur peut « *agir rei vindicatione* » contre le premier acquéreur et les suivants (4). Dans les autres cas, il ne peut agir que contre le premier acquéreur qui sera forcé de restituer *(l'auteur ne parle plus ici de revendication)* ; et si cet acquéreur a lui-même aliéné l'immeuble, le mineur n'aura plus droit qu'à une indemnité que les acquéreurs suivants pourront être obligés de payer si le premier est insolvable (5).

---

177. — (1) *Coutumes du bailliage de Troyes*, sur l'art. 137, gl. I, n° 4.

(2) *Op. cit.*, sur l'art. 139, gl. VI, n° 10.

(3) Ibid.

(4) *Op. cit.*, sur l'art. 139, gl. VIII, n° 1.

(5) *Op. cit.*, sur l'art. 139, gl. VIII, n°s 2-5. Il est un cas exceptionnel où le mineur peut exiger du tier ; détenteur de bonne foi l'immeuble même c'est « lorsque le mineur a notable intérêt d'avoir la chose plutôt « que le prix » (sur l'art. 139, gl. VIII, n° 8). Le tiers acquéreur de mauvaise foi n'a pas la faculté de suppléer le juste prix (sur l'art. 139, gl. VIII, n° 7).

Ces textes disent clairement que dans le premier cas il n'y a rien eu de fait ; que les effets de l'acte ne se sont pas produits ; que la propriété n'a pas changé de main ; et que c'est une action en revendication qui devra être exercée ; qu'au contraire, dans le second cas, l'acte a eu sa pleine efficacité ; que l'action à intenter est une action personnelle, fondée sur une obligation ; et que cette obligation ne suit même pas entièrement la chose : il y a ici un élément plus personnel encore que dans la théorie des auteurs du XVIe siècle, qui considéraient cette action comme une action personnelle *in rem scripta* (6) : pour Legrand l'action en annulation proprement dite est purement personnelle, et il n'y a que l'action en réparation du préjudice causé qui ait le caractère d'action *in rem scripta* (7).

178. — En résumé, et sauf cette différence de détail, la théorie de Legrand est la même que celle des grands jurisconsultes du XVIe siècle : lui aussi, il divise les nullités en deux catégories :

1° Les inexistences, qui sont les nullités *ipso jure* du Droit romain et les nullités tirées des coutumes ;

2° Les annulabilités, dans lesquelles il conçoit sans doute, comme ses maîtres du siècle précédent, des restitutions en entier et des rescisions.

Cette théorie est généralement repoussée par les docteurs de l'époque : ils voient dans les actes contre lesquels les lettres sont exigées des actes presqu'annulables ; et, par opposition, sans doute dès actes inexistants dans les actes nuls sans lettres.

§ III. — *XVIIIe siècle.*

179. — Au XVIIIe siècle, l'étude du Droit s'est profondément modifiée : les jurisconsultes ne se proposent plus en général

---

(6) V. *supra,* 150

(7) Cette action en indemnité aboutit dans certains cas exceptionnels à la restitution de la chose (v. *supra,* n. 5).

comme but de leurs travaux l'étude du Droit de telle ou telle province, de telle ou telle partie de la France : il n'y a plus en
général des auteurs de Droit coutumier et des auteurs de Droit
écrit : on porte plus haut ses regards, et on étudie le Droit
français.

Cependant il se trouve encore, mais en nombre bien restreint,
des ouvrages spéciaux, des commentaires d'une coutume déterminée : de ce nombre sont les célèbres *Observations du Président Bouhier sur les coutumes de Bourgogne.*

Cet ouvrage donne la distinction de l'inexistence et de l'annulabilité sous la forme de la distinction des nullités absolues et des
nullités respectives. C'est ainsi, du moins, que nous interprétons
la pensée de Bouhier, lequel eut le tort de ne pas préciser suffisamment les caractères de l'inexistence et de l'annulabilité, mais
qui nous semble cependant avoir saisi ces caractères au moins
d'une façon générale.

180. — Les nullités *absolues*, dit-il, sont ainsi appelées
parce qu'elles « peuvent être opposées par toutes sortes de per-
« sonnes, et qu'elles *anéantissent l'acte essentiellement et
« radicalement,* en sorte qu'on le regarde comme *non fait* et
« non avenu » (1). Un acte est-il entaché d'une nullité absolue,
il faut, pour qu'elle soit couverte, un nouveau contrat régulièrement fait (2) ; de plus, ce contrat nouveau ne rétroagit pas : ainsi,
dans l'hypothèse où une femme a passé un contrat sans l'autorisation maritale, l'autorisation donnée postérieurement par le mari,
n'aura d'effet qu'à partir du moment où elle aura été accordée (3).

Les expressions de l'auteur sont toutes différentes, quand il
parle des nullités respectives. Ici, il ne s'agit plus d'*anéantissement,* d'acte considéré comme *non fait.* Le Président Bouhier
dit simplement que ces nullités ne peuvent être opposées que
« par ceux au profit desquels elles ont été établies » (4).

---

180. — (1) *Les coutumes du duché de Bourgogne,* ch. XIX, n° 12.
(2) *Op. cit.,* ch. XIX, n° 33.
(3) *Op. cit.,* ch. XIX, n° 102
(4) *Op. cit.,* ch. XIX, n° 13.

Voilà les nullités absolues, voilà les nullités respectives. Ces deux espèces de nullités sont mises en opposition dans un passage où le Président Bouhier se demande si les prohibitions formelles de la loi entraînent une nullité absolue ou une nullité respective. D'après les uns, les mots *ne peuvent* emportent « une forme et « une solennité essentielle à l'acte, sans laquelle *il ne peut abso-* « *lument subsister* » (5). Pour lui, il se rallie à l'opinion d'après laquelle ce ne sont pas les termes de la loi qu'il faut considérer, mais uniquement le motif qui les a dictés (6). Cette discussion rapportée par l'auteur montre que l'acte frappé de nullité absolue était censé n'avoir aucune existence, ne pas subsister ; que l'acte nul d'une nullité respective existait malgré la nullité : c'était cette existence que certains auteurs ne pouvaient pas concilier avec les termes de la loi renfermant une prohibition formelle.

Somme toute, la distinction de l'inexistence et de l'annulabilité semble comprise par Bouhier. Cependant il n'y insiste pas comme d'Argentré, Guy Coquille, Dumoulin, Legrand ; il la suppose plutôt qu'il ne l'établit.

181. — Dans les œuvres de Bouhier, l'ancienne théorie a subi une transformation ou mieux a été transportée sur un terrain nouveau. Avant lui, la distinction de l'inexistence et de l'annulabilité tenait encore au Droit romain par les liens les plus étroits ; c'était presque une distinction romaine. Cependant, d'Argentré avait consolidé les raisons de pure tradition qui lui avaient fait adopter cette distinction, par des considérations tirées de la nature des choses : il avait donné un fondement rationnel à sa distinction. Bouhier reprit le même fondement, mais avec plus d'indépendance vis-à-vis du Droit romain. Comme d'Argentré (1), ce fut à l'intérêt public, à l'ordre public, aux bonnes mœurs qu'il rattacha l'inexistence, et à l'intérêt des particuliers qu'il rapporta

------

(5) *Op. cit.*, ch. XIX, n° 14.

(6) *Op. cit.*, ch XIX, n°ˢ 15 et s.

181. — (1) V. *supra*, 139 et 140.

l'annulabilité (2). Mais il se contenta d'assigner ce fondement à .
sa théorie et ne la relia plus au Droit romain, abandonnant sur ce
point l'exemple du jurisconsulte breton, d'après lequel, on s'en
souvient, la théorie romaine avait subsisté tout entière, sauf
qu'au lieu du magistrat, c'était le roi qui rescindait dorénavant
les actes annulables (3).

En un mot, à l'époque de Bouhier, la théorie s'est rendue indépendante du Droit romain ; et forcément elle s'est transformée.

SECTION II.

DROIT ÉCRIT.

182. — L'étude de la théorie des nullités dans les provinces
de Droit écrit sera beaucoup plus brève que celle qui vient d'être
terminée. Si, en effet, de nombreux et illustres jurisconsultes
s'attachèrent à commenter les Coutumes, il faut dire que, par
contre, peu d'ouvrages nous ont été laissés sur le Droit écrit.

Parmi ces ouvrages, il en est un qui mérite toute notre attention. Le *Codex Fabrianus*, dit M. Rodière, est « un tableau du
« droit qui s'était formé dans la Savoie, par les décisions du Sénat
« suprême de Chambéry ; et cette compagnie judiciaire ayant
« compte de bonne heure des jurisconsultes très-habiles, les dé-
« cisions qu'elle rendait firent bientôt autorité hors de son res-
« sort dans toutes les contrées qu'on appelait autrefois de droit
« écrit, parce que le droit romain était toujours resté la base
« première de leur législation » (1).

L'ouvrage du président Favre peut donc être considéré comme

---

(2) *Op. cit*, ch. 19, n°˙ 12 et 13.

(3) V. *supra*, 144-145.

182. — (1) Rodière, *Les grands jurisconsultes.* p. 333.

renfermant les véritables principes admis dans les provinces de Droit écrit au XVIᵉ et au XVIIᵉ siècle.

183. — Dans le *Codex Fabrianus*, on constate parfaitement exprimée l'idée de l'inexistence.

Le mariage contracté par la femme qui a encore son premier mari *non valet :* aussi les donations *propter nuptias* seront-elles nulles : en effet, dit quelque part (1) l'auteur, « *dos esse non po-« test ubi nullum est matrimonium* (2). *Ita neque dotis aug-« mentum ubi dos nulla est* ». Ainsi *matrimonium non valet* est considéré comme synonyme de *nullum est matrimonium :* il n'y a pas de mariage, il n'y a pas de dot : c'est bien l'inexistence.

Ailleurs, l'auteur parle de *Nuptiis incestis scilicet* INUTILIBUS *vel illicitis* (3).

Nous lisons encore : « ... contractus simulatus *contractus « non est*, quippe qui non habeat voluntatem contrahentium ex « qua contractus omnes æstimandi sunt » (4).

184. — Voyons à côté de cela l'idée de l'annulabilité.

La vente contre laquelle est accordée la restitution *in integrum* est *rescissa, sublata, resoluta*. Voici, par exemple, ce qu'écrit l'auteur pour le cas où la vente a été l'objet d'une restitution fondée sur le dol ou la lésion : «*Rescissa* enim et *resoluta* « venditione, *incipit pretium esse penes venditore sine* « *causa* » (1). Ainsi, jusqu'à cette *rescision*, le vendeur ne détenait pas le prix sans cause, c'est-à-dire que la vente subsistait et servait de cause au paiement du prix. Ce n'est qu'à partir de l'annulation que ce prix *commence* à être détenu sans cause. A côté du terme *rescindi*, le Président Favre emploie le verbe *annulari* (2).

---

183. — (1) *Codex Fabrianus.* liv. V, tit. 1, déf. 11.

    (2) V. encore : *op. cit.*, liv. IV, tit. 5, déf. 2, n. 3.

    (3) *Op. cit.*, liv. IX, tit. 7, déf. 1, n. 9.

    (4) *Op cit.*, liv. VIII, tit. 23, déf. 16.

184. — (1) *Op. cit.*, liv. II, tit. 27, déf. 2.

    (2) *Op. cit.*, liv. IV, tit. 30, déf. 5.

Tout cela suppose des actes qui ont pris naissance et ne doivent être rendus inefficaces que postérieurement. C'est le prince qui accorde la restitution *in integrum :* « ... *diploma Prin-* « *cipale* cujus beneficium *moribus nostris necessarium est* « ad obtinendam restitutionem » (3) ; et en note sur les mots *moribus nostris,* on lit : « Nam de jure communi Prætor res- « tituit, non princeps ». Le prince est donc considéré comme remplissant le rôle du préteur romain.

Mais ce rôle est il toujours absolument le même qu'à Rome ? Nous ne le pensons pas. Comme nous l'avons montré (4), la restitution *in integrum* est pour les Romains une sorte de faveur ; elle n'est jamais rigoureusement due ; elle ne fait pas l'objet d'un droit. C'est là ce qui la sépare de la véritable annulabilité : or, nous croyons qu'en règle générale ce caractère de faveur a disparu dans le Droit du Président Favre, et voici ce qui nous porte à émettre cette opinion. C'est que nous lisons au *Codex Fabrianus* que la restitution *in integrum* est accordée aux mineurs au nom du prince dans la petite Chancellerie par le premier président du Sénat. Au delà de cet âge, le prince, *qui peut faire la loi* (5 , peut encore accorder lui-même la restitution *in integrum* (6). Nous concluons de ce texte qu'en règle générale la restitution n'est pas une faveur ; qu'elle forme l'objet d'un droit ; et que ce n'est que dans des cas exceptionnels que le prince intervient, parce qu'il le veut bien, et parce qu'il lui plaît de faire, pour le cas particulier qui lui est soumis, une loi spéciale. C'est donc une véritable annulabilité que nous constatons dans les hypothèses où il y a lieu à restitution *in integrum* d'après les règles générales.

----

(3) *Op. cit.,* liv. II, tit. 33, déf. 2.

(4) V. *supra,* 66.

(5) En accordant ainsi la restitution *in integrum,* le prince agit » co scilicet jure quo jus facere potest novamque legem condere, etiam de- » ficiente jure » (*Op. cit.,* liv. II, tit. 35, déf 2, n. 6).

(6) *Op. cit.,* liv. II, tit. 35, déf. 2.

185. — Le Président Favre ne se contente pas de placer séparément en lumière les caractères de l'inexistence et ceux de l'annulabilité : il aime à mettre ces caractères en opposition. L'occasion lui en est fournie par la question suivante : La victime d'actes de violence peut-elle intenter l'action possessoire ? « Dice- « bam distinguendum esse, An contractus *ipso jure teneat*, « quamvis ex justa aliqua causa rescindi possit (1), *an vero ipso* « *jure nullum sit et invalidus* (2).... Priore casu non posse « quæri de spolatione sive cum eo qui contraxit sive cum ejus aut « universali, aut singulari śuccessore. Posteriore vero, utramque « quæstionem cumulari posse.... Neque enim eo minus malæ fidei « possessor habetur qui eo contractu nititur, *quam si nullo nite-* « *retur* » (3).

Est-on dans le cas où la restitution *in integrum* doit être accordée : il y a un contrát ; la possession a été régulièrement transférée, et l'action possessoire ne peut pas être intentée, parce qu'il faut préalablement faire annuler le contrat qui subsiste jusquc-là avec tous ses effets. — Y a-t-il, au contraire, nullité *ipso jure*, c'est absolument comme s'il n'y avait pas eu de con- trat : le prétendu contrat ne produit aucun effet ; le Droit n'exige pas qu'on le fasse annuler pour le rendre inefficace : c'est pour- quoi l'on peut dire immédiatement que la possession n'a pas été transférée et intenter l'action possessoire.

La même opposition éclate dans le passage suivant : « ... Sive « denique quod ipsum etiam restitutionis nomen supponat *valere* « *ipso jure contractum* adversus quem restitutio postulatur, Ne « auxilium extraordinarium ab eo qui *ipso jure tutus sit*, frus- « tra, et contra juris nostri regulas imploretur » (4).

---

185. — (1) Le *Codex* ajoute en note sur ces mots *rescindi possit* : « Sci- » licct per in integrum restitutionem, l. 1 et pass. D., *de in integ. rest.* »

(2) Le *Codex* ajoute en note sur le mot *invalidus* : « Qui proinde » ex juris ratione rescindi nec posset, nec deberet ».

(3) *Op. cit.*, liv. VIII, tit. 3, déf. 8.

(4) *Op cit.*, liv. II, tit. 12, déf. 14.

Ailleurs, nous voyons que si le mineur n'ayant pas de curateur vend un immeuble sans demander un décret, la vente est frappée de *nullitas*. Si le mineur avait accompagné cette vente d'un serment, elle ne serait pas nulle; mais dans certaines circonstances, il y aurait lieu à restitution *in integrum* (5).

On pourrait multiplier les exemples de cette opposition constante entre la nullité *ipso jure* et la restitution *in integrum*. Mais il faut se borner.

186. — Ce que nous avons dit est suffisant, ce semble, pour montrer que le Président Favre a fait la distinction de l'inexistence et de l'annulabilité sous la forme de la distinction des nullités *ipso jure* et des restitutions *in integrum*. Il appelle restitutions *in integrum* toutes les annulabilités : il n'a pas comme les jurisconsultes coutumiers, ses contemporains, des rescisions à opposer aux restitutions : ainsi en cas de dol, c'est la restitution qui est ouverte (1); de même en cas de vente lésionnaire (2). Dans toutes ces hypothèses, l'intervention du prince est nécessaire, et cette intervention a un effet juridique réel : le prince remplace le préteur (3).

Mais l'auteur n'attribue pas toujours aux lettres de rescision le même effet; si dans les hypothèses dont nous venons de parler, elles ont une réelle importance, il est bien des cas où elles sont une simple superfétation, et ont un but purement fiscal : ce sont tous les cas de nullité *ipso jure*, où le prince accorde en fait, ce que le *Codex* appelle l'*in integrum restitutio*, alors qu'en droit cette restitution est absolument inutile, puisqu'on ne peut pas rescinder ce qui n'existe pas.

Cette manière de voir est mise en relief dans le passage du *Codex* que nous avons cité tout à l'heure (4). Après avoir dit que certains actes *tenent ipso jure*, quoique pouvant être *rescindés*,

---

(5) *Op. cit.*, liv. II, tit. 12, déf. 10.

186. — (1) *Op. cit.*, liv. II, tit. 27, déf. 2.

(2) *Op. cit.*, liv. IV, tit. 30, déf. 1.

(3) Cpr. la théorie de d'Argentré, *supra*, 138 et 144.

(4) V. *supra*, 185 (*Codex Fabrianus*, liv. VIII, tit. 3, déf. 8)

et que d'autres sont *ipso jure nulli*, le Président Favre ajoute
que « placuit etiam hoc casu necessariam esse ex rescripto Prin-
« cipis restitutionem ». Mais cette restitution est une simple formalité, d'où il ne résulte aucunement qu'il n'y ait point d'acte,
puisqu'elle n'empêche pas d'intenter l'action possessoire, tandis
que l'action possessoire est impossible dans les cas où la restitution
a un effet vraiment juridique. Dans notre hypothèse, dit le texte,
rien ne s'oppose à l'exercice de cette action « quasi impetrata
« restitutione ex abundanti potius quam ex juris necessitate...
« Neque enim eo minus malæ fidei possessor habetur qui eo
« contractu nititur, quam si nullo niteretur ».

La même idée est exprimée dans une note du *Codex* : la lésion
enormissima est assimilée au dol, et rend le contrat nul *ipso
jure ;* car on y voit une espèce de dol. Il faudrait donc en conclure que « non potest hoc casu locum habere restitutio, quia id
« quod nullum est rescindi nullo modo potest » (5). Cependant il
y a lieu à demander au prince la restitution *in integrum,* « quia
« nimirum restitutionis implorandæ tota solennitas *hodie fere
« pecuniaria est* (6) ».

187. — Il ne faut donc attacher à la nécessité des lettres de
rescision aucune importance au point de vue de la théorie qui
nous occupe. Le Président Favre ne s'arrête pas ainsi à la sur-
face, il plonge dans les profondeurs du Droit, et sans s'inquiéter
de cette formalité introduite par les besoins du trésor public, il
distingue les actes nuls *ipso jure* et les actes susceptibles d'être
rescindés par la restitution *in integrum* en vertu des principes
purs du Droit. Les premiers sont des actes inexistants, les seconds
des actes annulables.

On se rappelle que tels étaient à peu près les principes reçus
dans les pays de Droit écrit au XIIe siècle (1). La doctrine du Président Favre était, on le voit, traditionnelle.

---

(5) *Codex Fabrianus,* liv. II, tit. 26, déf. 4, n. 3.
(6) Ibid.
187. — (1) V. *supra,* 123-126.

DIVISION II

Droit s'appliquant à l'ensemble du royaume.

———

SECTION I.

DROIT CIVIL.

188. — A. — *Domat*. — « Les Lois civiles dans leur ordre
« naturel sont comme la préface du Code Napoléon. La même
« législation pour la même société. sur le fondement immuable
« de la justice, et à la lumière de cette grande philosophie qu'on
« appelle le christianisme, tel est l'objet de l'ouvrage de Domat » (1).

Ces lignes indiquent parfaitement le caractère des *Loix civiles*. Domat s'explique, du reste, à ce sujet dans sa préface : il
s'était proposé d'ordonner avec une méthode mathématique les
lois romaines accumulées dans la compilation de Justinien, tout
en élaguant celles qui ne devaient plus être appliquées en France.
Son livre n'est pas un ouvrage de Droit coutumier, mais il n'a
pas été composé non plus uniquement pour les provinces de Droit
écrit : c'est un travail général qui dans la pensée de l'auteur doit
pouvoir servir dans l'ensemble du royaume. Les *Loix civiles*
sont, d'après le sens alors reçu, les lois romaines ; et ce n'est pas
seulement à titre de raison écrite que Domat étudie le Droit romain, comme il l'aurait fait s'il s'était placé uniquement au point
de vue coutumier, c'est aussi à titre de source même de la coutume, caractère qu'avait le Droit romain dans les pays de Droit
écrit. Il le dit d'ailleurs dans le *Traité des Loix* qu'il place en
tête de ses *Loix civiles* : déterminant les matières qui feront l'ob-

———

188. — (1) Cousin, article paru dans le *Journal des Savants*, 1843, p. 5.

jet de son ouvrage. il expose que le Droit romain n'a pas la même
autorité dans tout le royaume : dans les pays de Droit écrit, ce
Droit sert de coutume ; dans les pays coutumiers, il tient lieu de
raison écrite, et a la même autorité que la justice et l'équité (2).

Ces observations justifient la place que nous donnons à l'œuvre
de Domat en tête des ouvrages généraux.

Domat n'aurait-il pas été porté à faire cette généralisation par
le milieu dans lequel il vivait ? Originaire de Clermont en Auvergne, il y passa sa vie presque tout entière. La ville de Clermont était un pays de Droit écrit, quoiqu'elle fût le chef-lieu
de l'Auvergne, pays coutumier (3). Toutefois Klimrath fait remarquer (4) que dans tous les lieux de l'Auvergne soumis avec
Clermont au Droit écrit, un grand nombre de coutumes locales en
modifiaient plus ou moins l'application. La ville où vécut Domat
était ainsi en quelque sorte un pays mixte soumis en principe au
Droit écrit, mais en même temps à des coutumes qui le modifiaient ; voisin des pays de Droit écrit, mais entouré de tous côtés
de pays coutumiers. Il n'est pas invraisemblable que ce soit cette
situation qui ait porté Domat à ne pas être exclusivement un
auteur coutumier ou un auteur de Droit écrit, et à entreprendre
l'un des premiers ouvrages de généralisation que nous rencon-
trions dans l'histoire du Droit français.

189. — A notre avis, Domat aperçut fort bien la distinction
de l'inexistence et de l'annulabilité ; il la fit avec une très-grande
netteté à un moment donné, seulement il eut le tort de la perdre
de vue dans certaines parties de ses *Loix civiles*, ce qui amène
dans l'ensemble de son ouvrage une certaine confusion. Ce ne sera
pas sans peine que nous essaierons de rétablir l'ordre dans ces
doctrines, qui, au premier abord, peuvent sembler contradictoires.
Mais nous espérons malgré tout arriver à dégager le principe de

------

(2) Domat, *Traité des Loix*, p. XXVI. —V. aussi la préface des *Loix
civiles*, où la même distinction apparaît.

(3) Klimrath, *Travaux sur l'histoire du Droit français*, II, p. 223.

(4) Ibid.

la distinction de Domat, c'est-à-dire à déterminer quels actes il considérait comme inexistants, et quelles étaient pour lui les annulabilités.

190. — C'est sous la forme de la distinction des conventions *nulles* et des conventions *résolubles* que nous retrouvons chez Domat, la distinction de l'inexistence et de l'annulabilité (1). Comparons les rubriques de deux sections consécutives : l'une est ainsi conçue : « Des conventions qui sont *nulles dans leur ori-* « *gine* » (2) ; la suivante porte : « De la *résolution* des conven- « tions *qui n'étaient pas nulles* » (3). Et voici qui explique clairement ce qu'il entend par ces mots *nulles dans leur origine :* « Il y a cette différence entre la nullité et la résolution des con- « ventions, que la nullité fait qu'il n'y a eu que *l'apparence* « *d'une convention*, et que la résolution anéantit une conven- « tion *qui avait subsisté* » (4) . Il avait déjà dit : « Les conven- « tions nulles sont celles qui manquant de quelque caractère essen- « tiel, *n'ont pas la nature d'une convention* » (5). Telles sont les conventions nulles. Plaçons en regard la notion des conventions résolubles : « Les conventions *qui ont subsisté* peuvent se « résoudre,, ou par.... (6), ou par une *restitution en entier :* ou « par une rescision à cause de quelque dol ou autre lésion, comme « par la vileté du prix dans une vente » (7).

La distinction ainsi posée est nettement établie. Mais Domat insiste encore. Pour être clair dans l'exposition de la théorie qui forme l'objet de notre travail, il faut absolument se mettre en garde contre la confusion facile du fait et du droit. De nombreux auteurs, égarés par l'exécution de fait d'un acte inexistant, en

---

190. — (1) Blondel, article dans la *Grande Encyclopédie*, vº *Annulation*.

(2) *Loix civiles*, Iʳᵉ partie, liv. I, tit. I, sect. VI, p. 31.

(3) *Op. cit.*, Iʳᵉ partie, liv. I, tit. I, section V, p. 29.

(4) *Op. cit.*, p. 31.

(5) *Op. cit.*, p. 29.

(6) L'auteur parle ici du *mutuus dissensus* et de la condition résolutoire.

(7) *Op. cit.*, p. 31.

arrivent à perdre de vue l'inexistence de l'acte. Quant à Domat, il échappe absolument à cette confusion : « Les conventions, dit-il, qui sont nulles dans leur origine sont en effet telles, *soit que la « nullité puisse d'abord être reconnue, ou que la convention « paroisse subsister, et avoir quelqu'effet*. Ainsi, lorsqu'un in- « sensé vend son héritage, la vente est *d'abord nulle dans son « origine, quoique l'acheteur possède et jouisse*, et qu'au temps « de la vente, cet état du vendeur ne fût pas connu » (8). Ainsi, quoique juridiquement il n'y ait que le néant, en fait il peut y avoir quelque chose. Pour revenir sur cette exécution, il sera de toute nécessité de recourir à la justice : la partie qui se plaint ne peut se remettre d'elle-même en possession de ses droits (9). Dans cette action, Domat ne voit certainement pas une action en annu- lation : c'est simplement une action fondée sur les droits qui exis- taient avant l'acte, et que cet acte n'a pas modifiés, ou une action basée sur le fait matériel de l'exécution (action en revendication, en restitution, etc.). La nécessité de l'action en justice est purement et simplement une application du principe que nul ne peut se faire justice soi-même. Aussi ne pouvons-nous pas donner notre adhésion à M. Laurent (10), lorsqu'il semble voir dans cette né- cessité de recourir à la justice imposée par Domat à la partie qui se plaint, un caractère de l'annulabilité.

191. — Nous ne serons pas non plus de l'avis de M. Laurent, quand il oppose (1) les deux rubriques : « *Des conventions qui « sont nulles dans leur origine* » (2) et « *Des vices des con- « ventions* » (3). Domat aurait visé par la première les actes inexis- tants, et par la seconde les annulabilités qui n'empêchent pas les conventions de se former, mais constituent seulement des vices pouvant à un moment donné amener l'annulation. Il ne nous pa-

---

(8) *Op. cit.,* p. 30.
(9) Ibid.
(10) Laurent, *Principes*, XV, 459.
191. — (1) Ibid.
(2) *Loix civiles*, Ire partie, liv. I, tit. I, sect. V.
(3) *Op. cit.*, Ire partie, liv. I, tit. XVIII.

raît pas que Domat ait eu la pensée d'opposer ces deux rubriques,
et qu'il les ait rédigées dans cet esprit d'antithèse. S'il l'avait fait,
il faudrait l'accuser d'une légèreté si énorme qu'on ne peut pas
la mettre à la charge d'un jurisconsulte de sa valeur. Tout à
l'heure, nous serons en présence d'une certaine confusion qui,
sans aucun doute, a été commise par Domat : nous serions mal
venu à nier cette confusion. Mais ici, rien ne nous force à mettre
Domat en contradiction avec lui-même. Or, si par *vices des con-*
ventions, il avait visé les annulabilités par opposition aux inexistences, comment expliquer que les causes d'inexistence se retrouvent dans ces vices? Nous ne parlons pas de l'erreur qui peut,
soit détruire le consentement, soit le vicier seulement, et que l'on
peut ainsi placer à la fois dans l'une et dans l'autre catégorie (4).
Nous ne parlons pas non plus de la violence qui peut avoir de
même ce double caractère et qui est rangée également dans les
causes d'inexistence et dans les vices des conventions (5). Mais le
défaut de raison peut-il jamais être une cause d'annulabilité?
Cependant il est signalé dans la section *des Conventions qui*
sont nulles dans leur origine, et on le retrouve dans le titre
des Vices des conventions (6). La même remarque peut être
faite au sujet des conventions contraires aux bonnes mœurs (7).

Nous ne comprenons pas bien comment Domat aurait pu
vouloir rendre par sa rubrique *des Vices des Conventions*,
l'idée de l'annulabilité, comment il aurait eu l'idée de faire dans
cette section la contre-partie de la section *des conventions*
nulles dans leur origine, et comment il aurait placé sous les deux
rubriques les mêmes hypothèses.

La vérité, c'est que cette rubrique du titre XVIII (*Des vices*
des conventions) n'a pas de signification au point de vue qui
nous occupe. Pour lui donner une signification, il faudrait com-

---

(4) *Op. cit.,* p. 30 ; — p. 135 et s.
(5) *Op. cit.,* p. 30 et 138.
(6) *Op. cit.,* p. 29 et 135.
(7) *Op. cit.,* p. 30, 135, etc.

mencer par démontrer que Domat n'a parlé sous cette rubrique que des annulabilités. Or, là est précisément la question ; ou plutôt, nous voyons qu'il n'a pas traité exclusivement d'annulabilités à cet endroit. Il y a un moyen bien simple d'expliquer la rubrique : Domat a songé aux vices qui empêchent les conventions de se former ou les annulent une fois formées ; c'est-à-dire n'a pas pensé plus spécialement aux inexistences qu'aux annulabilités ou aux annulabilités qu'aux inexistences ; et, peut-être, n'a même pas eu l'idée de notre distinction, au moment où il a écrit le titre dont s'agit.

Nous n'accuserons donc pas Domat de confusion à ce propos.

192. — Malheureusement. nous ne pourrons pas toujours faire échapper Domat à la critique, et nous arrivons à un chapitre où on pourra lui faire un reproche de n'avoir plus songé à notre distinction, et où on pourra l'accuser peut-être de l'avoir méconnue.

Il s'agit de l'étude des modes d'extinction des obligations conventionnelles : Domat traite la question dans le livre *des Suites qui* ANÉANTISSENT *ou diminuent les engagements* (1). L'auteur passe en revue, dans des titres spéciaux, le paiement, les compensations, les novations, les délégations, la cession de biens : il arrive enfin aux *Rescisions et Restitutions en entier* (2). Qui ne voit par la méthode suivie, que les rescisions et restitutions en entier sont pour l'auteur des annulabilités ? Si l'on suit l'auteur dans l'étude de ce titre VI, on ne tarde pas à remarquer qu'il s'égare. Il oublie la distinction qu'il avait faite des nullités et des rescisions ou restitutions en entier ; il semble ne plus se rappeler qu'il y a des inexistences, et il étend à la légère le sens des mots *rescision* et *restitution en entier* qu'il considère comme presque synonymes (3). Nous avons vu que les vices des conventions comprennent à la fois des inexistences et des annula-

---

bilités : ici, il assimile les causes de rescision aux vices des conventions : « Encore que les vices des conventions soient autant « de causes de rescision, et que même il n'y ait aucune cause de « rescision qui ne se trouve comprise dans ce qui a été dit des « vices des conventions » (4), ce que l'on peut traduire de la façon suivante : « Tous les vices des conventions sont des causes de rescision, et réciproquement toutes les causes de rescision sont des vices des conventions ». Il y a dans cette assimilation une singulière exagération ; et, en tous cas, une contradiction avec le texte où Domat distingue les rescisions des nullités, car en assimilant les causes de rescision et les vices des conventions ; il confond les rescisions avec certaines nullités. La même confusion se retrouve plus loin : parlant de la rescision accordée aux majeurs, l'auteur l'accorde dans le cas de démence où il y a certainement nullité, au sens que Domat attribue à ce mot (5).

En somme, dans le titre *des Rescisions et Restitutions en entier*, l'auteur semble avoir considéré toutes les invalidités des actes juridiques comme des annulabilités : car sous la dénomination étendue de *rescisions* ou *restitutions en entier*, les invalidités dont il parle comprennent à la fois des nullités et les rescisions ou restitutions des passages cités *supra,* nº 190.

Ainsi, tout serait ici annulabilité, alors que lui-même a signalé ailleurs l'inexistence à côté de l'annulabilité.

Il y a contradiction ; mais la véritable théorie de Domat est certainement celle que nous avons exposée *supra,* nº 190. Car dans les passages des *Loix civiles* cités à ce numéro, la théorie de l'inexistence et de l'annulabilité est l'objet de développements étendus : c'est le siége de la matière ; et, pour ce motif, c'est là qu'il faut chercher les vrais principes. Dans le titre *des Rescisions et Restitutions en entier*, l'attention de Domat n'a pas été sollicitée de la même manière sur le caractère d'inexistence ou d'annulabilité des invalidités dont il parle. Ce n'est donc pas dans

---

(4) Ibid.

(5) Cpr. *op. cit.*, p. 29, 135, 299.

ce titre qu'il faudra étudier la théorie de l'inexistence et de l'annulabilité d'après Domat ; mais seulement dans le livre Ier, sections V et VI, p. 29-32.

193. — Voyons donc à cet endroit ce qu'entend l'auteur par un acte nul ou par un acte rescindable. La convention serait nulle, « si un des contractans était dans quelque imbécillité d'es- « prit ou de corps, qui le rendît incapable de connoître à quoi il « s'engage. Si on avait vendu une chose publique, une chose sa- « crée, ou autre qui ne fût point en commerce, ou si la chose « vendue était déjà propre à l'acheteur » (1). L'auteur parle ensuite des conventions contraires aux bonnes mœurs, ou passées par les mineurs, des « conventions où les contrac- « tans errent dans le sens, l'un entendant traiter d'une « chose, et l'autre d'une autre » (2), des conventions « où la « liberté est blessée par quelque violence » (3), et il cite toujours immédiatement à l'appui les textes des lois romaines établissant la nullité de plein droit, l'inexistence, ou paraissant l'établir (4). Au contraire, lorsqu'il en arrive aux conventions résolubles, il sup- pose qu'il y a eu dol ou lésion (5). Or nous savons que le dol don- nait lieu à la restitution *in integrum ob dolum*, et à l'action de dol (qualifiée par les auteurs anciens action en rescision). Domat renvoie expressément à tout le titre *De dolo* au Digeste, où il est incontestablement question de cette action. Pour la lésion il se réfère au titre *De œdil. edict.*, qui étudie l'action *redhibitoria*, autre action en rescision. Quant à la restitution *in integrum*, le nom seul de *restitution en entier* indique son origine. Il ne s'agit ici que des notes sur la section VI, où l'on peut espérer ren-

---

193. — (1) *Op. cit.*, p. 29 et 30.

(2) *Op. cit.*, p. 30

(3) *Op. cit.*, p. 31.

(4) Ainsi il commet une erreur en considérant comme nul de plein droit le contrat entaché de violence : la loi 1, C., *De rescind. vend.*, 44, 4, semble bien, prise a la lettre, lui donner raison ; mais il ne faut pas l'interpréter aussi strictement. V. *supra*, 44.

(5) *Op. cit.*, p. 32.

contrer la précision des expressions ; mais il faut remarquer que
d'une façon générale, quand Domat emploie les termes de *rescision* ou *restitution*, il traduit presque toujours une loi romaine
relative à la restitution *in integrnm* ou à ce que l'on a appelé la
rescision.

Nous conclurons que pour Domat la théorie de l'inexistence et
de l'annulabilité est en somme celle des grands auteurs coutumiers
du XVIe siècle, du moins pour les nullités tirées du Droit romain.
Les causes qui à Rome entraînaient la nullité de plein droit emportent encore l'inexistence ; celles qui ne produisaient que la
restitution *in integrum* ou la rescision ne sont que des causes
d'annulabilité. — Les lois romaines sont l'objet direct des études
de Domat ; il n'étudie le Droit français qu'accessoirement, en
passant pour ainsi dire. Telle est la raison pour laquelle nous
pouvons difficilement nous rendre compte de la manière dont
Domat envisageait les nullités provenant de la coutume et des
ordonnances. On sait que les auteurs coutumiers du XVIe siècle
y voyaient des inexistences. Nous serions tenté de croire que telle
ne fut pas la solution de Domat. Dans son titre *des Rescisions et
Restitutions en entier*, il semble ne pas faire de différence entre
les engagements contre lesquels les mineurs peuvent se faire restituer et ceux que la femme mariée contracte sans l'autorisation
de son mari : il voit dans les deux cas une restitution en entier
plutôt qu'une rescision (6). Si dans le titre VI, le langage de
Domat ne manquait pas à certains passages de la précision
scientifique, et si nous n'avions pas constaté qu'il y perd de vue la
distinction de l'inexistence et de l'annulabilité, nous pourrions
tirer de la remarque que nous venons de faire la conclusion suivante : c'est que Domat accepterait pour les nullités originales de
Droit français la distinction inspirée par le Droit romain, c'est-à-
dire qu'il les rapprocherait, soit des nullités proprement dites,
soit des rescisions et restitutions, suivant qu'elles auraient plus
d'analogie avec l'une ou l'autre catégorie. Cette conclusion, nous

---

(6) *Op. cit.*, p, 29.

ne pouvons pas la tirer rigoureusement : il est cependant probable que telle fut la conception de Domat sur les nullités qui n'étaient pas tirées du Droit romain. Il reste toujours, en effet, le rapprochement fait par l'auteur, quand il fixe la terminologie des mots *rescision* et *restitution ;* et l'avis que nous émettons n'est contredit, à notre connaissance, par aucun autre passage de *Loix civiles*.

194. — Nous n'avons pas parlé jusqu'à présent des lettres de Chancellerie : Domat, en effet, semble ne leur accorder qu'une importance tout à fait secondaire : il n'en fait mention qu'en passant (1). Ce n'est pas sur la distinction des actes contre lesquels la nullité ne peut être prononcée sans lettres et des actes pour l'annulation desquels les lettres sont nécessaires, qu'il se règle pour distinguer l'inexistence de l'annulabilité.

195. — B. — *Dunod.* — La distinction des nullités absolues et respectives que nous avons constatée dans les observations sur les *Coutumes de Bourgogne*, du Président Bouhier, est exposée à la même époque avec une remarquable clarté dans le *Traité des Prescriptions* de Dunod. Cet auteur nous fera assister à une transformation de la théorie des nullités, digne d'attirer notre attention.

196. — Il a une notion très-précise de l'inexistence. Voici comment il s'exprime au sujet des nullités absolues : « La nullité « qui résulte de la prohibition en ce cas, est absoluë, parce que « la Loi résiste continuellement et par elle-même à l'acte qu'elle « défend, et le réduit à un pur fait qui ne peut être ni confirmé « ni autorisé, et qui ne produit aucun droit, aucune action ni « exception » (1).

Puisqu'il n'y a pas d'action pour faire valoir la nullité, il ne peut pas être question de la prescription du droit de l'invoquer : il ne peut s'agir que d'usucapion ; et l'usucapion elle-même est impossible parce que la mauvaise foi est ici présumée : « Le titre

---

194. — (1) *Op. cit.*, p. 291.
196. — (1) *Traité des Prescriptions*, p. 47.

« nul d'une nullité absolue *n'a jamais transféré le domaine,*
« ni pû mettre le possesseur ou ses héritiers en bonne foi » (2).
C'est là, nous dit Dunod, l'opinion commune : ces nullités sont
imprescriptibles (3).

En résumé, il n'y a rien de fait, ce que l'auteur exprime
ailleurs en disant que la convention qui serait infectée d'une
nullité de ce genre « *n'obligerait pas* », et en invoquant l'autorité de la loi 26, D., *De verb. oblig.*, 45, 1, qu'il transcrit :
« Generaliter novimus, turpes stipulationes nullius esse mo-
« menti » (4).

Il y a là inexistence, à n'en pas douter. Quels sont maintenant les actes inexistants? Dunod va nous l'apprendre : ce sont
les actes dont la nullité est fondée sur l'intérêt public. Or « la
« prohibition est censée faite par raport à l'intérêt public, lorsque
« son premier et principal objet est le bien de la société, la
« conservation des choses et des droits qui apartiennent au
« public ; et qu'elle statué sur ce qui concerne les bonnes
« mœurs, ou qui est hors du commerce, par les droits naturels
« des Gens, ou Civil » (5).

197. — Aux nullités absolues, Dunod oppose les nullités
respectives :

« Elles n'anulent pas pleinement et absolument les actes qui
« sont faits au contraire ; *ces actes subsistent* à l'égard des
« tiers, et *ne sont déclarés nuls que quand* les personnes que la

------

(2) *Op. cit.*, p. 48.

(3) *Op. cit.*, p. 47. — Dunod dit qu'il ne partage pas l'opinion commune. Pour lui, la question doit être laissée à l'appréciation du
juge qui la décidera d'après les circonstances (p. 49).

Mais il s'agit uniquement ici de l'interprétation de la règle *melius est
non habere titulum quam vitiosum* (p. 47) ; et la décision de Dunod
signifie purement et simplement que la prescription acquisitive est possible. Il ne s'agit pas d'une prescription d'action : telle est du moins l'interprétation qui nous semble devoir être donnée au texte de Dunod, p. 49
que nous rapprochons de la page 47.

(4) *Op. cit.*, p. 72.

(5) *Op. cit.*, p. 47.

« loi a voulu favoriser le demandent » (1). — « Ces actes *sont*
« *translatifs du domaine*, lorsqu'ils ont été accompagnés de la
« tradition... » (2). Loin de rendre l'acte inexistant, cette nullité « *ne produit qu'une action qui s'éteint par le laps de*
« *tems* » (3).

Il est difficile de mieux développer les caractères de l'annulabilité. Après ces explications, il est évident que l'auteur
les a parfaitement saisis ; il nous dit clairement que l'acte nul de
nullité respective subsiste jusqu'à ce que par une action spéciale,
on en ait fait prononcer la nullité.

Cependant nous croyons que, dans certains cas, l'idée que se
fait Dunod des nullités respectives n'est pas tout à fait celle de
l'annulabilité, telle que nous la concevons aujourd'hui et telle
que nous l'avons définie.

Il y a, en effet, pour lui deux sortes de nullités respectives,
celles qui ont lieu de plein droit, et celles qui exigent la rescision de l'acte. « Les actes dont la nullité n'est que respective,
« produisent une obligation naturelle, et ne sont pas même tou-
« jours nuls de plein droit ; à l'égard de la Partie intéressée :
« car *il faut souvent qu'elle les fasse rescindre* comme il
« arrive dans les contrats faits par crainte » (4).

La nullité des contrats consentis par crainte fait partie de ce
que l'auteur appelle les rescisions (5) lesquelles ne s'obtiennent
que par lettres (6). La nécessité de l'obtention des lettres est donc
à coup sûr ce qu'entend rappeler l'auteur quand il dit que l'on
doit faire *rescindre* les contrats infectés de crainte.

Il distingue donc dans les nullités respectives celles qui s'obtiennent de droit, et celles qui ne s'obtiennent pas sans lettres de
rescision. Pour les premières, on ne voit pas l'intervention active

---

197. — (1) *Op. cit.*, p. 48.
    (2) Ibid.
    (3) *Op. cit.*, p. 49.
    (4) *Op. cit.*, p. 48.
    (5) *Op. cit.*, p. 175.
    (6) *Op. cit.*, p. 176.

de la justice : il suffit d'invoquer la nullité pour qu'elle soit acquise. Il n'y a véritablement une annulation que dans les hypothèses où l'on doit demander des lettres. C'est ce qui fait précisément la différence entre la nullité respective de Dunod et l'annulabilité : ce n'est pas la justice qui annule l'acte ; elle ne fait que *déclarer la nullité* (7) sur la demande des parties que la loi a voulu favoriser. C'est là une différence minime, exclusivement théorique ; mais elle est néanmoins à noter : l'annulabilité ne correspond pas tout à fait à ce qui constitue pour Dunod, la nullité respective opérant de plein droit.

Là où il y a annulation. c'est dans les nullités qui exigent l'obtention de lettres. Et cette nécessité des lettres de Chancellerie devait s'étendre à toutes les rescisions d'abord (8). Il y a lieu à rescision quand un contrat a été fait par crainte, ou que l'on y a été trompé ou lésé (9). Elle s'étendait aussi aux restitutions car, dans la pratique, ainsi que le rapporte l'auteur (10), on confondait les rescisions et les restitutions, et on ne les aurait certainement pas confondues s'il y avait eu entre elles une différence aussi importante. Or, les *restitutions* sont les anciennes restitutions *in integrum* restreintes aux personnes affectées d'une incapacité naturelle comme les mineurs (11).

La théorie des nullités respectives est donc la suivante. Ces nullités ont lieu quand l'intérêt public n'est pas directement en jeu : « Telles sont les défenses d'aliéner les fonds dotaux et les « biens des mineurs ; de contracter sans l'autorité du père, du « curateur, du mari et autres semblables ; elles *concernent* « *principalement l'intérêt des particuliers* (12) ». Parmi les nullités respectives, il en est qui ont lieu de plein droit, sur la simple demande faite en justice par les parties auxquelles la loi a

---

(7) *Op. cit.*, p. 48.
(8) V. *supra*, n. 6.
(9) *Op. cit.*, p. 175.
(10) Ibid.
(11) Ibid.
(12) *Op. cit.*, p. 48.

accordé l'action en nullité : cette demande suffit pour que la nullité soit déclarée en vertu de la loi. Il en est d'autres qui devront être prononcées par le roi, lequel délivrera des lettres spéciales dans ses Chancelleries. Les premières forment la règle ; les secondes l'exception : celles-ci sont uniquement les rescisions romaines (13) et les restitutions *in integrum*, réduites comme nous l'avons dit.

198. — Nous pouvons maintenant jeter un coup d'œil d'ensemble sur la distinction exposée par Dunod. Nous avons constaté qu'il a la notion très-précise de l'inexistence et de l'annulabilité. Son point de départ n'est pas la distinction des nullités tirées du Droit romain et des nullités édictées par les coutumes ou les ordonnances ; ce n'est pas non plus la distinction des actes nuls de plein droit et des actes qu'il faut faire rescinder. Il est parti de plus haut : il s'est efforcé de se rendre compte des conditions rationnelles d'existence ou de validité des actes juridiques ; c'est dans l'analyse de ces conditions que se trouve le véritable fondement de sa théorie. Il est plus original que d'Argentré, qui, tout en faisant la même distinction des nullités d'intérêt public et des nullités d'ordre privé, ne considérait comme annulabilités que les rescisions, et dans une certaine mesure les restitutions *in integrum*, mais qui voyait encore l'inexistence dans l'aliénation des biens des mineurs frappée de nullité *ipso jure* par le Droit romain (1). Il est aussi plus original que son contemporain le Président Bouhier, pour lequel la défense faite au mineur d'aliéner ses immeubles sans permission des juges entraîne une nullité absolue (2). De semblables décisions sont purement et simplement des restes de la théorie romaine. Dunod, tout en étant

---

(13) Comme les auteurs du XVI° siècle, Dunod fait remonter les rescisions aux actions données par les Romains *ad resolvendum contractum*. V. pour l'action de dol : *op. cit.*, p. 145.

198. — (1) V. *supra*, 145, t. et n. 1.

(2) Bouhier, *Les Coutumes du duché de Bourgogne*, ch. XXI, n° 64.

plus indépendant, conserve cependant du Droit romain les rescisions et restitutions, dans lesquelles il y a lieu à délivrance de
lettres de Chancellerie, et par le fait même, d'après lui, à une
intervention effective et directe de l'autorité, mettant à néant
l'acte attaqué. Ainsi, cette théorie fondée sur la nature même des
choses, sur l'analyse des conditions rationnelles d'existence et de
validité des actes juridiques, a néanmoins subi dans une certaine
mesure l'influence des traditions du Droit romain et de l'institution des lettres de rescision.

199. — C. — *Denisart*. — La théorie des nullités de
Denisart, telle qu'elle est exposée dans la *Collection de Décisions
nouvelles*, est, à peu de chose près, celle de Dunod. On n'y
trouve pas cependant la même clarté, et elle n'attribue pas le
même fondement aux nullités absolues.

200. — Emportent une nullité absolue, « les prohibitions soit
« du droit naturel, soit du droit civil, qui *attaquent la substance
« d'un engagement*... ainsi, lorsqu'il y a une incapacité naturelle
« de consentir, comme dans les enfants ou les personnes en
« démence ; lorsque l'un des contractants n'a pas l'être civil, comme
« les esclaves et ceux qui sont morts civilement ; lorsque le bien
« dont on traite n'est pas dans le commerce, comme les choses
« sacrées ou publiques ; ou encore lorsque la convention a pour
« objet un crime, ou quelqu'action honteuse et contraire aux
« bonnes mœurs » (1).

Retenons ces termes : *les prohibitions qui attaquent la substance d'un engagement*. Si la substance même d'un engagement
est altérée par la nullité, c'est qu'il n'y a plus d'engagement, c'est
qu'il y a inexistence. La formule de Denisart est excellente pour
faire saisir l'idée de l'inexistence. Ajoutons que le fondement
qu'il donne à la nullité absolue est celui-là même sur lequel le
législateur moderne à établi l'inexistence : comme nous le verrons
plus tard, on est à peu près d'accord aujourd'hui pour reconnaître que les rédacteurs du Code civil ont considéré comme inexis-

---

200. — (1) *Collection de Décisions nouvelles*, v° *Nullité*, n° 9.

tants les actes dont l'essence, dont la substance même est altérée.

Ainsi Denisart a eu la conception moderne de l'inexistence ; il l'a rendue par la formule moderne.

Et cette conception se précise encore, si l'on place en regard la notion des nullités relatives qu'il donne immédiatement. Ce « sont celles qui ne concernent que ceux au profit desquels elles « sont établies.... Non seulement le temps peut les couvrir, mais « l'acte qui les renferme *est valable à l'égard de tous ceux qui* « *n'avaient pas droit à la chose* » (2). Cela signifie que cet acte produit ses effets, et qu'il ne dépend pas *de ceux qui n'avaient pas droit à la chose* d'en amener l'inefficacité. Il n'est valable, bien entendu, que jusqu'au moment où la nullité en est prononcée. C'est là, à n'en pas douter, l'annulabilité.

201. — Cependant, il y a à faire une restriction : Denisart ne met pas en lumière l'intervention active de la justice ; l'acte est annulé plutôt par la loi que par le juge. C'est absolument la même remarque que celle que nous faisions relativement à la théorie de Dunod. La justice a bien un rôle actif en matière de nullités ; mais c'est uniquement pour les rescisions et restitutions : c'est encore la théorie de Dunod. Il y a donc deux sortes de nullités respectives : celles qui ont lieu de plein droit, et celles qui n'opèrent qu'après la délivrance de lettres de Chancellerie.

Les nullités de Droit, en effet, « donnent seulement ouverture « à faire casser et rescinder par le moyen de la restitution en en- « tier en obtenant des lettres de rescision » les actes qui en sont entachés (1). L'acte n'est en réalité cassé que par le juge, non par le roi ; car « cette nécessité (des lettres) n'est que de forme ; « et il n'est nécessaire d'en obtenir, pour mettre le juge à portée « d'accorder le bénéfice de la restitution, que comme il est néces- « saire en d'autres circonstances, qu'il y ait une demande en « condamnation, pour qu'il puisse condamner (2) ». Ainsi, l'in-

---

(2) *Op. cit.*, v° *Nullité*, n° 10.
201. — (1) *Op. cit.*, v° *Nullité*, n° 5.
(2) *Op. cit..* v° *Rescindant*, n° 5.

tervention effective est du juge qui restitue, non du roi qui délivre les lettres.

Il est intéressant de déterminer dans quel cas il y aura lieu à la délivrance des lettres de Chancellerie, et par conséquent quand le juge aura à intervenir pour restituer : car il y a restitution en entier dans tous les cas où les lettres sont accordées : rescision et restitution en entier sont termes équivalents (3). Si l'on s'en tenait à ce que Denisart expose sous le mot *Nullité*, la division des nullités de Droit et des nullités d'ordonnance, et celle des nullités absolues et des nullités relatives ne rentreraient pas l'une dans l'autre ; il les donne, en effet, distinctement et sans indiquer leurs rapports. De plus, les nullités de Droit étant toutes les nullités introduites par le Droit romain (4), il semblerait que l'on dût pouvoir trouver des nullités de Droit à la fois dans les nullités absolues et dans les nullités relatives. Mais sous le mot *Rescindant*, l'auteur dit quels sont les cas de rescision ou restitution, et il n'énumère que la restitution des mineurs lésés et des majeurs victimes de dol, de fraude, de violence, d'erreur de fait, et dans certains cas de lésion. Toutes ces nullités sont certainement des nullités respectives ; de sorte que nous avons la division suivante des nullités, division déjà relevée dans les œuvres de Dunod.

202. — Les nullités se divisent en nullités absolues et en nullités relatives. Les premières sont des inexistences, les secondes des annulabilités. Il y a deux degrés dans l'annulabilité : le premier degré est la règle : le juge n'annule par l'acte, il déclare seulement la nullité ; et l'inefficacité est acquise à la partie qui la demande, par la seule force de la loi. Au second degré il y a les rescisions et restitutions en entier, qui ont lieu dans les cas où, suivant l'auteur, les Romains admettaient la restitution *in integrum* (1).

---

(3) *Op. cit.*, v° *Rescindant*, n° 1 et *passim*.

(4) *Op. cit.*, v° *Nullité*, n° 5.

202. — (1) Denisart dit en effet que les Romains ne connaissaient pas la rescision (*op. cit.*, v° *Rescindant*, n° 1.) Il est ici en désaccord avec les auteurs qui l'ont précédé, à moins qu'il ne veuille dire que les Romains

Voilà la théorie de Denisart telle qu'on peut la dégager de son Recueil. Il s'en faut de beaucoup qu'il l'ait établie lui-même telle que nous venons de la résumer : il· manque d'idées d'ensemble, de conceptions générales. C'est là son grand défaut : sa théorie est la même au fond que celle de Dunod, et cependant quelle différence dans l'exposition !

203. — D. — *Bourjon*. — C'est une conception identique de la théorie des nullités que nous relevons dans le *Droit commun de la France* de Bourjon. Comme à Denisart, nous devons lui reprocher de n'avoir pas émis d'idées assez générales, et d'avoir énoncé des principes insuffisamment reliés les uns aux autres.

204. — Mais nous reconnaissons qu'il a nettement compris l'annulabilité, et qu'il a assez bien précisé l'idée de l'inexistence.

Il place, en effet, la *restitution en entier* (1), parmi les *causes d'extinction de l'action personnelle* à côté du paiement et actes équipollents à paiement, de la prescription, de la remise de dette, etc., formant chacun un chapitre sous la rubrique générale : « *De l'extinction de l'action personnelle* » (2).

Si la restitution en entier est une cause d'extinction de l'action, c'est que l'acte avait produit une action, c'est qu'il avait produit ses effets jusqu'au moment de l'annulation. L'auteur dit du reste · que cet acte est *annulable* : « l'acte passé par le mineur *n'est* « *pas nul de droit*, mais ANNULLABLE s'il y échet » (3).

Bourjon ne plaçant dans les causes d'extinction de l'action que les restitutions en entier, et non les autres nullités, il est logique

---

ne connaissaient pas la formalité des lettres. Mais ce désaccord a peu d'importance, puisque l'auteur admet que l'on accordait à la place la restitution *in integrum*, ce qui, il est vrai, n'est pas tout-à-fait exact. Cependant, partant de là, il devait aboutir à la même théorie que s'il avait admis des rescisions à Rome.

204. — (1) *Le Droit commun de la France*, liv. VI. tit. VII, partie I, Ch. V.

(2) C'est la rubrique de la partie I du tit. VII du liv. VI.

(3) *Le Droit commun de la France*, II, p. 585.

d'en conclure que lorsque le juge prononce une autre nullité, il n'éteint pas l'action ; en d'autres termes que, dans les autres cas de nullité, l'action n'était même pas née, et qu'il y a inexistence. L'auteur reconnaît ainsi *implicitement* l'inexistence. Cela seul serait déjà beaucoup ; mais il y a plus : Bourjon exprime ailleurs très-nettement ce qu'il fait entendre seulement ici : « L'obligation « ou le billet qui contiennent une cause contraire aux bonnes « mœurs, sont nuls comme on vient de l'annoncer, et *ne pro-* « *duisent aucune action ;* la cause *dont aucun lien de droit* « *ne peut naître,* et qui est constatée par le titre même, « l'anéantit » (4). De même : « Les mariages nuls quant aux « effets civils, ne produisent aucun douaire en faveur de la « femme..... Comme il est suite du mariage, il ne peut y avoir de « douaire où *il n'y a pas de mariage* »(5).

205. — La question devient délicate lorsqu'il s'agit de déterminer quand il y a inexistence, quand au contraire il y a annulabilité.

Il nous faut, pour la résoudre, rechercher tout d'abord ce qu'entend l'auteur par la *restitution en entier*. Nous croyons que c'est purement et simplement la rescision prononcée par le juge, d'un acte contre lequel on se fait délivrer des lettres de rescision. Il ne parle en effet des lettres qu'à l'occasion des restitutions en entier ; et dans tous les cas de restitution en entier il fait intervenir les lettres. De plus, il dit en tête du chapitre traitant de la *restitution en entier :* « Lorsque l'acte n'est pas nul « d'une nullité d'ordonnance, les juges ne prononcent pas la « nullité d'icelui, mais *remettent les parties en l'état qu'elles* « *étaient avant,* ce qui l'emporte dans tous ses effets ; tel est « sur ce l'usage » (1) : ce qui signifie à n'en pas douter : « le juge accorde la restitution en entier ». Il y a donc lieu à restitution en entier dans tous les cas où la nullité n'est pas prononcée par

______

(4) *Op. cit,* II. p. 417.
(5) *Op. cit.,* I, p. 718.
205. — (1) *Op. cit.,* II, p. 583.

les ordonnances ou dispositions équivalentes. Quelques lignes plus loin, il dit que les lettres ne sont nécessaires que pour les nullités établies par le Droit civil et non pour celles qui dérivent des ordonnances ou des coutumes. Du rapprochement de ces deux textes il résulte que dans tous les cas où il y a lieu à délivrance des lettres, il y a restitution en entier.

Dans tous les cas où l'on délivre des lettres de rescision, il y a donc annulabilité. D'après ce que nous avons dit, on pourrait penser que ce sont là les seules annulabilités pour Bourjon. Cela résulterait du plan de son ouvrage, puisque sous la rubrique *de l'extinction de l'action personnelle*, il ne parle pas d'autres nullités que des restitutions en entier. Et cependant nous croyons qu'il a, comme Dunod et Denisart, attribué un caractère d'annulabilité à certaines nullités ne rentrant pas dans les restitutions. En effet, traitant de la nullité des actes faits par le mineur, ou pour son compte par le tuteur, lorsque cette nullité, au lieu d'être une restitution en entier, opère de plein droit, lorsque par exemple un immeuble du mineur a été aliéné sans les formalités légales, il s'exprime en ces termes : « Mais cette fin de non recevoir (pres-« cription de 10 ans de l'action en rescision) n'aurait pas lieu si « l'acte était radicalement nul ; c'est une juste exception au prin-« cipe, parce que de la nullité même de l'acte *naît une action* « dont la durée, comme de toutes les actions ordinaires, est de « trente ans » (2). C'est pourquoi il décide que dans ce cas le mineur « a trente années pour se pourvoir contre icelui, à compter « du jour de sa majorité » (3). Ainsi, l'acte d'aliénation doit être attaqué dans les trente ans ; il y a là une action personnelle en nullité qui se prescrit comme toutes les actions : n'est-ce pas l'idée d'une annulabilité relative ?

206. — Nous dirons donc que pour Bourjon il y a des actes inexistants et des actes annulables ; et parmi ceux-ci deux catégories : une première qui renferme sans doute les annulabilités

---

(2) *Op. cit.*, II, p. 600.
(3) *Op. cit.*, II, p. 586.

relatives d'origine française ; une seconde où rentrent les resci-sions et restitutions romaines : ce sont en effet seulement des nullités de ce genre que Bourjon étudie dans son chapitre des restitutions en entier. Pour les annulabilités de cette seconde catégorie, l'intervention de la justice est plus active que pour celles de la première : la procédure de délivrance et d'entérine-ment des lettres est une sorte de cassation de l'acte attaqué. C'est en somme la théorie de Dunod et de Denisart, mais avec beau-coup de confusion.

207. — E. — *Pothier* (1). — Les rédacteurs du Code civil ont largement puisé dans les œuvres de Pothier ; ils se sont le plus souvent inspirés des principes qu'il avait posés. A ce titre, la théorie des nullités d'après le célèbre jurisconsulte devra être tout particulièrement étudiée. Nous verrons successivement cette théorie dans les contrats, les jugements et le mariage.

208. — 1) En matière de contrats, Pothier a certainement distingué l'inexistence et l'annulabilité.

L'inexistence d'abord a des caractères fort nets.

Si dans un contrat que l'on se propose de faire, il y a une erreur telle qu'elle « *détruit* le consentement », en ce cas, « il « *n'y a pas de vente* » (1), ou bien « *il n'y a aucune conven-* « *tion, aucune donation* » (2), ou encore « la convention étant « absolument nulle, *il n'en peut naître aucun engagement* » (3).

Dans le cas où un contrat a une fausse cause, ce contrat est *nul*, et il ne donne lieu à *aucune action ;* s'il y avait eu exécu-tion, la chose livrée pourrait être répétée par la *condictio sine causa* (4). Il en est de même quand la cause est illicite (5), et

---

207. — (1) Cpr. Laurent, XV, 460.

208. — (1) *Traité des Obligations*, 17 et 19. — *Traité du Contrat de Vente*, 34 et 36.

    (2) *Traité de la Procédure civile*, 737.

    (3) *Traité des Obligations*, 107.

    (4) *Op. cit.*, 42.

    (5) *Op. cit.*, 43.

    (6) *Op. cit.*, 44.

Pothier dit plus loin : « *je ne suis pas obligé* » (6) ; « un en-
« gagement illicite *n'est pas obligatoire* » (7). Ces expressions,
et l'octroi de la *condictio sine causa*, sans l'intermédiaire d'une
action en nullité, n'impliquent-ils pas qu'il y a inexistence ?

A côté du défaut de cause, le défaut d'objet. Le serment que
l'on fait d'accomplir un engagement nul faute d'objet « *ne peut*
« *être obligatoire ni avoir aucun effet* » (8). L'engagement lui-
même est évidemment aussi inexistant.

Une convention où la personne qui fait la promesse conserve-
rait l'entière liberté de faire ou de ne pas faire ce qu'elle a promis, « serait *absolument nulle* par défaut de lien » (9), parce
qu'il est de *l'essence* des conventions « qui consistent à pro-
« mettre quelque chose, qu'elles produisent dans la personne qui
« a fait la promesse une obligation qui l'oblige à s'en acquit-
« ter » (10). Une condition purement potestative « détruit l'obli-
« gation » (11). Cette conclusion est tout-à-fait rationnelle : il
est évident que quand il y a une atteinte à l'essence même d'un
acte juridique, cet acte ne peut subsister, cet acte doit être
inexistant (12).

C'est pour cette raison que la vente est inexistante quand il
n'y a pas de prix. Le prix est en effet de « *l'essence* du contrat de
« vente » (13). Si le prix n'est pas sérieux, « *il n'y a... pas de*
« *prix véritable, ni par conséquent de contrat de vente* » (14).

Quand la vente est seulement simulée, « *il n'y a pas de*
« *contrat de vente* » (15).

Il est aussi « *de l'essence* du contrat de constitution de rente,

---

(7) *Op. cit.,* 107,
(8) Ibid.
(9) *Op. cit.,* 47.
(10) Ibid.
(11) *Op. cit.,* 205.
(12) V. *op. cit ,* 6.
(13) *Traité du Contrat de Vente,* 18.
(14) Ibid.
(15) *Op. cit.,* 38.

« qu'il y ait une personne « sur la tête de laquelle la rente
« soit constituée » (16). C'est pourquoi, si la personne, sur la tête
de laquelle on veut constituer à mon profit une rente viagère est
morte lors de la constitution, « le contrat de constitution est *nul*
« *de plein droit ;* en ce cas, j'aurai la répétition de la somme
« que je vous ai payée (comme prix) *condictione sine causa* » (17).
On remarquera ici encore, que Pothier parle de *l'essence* d'un
contrat ; et qu'il n'y a évidemment pas d'acte quand il manque
une condition se rattachant à l'essence du contrat. On remarquera aussi l'expression *nul de plein droit,* qui semble bien
exprimer l'idée d'une inexistence, d'autant plus que c'est directement la *condictio sine causa* qui est accordée pour répéter le
prix de la constitution.

Une femme sous puissance de mari m'a vendu sans être autorisée un immeuble avant mon mariage. Depuis elle est devenue veuve
et a ratifié le contrat. Pothier décide que l'immeuble est un conquêt ; car «.la vente qui m'en avait été faite avant mon mariage
« était un acte *absolument nul* qui n'était pas, par conséquent,
« susceptible de confirmation » (18 . La convention intervenue
depuis que la femme est devenue veuve « est une *nouvelle vente*
« que cette femme m'a faite de son héritage ; elle est le véritable
« et *seul titre* d'acquisition de cet héritage : ce titre étant du
« temps de ma communauté, l'héritage est conquêt » (19). Il est
certain d'après cela que les actes faits par la femme sans l'autorisation maritale sont inexistants.

209. — Pothier a donc incontestablement eu la conception
de l'inexistence. Nous aurons l'occasion de le constater encore,
en passant en revue les différentes hypothèses dans lesquelles il y
avait à ses yeux annulabilité. Il oppose, en effet, l'annulabilité à
l'inexistence :

---

(16) *Traité du Contrat de Constitution de rente,* 224.
(17) Ibid.
(18) *Traité de la Communauté,* 160.
(19) Ibid.

« Comme le consentement, quoiqu'extorqué par violence, est
« un consentement tel quel, *voluntas coacta est voluntas*, on
« ne peut pas dire, comme dans le cas de l'erreur, qu'il *n'y ait*
« *point eu absolument de contrat. Il y en a un, mais il est*
« *vicieux ;* et celui dont le consentement a été extorqué par vio-
« lence, ou bien ses héritiers ou cessionnaires, peuvent le *faire*
« *annuler et rescinder*, en obtenant pour cet effet des lettres de
« rescision » (1).

« Lorsqu'une partie a été engagée à contracter par le dol de
« l'autre, le contrat n'est pas *absolument et essentiellement*
« *nul*, parce qu'un consentement quoique surpris, ne laisse pas
« d'être un consentement ; mais ce contrat est *vicieux*, et la par-
« tie qui a été surprise peut, dans les dix ans, en prenant des let-
« tres de rescision, le *faire rescinder* » (2).

Quant à l'erreur, nous avons vu qu'elle rend quelquefois le
contrat inexistant. Cependant, elle ne détruit pas toujours le
consentement, et dans certains cas le contrat entaché d'erreur
est seulement rescindable. C'est ce qu'établit Pothier, dans son
Traité de la Procédure civile. Après avoir parlé de l'erreur sur
l'objet de la convention et de l'erreur sur la personne, qui font
qu'il n'y a eu aucune convention, Pothier ajoute : « A l'égard
« de l'erreur qui a donné lieu à la convention, *elle ne la détruit*
« *pas de plein droit, mais elle donne lieu à la rescision de*
« *l'engagement* » (3).

La lésion d'outre-moitié dans les ventes d'immeubles appartenant à des majeurs, ou la lésion quelle qu'elle soit dans les contrats des mineurs, rend ces contrats seulement rescindables. C'est
ce qui résulte du n° 160 du *Traité de la Communauté*. Nous
avons déjà eu l'occasion de citer ce numéro. Pothier suppose qu'un
immeuble a été aliéné avant un mariage au profit de l'un des
époux. Pendant le mariage, on veut confirmer le contrat. Si la

---

209. — (1) *Traité des Obligations*, 21.

    (2) *Op. cit.*, 29.

    (3) *Traité de la Procédure civile*, 737.

confirmation peut avoir lieu, l'immeuble sera un propre de com-munauté ; si la confirmation est impossible, il ne pourra y avoir qu'un nouveau contrat, et l'immeuble sera un conquêt. C'est cette dernière solution qui est adoptée par Pothier pour les contrats des femmes mariées non autorisées. Pour les ventes lésionnaires ou les contrats des mineurs, il donne la solution contraire. Le titre d'acquisition, dit-il, c'est le contrat primitif. Il en résulte que ce contrat primitif était quelque chose, seulement il pouvait être annulé : il était, comme dit Pothier, *invalide et sujet à resci-sion :* on a renoncé à demander la rescision, et le voilà définiti-vement valable. C'est là un des caractères de l'annulabilité, et Pothier oppose ce contrat à celui qui a été fait par une femme mariée non autorisée, lequel est *un acte absolument nul* (4).

En un mot, il y a certainement pour Pothier des contrats inexis-tants d'une part, et d'autre part des contrats qui peuvent être annulés *ex post facto*, et qui, nous le montrerons, sont infectés d'une véritable annulabilité.

210. — Mais quel est le fondement de cette distinction ? Quel est le principe sur lequel elle repose ? D'après quelles règles en d'autres termes les actes sont-ils classés dans l'une ou l'autre catégorie ?

Il faut dire tout d'abord que ce n'est pas la nécessité d'obtenir des lettres de rescision qui entraîne le caractère d'annulabilité, ni d'autre part la dispense des lettres qui fait l'inexistence.

Les nullités venant du Droit romain ne peuvent pas être invo-quées sans lettres ; celles qui sont prononcées par les coutumes ou les ordonnances échappent seules à cette formalité : Pothier nous le dit formellement (1). Si donc la nécessité d'obtenir des lettres de rescision donnait à l'acte attaqué le caractère d'annu-labilité, il faudrait dire que toutes les nullités non prononcées par quelque coutume ou quelque ordonnance seraient des annulabili-tés. Pour justifier le caractère d'annulabilité attribué à un con-

<hr>

(4) *Traité de la Communauté,* 160.
210. — (1) *Traité de la Procedure civile,* 727.

trat il eût donc suffi, si la nécessité d'obtenir des lettres eût
entraîné l'annulabilité, de montrer que la nullité en question
n'était pas prévue par les coutumes et ordonnances. Or, Pothier
ne recourt jamais à cette justification : lorsqu'il veut démontrer
que telle nullité est une annulabilité, il donne les arguments
fournis par les jurisconsultes romains pour prouver que le contrat
n'est pas nul *ipso jure*. On a pu le constater dans les passages
relatifs au dol et à la violence que nous avons cités plus haut (2).

Cela prouve qu'à ses yeux, ce n'est pas parce qu'il faut demander des lettres qu'il y a annulabilité, puisque la nullité *ipso jure*
elle-même ne peut pas être déclarée sans lettres. Cela prouve que
le caractère d'annulabilité d'un contrat tient au fond des choses,
au degré de perfection des éléments du contrat.

Mais comment l'auteur détermine-t-il ce degré de perfection ?

Nous croyons qu'il s'inspire purement et simplement du Droit
romain, et qu'il admet l'annulabilité dans tous les cas où le Droit
romain accordait la restitution *in integrum* ou les actions en
résolution.

Nous pouvons remarquer d'abord, en passant en revue les hypothèses d'annulabilité que nous avons constatées dans ses œuvres (3), que dans toutes ces hypothèses, le Droit romain donnait
soit la restitution, soit les actions en résolution.

Ainsi, Pothier voit une annulabilité dans le cas où le contrat
est infecté de violence ou de dol, ou lorsqu'il y a eu une erreur
ne détruisant pas le consentement, ou lorsqu'il y a eu une lésion
d'outre-moitié dans la vente d'un immeuble appartenant à un
majeur, ou une lésion quelconque au détriment d'un mineur.

Si l'on ajoute à cela qu'il justifie l'annulabilité du contrat infecté de violence comme les Romains, en disant avec eux : « *Voluntas coacta est voluntas* » (4), et qu'il étaye sans cesse son
exposition par les règles de l'action *quod metus causa* (5) ; qu'il

----

(2) V. *supra*, 209, t. et n. 1 et 2.

(3) *supra*, 209.

(4) *Traité des Obligations*, 21.

(5) *Op. cit.*, 23.

appelle encore *restitution en entier* l'action par laquelle le mineur se pourvoit contre les actes où il a été lésé, et qu'il invoque à tous moments, le titre du Digeste : *De Minoribus*, où se trouve étudiée la restitution *in integrum* accordée aux mineurs (6), on aura la preuve que c'est bien à l'exemple du Droit romain qu'il a refusé de voir dans toutes ces hypothèses des inexistences.

On admettra donc qu'il attribue le caractère d'annulabilité aux actes contre lesquels le Droit romain accordait soit la restitution *in integrum*, soit la rescision.

Et nous pensons que ce sont à ses yeux les seuls actes annulables. On ne trouve parmi les annulabilités, ni les nullités *ipso jure* du Droit romain, ni les nullités créées par le Droit français. Au contraire, nous l'avons vu (7), la nullité des actes de la femme mariée non autorisée, nullité qui était prévue par les coutumes et n'existait pas en Droit romain, était considérée comme une inexistence.

211. — Pothier, on peut s'en rendre compte maintenant, a calqué pour ainsi dire sa théorie sur le Droit romain. Nous avons dit cependant qu'elle aboutissait à une véritable annulabilité, alors que la véritable annulabilité n'existait pas à Rome. Mais dans le dernier état du Droit romain, les actions tendant à la résolution du contrat n'étaient plus séparées de l'annulabilité que par un point : lorsque le magistrat rescindait un acte, il était toujours censé remplacer les parties. Or, dans la théorie de Pothier, ce ne sont plus les parties qui résolvent l'acte : elles ne peuvent que « *le faire annuler et rescinder* » (1), et n'ont aucune part dans cette annulation. D'autre part, l'auteur met absolument sur le même pied ce que l'on a appelé les rescisions, et les restitutions *in integrum* : il faut en conclure qu'il ne fait pas entre elles de différences, et qu'il y a annulabilité en matière de restitution en entier comme en cas de rescision. Toute idée de faveur attachée

(6) *Traité de la Procédure civile*, 730.

(7) V. *supra*, 208.

211. — (1) *Traité des Obligations*, 21.

à la restitution a du reste complétement disparu ; on n'en trouve plus trace dans Pothier : la restitution se fait en vertu de la loi : nous n'avons donc pas été inexact en parlant d'annulabilité.

212. — 2). Comme les contrats, les jugements sont inexistants ou annulables.

Ainsi quand l'objet de la condamnation est incertain, le jugement est « *absolument nul* » (1). — « Un jugement est nul « lorsque l'objet de la condamnation qu'il contient est quelque « chose d'impossible » (2), et Pothier transcrit à l'appui deux textes des lois romaines où un pareil jugement est appelé *nullius momenti*, et où il est dit qu'on n'a pas besoin d'en appeler.

Le jugement est nul aussi « lorsqu'il prononce expressément « contre les lois » (3). Mais ici Pothier fait remarquer que si en Droit romain ces jugements étaient nuls de plein droit, il n'en est plus de même de son temps, mais qu'ils doivent être attaqués soit par la voie de l'appel, soit, s'ils sont en dernier ressort, par celle de la cassation. Le jugement impliquant contradiction devra aussi être attaqué ; il le sera par la requête civile, et s'il ne l'est par dans les délais, il acquérera définitivement l'autorité de la chose jugée (4). Il faudra également se pourvoir dans les délais légaux contre le jugement statuant *ultra petita* (5). Tous ces jugements produisent leurs effets jusqu'à ce qu'on les ait attaqués ou fait anéantir ; ils sont annulables, tandis que les premiers sont nuls de plein droit, c'est-à-dire inexistants.

213. — 3). La théorie des nullités du mariage chez Pothier est assez obscure. Il admet l'inexistence ; il admet aussi une sorte d'annulabilité ; on devrait peut-être dire l'annulabilité, tant elle se rapproche de la nullité à laquelle nous donnons ce nom.

214. — L'erreur sur la personne est une cause d'inexis-

---

212. — (1) *Op. cit.*, 866.
    (2) *Op. cit.*, 869.
    (3) *Op. cit.*, 870.
    (4) *Op. cit.*, 871.
    (5) *Op. cit.*, 874.

tence. Elle est en effet « incompatible avec ce qui est de l'*essence* « *du mariage* » (1). Nous reconnaissons là l'inexistence. Cela n'empêche pas qu'un mariage nul doive être déclaré tel par la justice (2). Mais c'est uniquement parce que l'*on n'est pas juge soi-même* de la validité d'un mariage (3). Cette raison même donnée par Pothier montre que la justice n'a pas à intervenir pour rescinder l'acte ; celui-ci, dès avant la décision du juge, ne produit aucun effet ; seulement il faut que cette inexistence soit constatée par ceux qui sont chargés par la loi de déclarer le Droit.

215. — Nous avons vu que le magistrat et le roi peuvent annuler des contrats existants. En matière de mariage, une pareille annulation ou rescision est absolument impossible, d'après Pothier. Le mariage, en effet, a un caractère d'*indissolubilité* tellement marqué, que le consentement une fois donné « est irré- « tractable, et non sujet à rescision. (1) » Il n'y a donc pas de mariages véritablement annulables.

Néanmoins, les empêchements dirimants n'entraînent pas l'inexistence des mariages où ils se rencontrent : le mariage dans la théorie de Pothier paraît subsister jusqu'au moment où sa nullité est déclarée par le juge. Celui-ci sans doute n'agit pas directement sur le mariage ; mais il semble que la sentence du juge fasse disparaître par la seule force de la loi un mariage qui existait jusque-là. Ce qui se produit est analogue à l'effet de la sentence du juge dans les nullités relatives de Dunod (2) ; seulement Pothier semble avoir admis les mêmes principes pour des nullités pouvant être invoquées par tous les intéressés.

Pothier étudie les nullités de mariage, ou plutôt les nullités produites par les empêchements au mariage, dans le chapitre

---

214. — (1) *Traité du Contrat de Mariage*, 310.

    (2) *Op. cit.*, 107.

    (3) Ibid.

215. — (1) *Op. cit.*, 310.

    (2) V. *supra*, 197.

Ier de la VIe partie du *Traité du Contrat de Mariage*. L'intitulé de ce chapitre est significatif : « *Des cassations de mariage* ». Sans doute Pothier nous avertit immédiatement que le juge ne fait que *déclarer* la nullité (3). Mais nous n'entendons pas soutenir que c'est l'action directe du juge qui effectue l'annulation : l'annulation procède immédiatement de la loi elle-même. Il y a cependant une annulation : tout d'abord l'auteur n'étudie les nullités que comme un moyen *d'attaquer* le mariage, qui doit ainsi être considéré comme subsistant avant la *cassation*. C'est ce dont il sera facile de se rendre compte par l'ensemble du chapitre. D'autre part, Pothier distingue les *vices* (4) respectifs et les *vices* absolus. Quand le vice est absolu, tout intéressé peut demander la cassation. Quand le vice est respectif, la demande ne peut être intentée que par la partie qui prétend qu'on a violé ses droits (5). Mais alors les autres personnes sont obligées de considérer le mariage comme valable ; ce mariage produit des effets à leur égard, et le mariage subsiste même à l'égard des personnes ayant le droit de l'attaquer, tant qu'elles ne l'ont pas attaqué, puisque tant qu'elles ne se plaignent pas, elles sont censées y consentir (6). Et si le mariage subsiste ainsi quand il est infecté de vices respectifs, il doit en être de même pour les vices absolus, puisque Pothier ne fait entre ces deux espèces de vices d'autre différence que celle relative au nombre des personnes qui peuvent s'en prévaloir.

D'ailleurs, ne dit-il pas lui-même expressément que le mariage subsiste ? Ainsi n'explique-t-il pas que la partie qui a trompé l'autre peut néanmoins attaquer le mariage, parce que la demande a « un objet d'honnêteté publique qui serait blessée, si on *laissait* « *subsister* » un mariage que l'honnêteté publique et les lois ne « permettent pas de *laisser subsister* » (7).

216. — En deux mots, la théorie de Pothier sur les nullités

---

(3) *Traité du Contrat de Mariage*, 442.
(4) Cpr. pour le sens de cette expression : *supra*, 209.
(5) *Traité du Contrat de Mariage*, 444.
(6) Ibid.
(7) *Op. cit.*, 443.

de mariage semble être la suivante : Il y a des cas où il n'y a pas de mariage. où le mariage est inexistant : c'est par exemple le cas où il n'y a pas de consentement. Mais les empêchements au mariage ne produisent pas l'inexistence : un mariage contracté au mépris d'un empêchement dirimant est infecté d'un *vice*, et selon que ce vice est absolu ou respectif, tous les intéressés ou quelques-uns seulement peuvent attaquer le mariage et en faire déclarer la nullité. Jusqu'à cette sentence, le mariage produit des effets : la seule prononciation de la sentence entraîne cette conséquence que rétroactivement le mariage est censé n'avoir jamais existé. Ce n'est pas une rescision ; le juge ne fait que déclarer le Droit ; ce n'est pas lui qui annule, c'est la loi. Mais au fond cette différence est exclusivement théorique. Voilà ce qui fut sans doute au fond de l'esprit de Pothier qui eut le grand tort de ne pas en faire une exposition nette et méthodique : il faut pour ainsi dire fouiller ses œuvres pour en dégager une théorie qu'elles renferment plutôt en germe que pleinement réalisée.

On remarquera que cette théorie n'est que le développement de la théorie des nullités relatives admise par Dunod, Denisart, Bourjon, avec la rescision en moins et les nullités absolues en plus. Pothier ne l'avait pas admise en matière de contrats ; les rescisions et restitutions lui suffisaient ; il n'avait pas senti le besoin de quitter sur ce point les errements du Droit romain. Mais en matière de mariage, le Droit romain ne connaissait que l'inexistence, et Pothier trouve une telle théorie insuffisante. Il est obligé d'abandonner la voie tracée par ses maîtres de Rome, et, sans doute, c'est du Droit canonique qu'il s'inspire. On sait, en effet, que l'Eglise avait la haute main sur le mariage ; c'était devant le curé que s'en faisait la célébration : c'était le juge ecclésiastique qui était compétent pour en apprécier la validité. Or, les canonistes avaient été amenés à élargir beaucoup le champ des actes annulables ; spécialement en matière de mariage, plusieurs causes avaient dû leur faire admettre des annulabilités et même des annulabilités absolues (1). Il est très-

---

216. — (1) V. *infra*, 227-229.

probable que ces doctrines canonistes ne furent pas sans influence sur les nullités de mariage de Pothier.

217. — Résumons-nous. En matière de contrats, Pothier expose assez nettement la distinction de l'inexistence et de l'annulabilité. Ses contrats rescindables, comprenant tous les contrats contre lesquels le Droit romain accordait la restitution *in integrum* ou les actions en résolution, ont tous les caractères qui constituent la véritable annulabilité. Les autres nullités de contrats rentrent dans les inexistences. — Les jugements frappés de nullité sont de même inexistants ou annulables. — Quant aux mariages, ils peuvent être inexistants ; ils peuvent, au contraire, être frappés d'une sorte d'annulabilité. Ce n'est pas le juge qui les annule, mais la loi elle-même : ce caractère, nous l'avons vu, est exclusivement théorique. Chose essentielle à noter, Pothier est le premier auteur de Droit civil qui, à côté des inexistences, admette des annulabilités absolues : les nullités de mariage seules les lui fournissent. De tout cela, il résulte que dans les œuvres de Pothier, la distinction de l'inexistence et de l'annulabilité est faite, et qu'elle est arrivée à un degré de développement assez avancé. Cependant nous sommes encore obligé de constater dans la théorie du grand jurisconsulte, spécialement en matière de nullités de mariage, de regrettables obscurités.

218. — F. — *Répertoire de Guyot.* — Les articles des répertoires valent ce que valent leurs auteurs. Fort heureusement pour nous, c'est Merlin qui a étudié la théorie des nullités dans le répertoire publié par Guyot à la fin du siècle dernier. Merlin est l'auteur de l'article sur le mot *Nullité* : il a fait dans certaines de ses parties l'article *Mariage*, où nous trouverons sur notre sujet d'intéressants renseignements, et dont nous n'extrairons que des passages sortis de la plume de Merlin.

Nous étudierons successivement la nullité en général, spécialement dans les conventions, et la nullité dans les mariages.

219. — Dans son article sur les nullités en général, Merlin admet certainement l'inexistence.

Ainsi, selon lui, il est *de l'essence d'un jugement* d'être rendu par un certain nombre de juges, et par conséquent si un jugement émanait d'un nombre de juges inférieur au nombre fixé par la loi, il serait nul quand bien même la loi n'aurait pas formellement édicté la nullité (1). Sans aucun doute, Merlin entend dire par là qu'il n'y a pas de jugement quand le nombre légal des juges n'a pas pris part à la décision. La loi détermine ce que c'est qu'un jugement : quand l'une des conditions qu'elle a ainsi imposées fait défaut, il n'y a pas de jugement : il n'est pas nécessaire qu'elle s'en explique expressément.

L'idée d'inexistence reparaît, quand Merlin explique la règle : *Quod ab initio vitiosum est non potest tractu temporis convalescere.* Il en donne la raison communément acceptée : c'est que « comme le temps n'est pas un moyen *d'établir* ou *d'éteindre* « *de plein droit* (2) *une obligation,* il ne doit pas non plus « avoir la vertu de confirmer seul un acte nul en soi » (3). Si un acte inexistant qui devait établir une obligation était confirmé par l'expiration d'un certain laps de temps, il faudrait dire, en effet, que le temps aurait établi cette obligation, puisque tout d'abord il n'y avait pas d'obligation : de même, quand le but de l'acte inexistant était d'éteindre une obligation, il faudrait dire que le temps l'aurait éteinte de plein droit. La proposition énoncée par Merlin ne peut s'expliquer qu'en admettant l'inexistence de l'acte en question ; l'acte n'avait établi aucune obligation ; il n'en avait éteint aucune.

C'est ce qu'exprime nettement M. Lorry, d'après ce que rapporte Merlin : « l'acte est nul de plein droit ; extérieurement, *il* « *ne produira aucune action,* intérieurement, *il ne produira* « *aucune obligation* » (4).

---

219. — (1) *Répertoire de Guyot,* v: *Nullité,* § 1ᵉʳ.

(2) *Le temps ne peut pas éteindre de plein droit une obligation :* cela signifie sans doute que la prescription peut bien faire perdre l'action, mais qu'elle n'éteint pas l'obligation elle-même. En effet, et d'après la théorie généralement admise, l'obligation peut toujours être invoquée à titre d'exception : *quæ temporalia sunt ad agendum perpetua sunt ad excipiendum.*

(3) Même article, § 6.

(4) Même article. § 7.

Nous trouvons même dans l'article de Merlin l'expression aujourd'hui courante d'acte non existant, quand il nous parle des actes « que des vices de forme intrinsèque EMPÊCHENT DE RE- « GARDER COMME EXISTANS » (5).

220. — L'annulabilité est analysée de la façon la plus nette dans l'article de Merlin. Il reproduit les passages de Dunod qui, nous l'avons montré (1), sont déjà très-précis sur ce point. Mais il y a plus : Merlin insiste encore sur les caractères de l'annulabilité. Il transcrit un passage du canoniste Fuet, qui dit que si, en règle générale, l'acte nul ne produit aucun effet, cela n'est pas toujours vrai ; qu'il y a certains actes dont l'inefficacité n'a lieu qu'à la suite d'une sentence, de sorte qu'il faut séparer l'acte « nul de soi, *ipso jure, ipso facto*, et celui qui n'est nul que par « accident, et *qui doit être annulé, qui venit annullandus, eo* « *cujus interest conquerente* » (2).

Voilà la distinction de l'inexistence et de l'annulabilité nettement posée. Cette annulabilité est-elle toujours relative ? Les citations de Dunod pourraient le faire penser. Et cependant on remarque chez Merlin des tendances à voir des annulabilités dans un certain nombre au moins de nullités absolues. Etudiant, en effet, si les nullités se couvrent par le consentement des parties intéressées, i¹ distingue les nullités absolues et les nullités respectives. Celles-ci peuvent être l'objet d'une ratification. Quant aux premières, il nous dit d'abord que certainement une renonciation expresse ou tacite n'a pas d'effet vis-à-vis des tiers. Mais quant aux droits de la partie elle-même qui a renoncé à la nullité, « le devoir du juge est de discerner dans chaque espèce « s'il y a plus de danger pour le public, à *détruire* l'acte contre « lequel on réclame qu'à le confirmer » (3). Ainsi, lorsque l'intérêt public ne s'y oppose pas, l'acte est irrévocablement valable à

---

(5) Ibid.
220. — V. *supra*, 197.
(2) Même article, § 4. — V. *infra*, 225.
(3) Même article, § 3.

l'égard de la partie qui a ratifié. Qu'est-ce que cette ratification, sinon la renonciation à l'action en nullité ? Et qu'est-ce alors que l'acte, sinon un acte annulable ? Notons du reste l'expression de *détruire*. Il faut conclure de là que, d'après Merlin, il y a des annulabilités absolues.

On remarquera, d'ailleurs, qu'à ce point de vue, Merlin s'est absolument débarrassé de la théorie des lettres de rescision. Il n'omet pas de parler de cette formalité, mais c'est uniquement au point de vue de la procédure à employer pour faire déclarer une nullité (4). Les nullités se divisent en nullités de Droit, nullités d'ordonnance et nullités de coutume : les lettres sont exigées pour les nullités de Droit, mais non pour les autres nullités. Or, Merlin ne voit dans cette nécessité de l'obtention des lettres de rescision qu'une formalité due « à l'ignorance de nos anciens praticiens ». Il traite leur raisonnement d'*absurde* et d'*inconséquent*, quand ils justifient la nécessité des lettres par le principe que les lois étrangères ne sont pas obligatoires en France ; et il n'admet pas plus la justification que proposent ceux qui voient dans l'intervention royale la continuation de l'intervention du préteur : il y a là, dit-il, confusion des « actes nuls en soi, avec les actes sujets à « rescision ». En un mot, la distinction des actes nuls sans lettres et des actes pour lesquels les lettres sont exigées est à ses yeux complétement arbitraire et tout-à-fait indépendante de la distinction des actes inexistants et des actes annulables.

221. — Telle est la théorie générale des nullités, d'après Merlin. Nous pourrons constater qu'il applique cette théorie aux nullités de mariage.

Il a l'occasion de le faire en étudiant la question de savoir si, sous prétexte d'une omission de formalité, les époux peuvent eux-mêmes attaquer leur mariage. A ce sujet, il cite deux jurisconsultes dont nous nous empressons de rapporter les paroles, parce qu'elles renferment une notion précise de l'inexistence en matière de mariage, et qu'elles amènent Merlin à proposer une

---

(4) Même article, § 7.

théorie des nullités de mariage, conforme à sa théorie générale des nullités.

D'après une dissertation imprimée dans les œuvres de Duplessis, voici ce que pourrait dire l'époux pour appuyer sa prétention : il pourrait « dire que ce qui est nul ne produit aucun « effet ; *s'il n'y a point de Mariage*, il est libre ; il peut profiter « de la liberté et ne point s'engager pour l'avenir dans un lien « dont il a éprouvé la pesanteur dans *la simple image du* « *Mariage* » (1). L'auteur de la dissertation cependant, tout en ne repoussant pas ce raisonnement, dit que malgré cela, l'époux ne sera pas admis à invoquer la nullité du mariage, parce qu'on lui opposerait une fin de non recevoir tirée de sa propre turpitude (2).

Mais à cela, ajoute Merlin, répond une plaidoirie de M. Cochin, prononcée en 1731 :

« *S'il y a un sacrement*, il est juste de le respecter et de punir « la témérité de celui qui ose entreprendre de rompre les nœuds « qu'il a formés : mais *s'il n'y a pas de sacrement*, ce seroit « consommer le crime que de ne pas le réparer par une répara- « tion authentique : alléguer, en ce cas, une fin de non re- « cevoir contre le contractant, prétendre qu'il ne doit pas être « écouté, c'est soutenir que *sans sacrement les parties* « *seront mariées par des fins de non recevoir,* ce qui « est assurément l'excès de l'égarement. — Il y a deux sortes « de nullités, ajoutait M. Cochin, des nullités relatives et « des nullités absolues : les nullités absolues sont celles qui se « tirent de ce qu'on a manqué à ce qui constitue *l'essence du* « *sacrement;* tel est le défaut de présence du propre curé : les « nullités relatives sont celles qui ne concernent que l'intérêt de « certaines personnes : à l'égard des nullités absolues, *il n'y a* « *et ne peut point y avoir de fins de non recevoir,* etc. » (3).

---

221. — (1) *Op. cit.*, Vᵒ *Mariage* (tome XI, p. 366).

    (2) Ibid.

    (3) Même article (tome XI, p. 367).

La théorie est nettement posée. Tous les deux se placent dans l'hypothèse de l'inexistence : seulement, le premier refuse à l'époux le droit de faire reconnaître cette inexistence ; ce que le second ne peut admettre, parce que l'on ne peut pas être marié par des fins de non recevoir. S'il y avait annulabilité, ce ne serait pas de l'égarement que de dire que les fins de non recevoir rendraient le mariage parfait ; aussi est-ce bien la solution de M. Cochin pour les nullités relatives dont il fait par conséquent des annulabilités. Mais pour lui les nullités absolues sont des inexistences.

Merlin est d'avis que l'époux ne doit pas être reçu dans sa prétention ; et cependant il admet que l'époux est fondé à se plaindre, « *lorsqu'il n'y avait réellement pas de mariage* » (4). Qu'est-ce à dire, sinon que dans les hypothèses où il y a nullité absolue, il est possible qu'il y ait un mariage ? Il semble donc qu'il existe pour lui des annulabilités absolues de mariage. Cette solution est confirmée, du reste, par la façon dont Merlin présente dans son article les nullités de mariage : l'auteur étudie comment et pour quelles causes on peut *attaquer* un mariage. C'était, du reste, déjà le point de vue auquel s'était placé Pothier (5).

222. — En résumé, la théorie de Merlin est la suivante : les nullités se divisent en inexistences et en annulabilités : les annulabilités sont absolues ou relatives. Très-nettement exposée pour les nullités relatives, cette théorie reste un peu indécise dès qu'il s'agit d'annulabilités absolues : c'est pour ainsi dire implicitement que ces annulabilités absolues sont présentées. Merlin n'est pas sans excuse, car la théorie qu'il enseigne était encore de son temps en voie de formation. Dans le Droit civil, elle était toute nouvelle. Pothier le premier l'avait exposée ; il l'avait restreinte à la matière du mariage, et encore avait absolument manqué de clarté et de précision.

On pourrait peut-être avancer que Merlin a conçu sa théorie

---

(4) Même article (tome XI, p. 368).
(5) V. *supra*, 215.

sous l'influence du Droit canonique. Nous le verrons, les canonistes ont su donner un caractère de précision remarquable à
l'annulabilité relative ; et ils semblent avoir admis des annulabilités absolues. Il ne serait donc pas impossible que Merlin s'en
fût inspiré : cela est d'autant plus vraisemblable qu'il cite Fuet
comme une autorité en matière de nullité, et qu'il emprunte aux
œuvres de ce canoniste un assez long passage sur l'effet des actes
nuls avant la prononciation de la nullité.

SECTION II.

DROIT CANONIQUE

223. — La théorie de l'annulabilité et de l'inexistence est
très-intéressante à étudier en Droit canonique. Dans la matière des
nullités des collations de bénéfices et dans celle des nullités des
mariages, diverses influences portèrent les canonistes à élargir le
champ des actes annulables.

Pour la collation de bénéfices, l'influence qui semble avoir agi
avec le plus d'énergie est de nature exclusivement politique. Ce
fut la nécessité d'assurer l'indépendance de la France vis-à-vis
de la cour de Rome. L'un des priviléges auxquels le pape tenait
le plus était le droit de *prévention*. Si la collation d'un bénéfice
faite par le pape était antérieure à la collation faite par l'ordinaire, si le pape avait ainsi *prévenu* l'ordinaire, le titulaire
nommé par le pape conservait le bénéfice au détriment de son
concurrent. On voyait en France d'un très-mauvais œil cette
intervention continuelle du Souverain Pontife dans les affaires
intérieures du royaume : aussi chercha-t-on à la restreindre le
plus possible. La collation de l'ordinaire précédant celle du pape
pouvait être nulle : si la nullité était considérée comme une
inexistence, le pape devait pouvoir exercer la prévention comme

s'il n'y avait pas eu de collation. Mais on se garda bien d'envisager ainsi toutes les nullités : dans un grand nombre de cas, on décida que la collation était seulement annulable ; que, comme telle, elle existait jusqu'à l'annulation, et pouvait ainsi empêcher la prévention. Peu importait qu'ensuite cette collation eût été annulée ; il n'en restait pas moins vrai qu'il y avait eu un obstacle de fait à l'exercice de la prévention : la rétroactivité ne peut rien sur les faits (1). Cette solution était dictée par la défaveur attachée à la prévention. L'article 55 des *Libertés de l'Eglise gallicane* de Pierre Pithou, justifie absolument cette manière de voir :

« Et quant à la prévention, le Pape n'en use que par souffrance,
« au moyen du Concordat publié de très-exprès commandement
« du Roy, contre plusieurs remonstrances de la Cour de Parle-
« ment, oppositions formées, protestations et appellations inter-
« jettées. Et depuis encore, tous les trois Etats du Royaume
« assemblez en firent plainte, sur laquelle furent envoyés Am-
« bassadeurs à Rome pour faire cesser cette entreprise, qu'on a
« parfois dissimulée et tolérée en la personne du Pape : mais
« non d'autre, quelque délégation, vicariat ou faculté qu'il eust
« de sa Sainteté : et si l'a-t-on restraint tant qu'on a pû, jusques
« à juger que la collation nulle de l'ordinaire empêche telle pré-
« vention. »

Les expressions de Pierre Pithou sont un peu trop générales. On distingua, comme nous le verrons, entre les nullités : on décida que la règle posée par l'article 55 était étrangère aux collations tellement nulles qu'elles étaient censées n'avoir pas eu lieu, c'est-à-dire aux collations inexistantes. On appliqua uniquement cette règle aux nullités qui ne produisent pas une inefficacité immédiate, aux annulabilités en un mot, et l'on étendit autant que possible le domaine de ces annulabilités. Le Droit civil ne connaissait à cette époque que des annulabilités relatives ; les

---

223. — (1) V. Dumoulin, *Omnia quæ extant*, IV, p. 253.

canonistes imaginèrent des annulabilités absolues. Voilà la genèse de la théorie des nullités dans le Droit canonique.

224. — C'était peut-être déjà sous l'inspiration de ces idées que Philippe Prudhomme écrivait au XVI⁰ siècle : « Prima elec- « tio invalida impedit secundam, *nisi prius prima cassetur* » (1).

Son contemporain Rebuffi, parlant d'un cas de nullité relative, celle de la collation accordée à un *non gradué*, fait l'application à la prévention des conséquences du caractère d'annulabilité : « Cum collatio facta non graduato *sit valida non prosequente* « *nominato,...* prævenit Papam » (2). Tant qu'un *gradué nom-mé* (3) n'agit pas, la collation est considérée comme valable. C'est bien là l'annulabilité relative. Cependant il y a un point sur lequel l'inefficacité en question se distinguait de l'annulabilité : c'est que le juge en prononçant la nullité était censé déclarer le Droit. Nous avons déjà dû présenter une semblable observation en étudiant notamment la théorie de Dunod et celle de Pothier (4). La différence est d'intérêt purement théorique : elle est néanmoins intéressante à noter : en ce cas, il n'y a pas besoin de demander la rescision : « non est enim opus rescissione, cum id quod nullum est « rumpi non possit » (5). Cela signifie qu'il n'est pas nécessaire de demander des lettres, ou de s'adresser au Parlement qui restitue sans lettres (6). Il suffit de recourir à la juridiction de Droit commun. Nous voyons qu'il y a pour Rebuffi deux sortes d'annulabilité : l'annulabilité sans rescision, et l'annulabilité avec rescision : c'est la distinction qu'adopta plus tard Dunod, et qu'admirent avec lui Denisart et Bourjon (7).

---

224. — (1) *Quæstiones juris regaliæ intelligentiam præbentes, per Do. Philippum Probum Bituricum* (Parisiis, 1683), Quæstio 4, n⁰ 9.

(2) *Praxis beneficiorum d. Petri Rebuffi* (Parisiis, 1664), 1 vol. in-f⁰, p. 685.

(3) On appelait *gradué nommé* un gradué qui avait reçu de l'Université une lettre de nomination.

(4) V. *supra*, 197 et 215.

(5) *Praxis beneficiorum*, p. 616.

(6) *Op. cit.*, p. 495.

(7) V. *supra*, 197, 202 et 206.

225. — Mais nous n'avons encore que la division des nullités en inexistences et nullités relatives. Dans le *Traité des matières bénéficiales* de Fuet, on voit apparaître la nullité absolue.

« Les canonistes, dit-il, distinguent entre ce qui est *nul de soi* « et *ce qui doit être annulé* ou par une sentence, ou par la plainte « d'un tiers...» (1).C'est l'annulabilité relative, et,d'après Fuet, la collation qui en est infectée empêche la prévention du pape. Mais lorsque la collation de l'ordinaire est « *absolument nulle* », certains auteurs admettent qu'elle n'empêche pas la prévention. D'autres, et Fuet avec eux, distinguent encore : dans certains cas, elle ne l'empêche pas : c'est ce qui arrive par exemple, lorsque la collation a été faite par une personne qui n'avait aucun droit à la faire, ainsi par celui qui n'est pas l'ordinaire du gradué ou du patron ; dans d'autres cas, elle empêche encore la prévention : ainsi lorsqu'elle a été faite par le véritable collateur à un indigne (2). N'est-ce pas que dans le premier cas il n'y a pas de collation, et que dans le second cas il y en a une, mais frappée d'annulabilité absolue ? C'est la seule manière d'expliquer la sous-distinction de Fuet. Sans doute cet auteur est encore assez peu précis ; car il aurait dû justifier l'impossibilité de la prévention dans le cas de nullité absolue, comme il l'avait fait pour la nullité relative. Mais la théorie de la nullité absolue était encore nouvelle, et on peut lui pardonner d'avoir manqué de précision. Malgré ce défaut de méthode, on peut se rendre compte de sa pensée, car il insiste, et après avoir ainsi établi sa distinction et sa sous-distinction, il conclut : « On voit par là qu'il y a bien de la différence entre un « acte qui est nul de soi, *ipso jure, ipso facto*, et celui qui n'est « nul que par accident et qui doit être annulé, *qui venit annul-* « *landus, eo cujus interest conquerente* ; et que la maxime de « droit, qui dit que ce qui est nul de soi ne peut produire aucun « effet, et que c'est la même chose de ne rien faire, ou de ne pas

---

225. — (1) Fuet, *Traité des matières bénéficiales*, cité par Merlin au *Répertoire de Guyot*, vᵒ *Nullité*, § 4.

(2) Ibid.

« faire ce qu'on doit selon les règles, souffre des exceptions, parce
« qu'un acte qui peut subsister de soi et qui n'est nul que par la
« considération de l'intérêt d'un tiers, au moment qu'il est fait,
« doit arrêter la prévention » (3).

Cette conclusion est générale ; elle s'applique à tous les actes
qui empêchent la prévention, qu'ils soient nuls de nullité relative
on absolue : elle nous autorise à dire que Fuet reconnaît le caractère d'annulabilité à tous les actes empêchant la prévention, et
que c'est même par ce caractère qu'il justifie cette exception à la
règle : *Quod nullum est nullum produit effectum.* En un mot,
quoique manquant un peu de méthode, Fuet doit être considéré
comme reconnaissant le caractère d'annulabilité à des nullités
absolues.

226. — Nous trouvons plus de méthode et plus de clarté
dans le *Dictionnaire de Droit canonique*, de Durand de Maillane.

Il distingue trois sortes de nullité en matière de provisions de
bénéfices : la nullité relative, la nullité absolue et la nullité radicale.

La nullité relative « n'est point inhérente au titre qui est d'ail-
« leurs parfait au fond et dans la forme ». Le titre ne sera irrévocablement efficace que si ceux en faveur desquels il y a nullité
ne se plaignent pas : « s'ils se plaignent dans le temps utile, le
« titre est *résolu eo ipso ;* s'ils gardent le silence, le titre qui
« était en suspens à cause de la condition (qu'ils ne se plaignent
« pas) devient absolu et irrévocable » (1). Il s'agit là de ces actes
qui ne sont pas nuls immédiatement, « *mais peuvent le devenir* »,
selon l'expression du même auteur (2).

---

(3) Ibid. — Certains auteurs étendaient à la réquisition faite par un
gradué la même distinction : c'est dans ce sens qu'au rapport de Durand de
Maillane (*Dictionnaire de Droit canonique, v° Prévention*) M. d'Héri-
court disait : « Requisitio *annullanda,* et non requisitio *nulla* impedit
præventionem. » Durand de Maillane repousse cette distinction pour des
motifs spéciaux.

227. — (1) Durand de Maillane, *Dictionnaire de Droit canonique, v° Nullité.*

(2) *Op. cit., v° Prévention.*

Quand y a-t-il nullité absolue ? Durand de Maillane répond :
« Lorsque dans une collation il y a un vice, soit de forme ou autre,
« qui *peut être relevé par toutes sortes de personnes*, tel qu'un
« défaut de qualité dans les témoins qui l'ont souscrite, ou un dé-
« faut d'insinuation, la nullité qui résulte de ce défaut est abso-
« lue parce qu'elle provient d'un vice inhérent à la provision
« même, et qu'elle a lieu dans toutes sortes de provisions ; mais
« toute nullité absolue en ce sens n'est pas une nullité radi-
« cale » (3). Quand une nullité peut être invoquée par tout intéressé, elle constitue une nullité absolue. Les nullités radicales
sont des nullités absolues ayant des caractères spéciaux :

« La nullité radicale est celle qui naît d'un vice *essentiel* à la
« provision : tel par exemple que celui qui résulte d'un défaut de
« pouvoir dans le collateur... » (4). Le vice porte atteinte à l'*essence* de la provision : Durand de Maillane formule, en effet,
cette proposition : « Une provision intrinsèquement nulle... *n'est
« pas proprement une collation* » (5).

Les nullités radicales n'empêchent pas la prévention : mais en
est-il de même des nullités absolues qui ne sont pas radicales ? La
question était controversée : au mot *Nullité*, Durand de Maillane
se décide pour l'affirmative ; mais au mot *Prévention*, il change
d'avis : il décide, en effet, que la collation non insinuée empêche
la prévention : et nous venons de voir que le défaut d'insinuation
est une cause de nullité absolue.

En un mot, l'on voit que d'après certains canonistes, lorsque la
nullité n'infecte pas l'essence même de la collation, lorsqu'on
peut dire conséquemment qu'il y a une collation, cette nullité
quoiqu'absolue n'empêche pas l'acte de produire des effets. C'est
que pour ces auteurs, l'acte était frappé seulement d'annulabilité.
Sans doute, les principes restent encore un peu incertains ; mais
ce défaut de précision n'est pas assez grand pour que l'on ne

---

(3) *Op. cit.*, v° *Nullité.*
(4) **Ibid.**
(5) *Op. cit.*, v° *Prévention.*

puisse pas discerner la véritable doctrine canonique, et pour que l'on ne puisse pas affirmer qu'il y a là une théorie établie, c'est-à-dire un système résultant d'un rapprochement de principes.

227. — En matière de mariage, nous n'avons pas la bonne fortune de trouver une théorie toute faite. Il faut cependant signaler comment sous une double influence, les canonistes devaient être amenés à considérer certaines nullités de mariage comme des annulabilités.

228. — Le caractère de sacrement attribué au mariage par l'Eglise fut l'une de ces influences.

Au sacrement de mariage devait s'appliquer une règle que le Président Favre énonçait en matière de serment. Le serment prêté par un homme ivre, disait-il, n'a pas plus de valeur que celui qui émane d'un aliéné (*furiosus*) ; et néanmoins il est prudent de demander l'absolution de ce serment, le parjure mettant en danger le salut éternel de celui dont il émane (1). Le serment est inexistant ; et cependant il faut s'en faire absoudre.

Comme le serment, le mariage est de nature à mettre en péril le salut éternel : c'est la conséquence de son caractère de sacrement. Ainsi, alors même que le mariage était inexistant pour n'avoir pas renfermé toutes les conditions exigées par la loi, il était utile de s'en faire délier. Cette manière de voir pouvait amener à faire intervenir le juge d'Eglise même pour casser des mariages qui eussent dû être inexistants. Elle pouvait parfaitement faire considérer les mariages contractés au mépris d'un empêchement dirimant comme efficaces jusqu'à la décision du juge. Ne devaient échapper à cette règle que les cas où l'inexistence était tellement marquée que cette efficacité primitive n'eût pu même se concevoir.

Ainsi le caracière de sacrement attribué au mariage devait entraîner une transformation de la théorie des nullités de mariage.

229. — Une influence semblable devait résulter de la modification des règles suivant lesquelles le mariage se contractait.

------

228. — (1) *Codex Fabrianus*, p. 234.

En Droit romain, le mariage se formait *solo consensu* (1) ; et longtemps il put encore en être ainsi d'après les lois de l'Eglise. La bénédiction nuptiale avait passé dans les mœurs ; mais elle n'était pas nécessaire à la validité du mariage.

Il en résultait par exemple, que si deux impubères s'étaient mariés, quand même il n'y avait pas eu de mariage avant que tous deux fussent arrivés à l'âge de la puberté, le seul fait qu'ils continuaient après ce moment à rester ensemble constituait un consentement tacite suffisant pour former le mariage.

Mais à un moment donné, on exigea pour la validité du mariage a célébration devant le propre curé : les fiançailles *par paroles de présent* ne furent plus admises. Cela fut décidé définitivement par le Concile de Trente en l'an 1563 ; et ces dispositions furent adoptées par l'ordonnance de Blois du mois de mai 1579, art. 40 (2).

A partir de ce moment, si l'on avait voulu être logique, il eût fallu que les époux devenus pubères fissent procéder à nouveau à la célébration de leur mariage. Cependant tous les canonistes décident que de la continuation de la cohabitation résulte un nouveau consentement tacite, et que le mariage est ainsi rétabli (3). Mais ce ne peut plus être un nouveau mariage, c'est la confirmation du premier. De là à considérer le premier mariage comme efficace jusqu'à l'annulation, comme annulable en un mot, il n'y avait qu'un pas.

La dispense d'une nouvelle célébration fut octroyée dans

---

229. — (1) Au moins entre personnes présentes. Nous n'avons pas à nous occuper de la question de savoir si entre absents il fallait la *deductio* de la femme dans la maison du mari. — V. Accarias, *Précis de Droit romain*, I, 80

(2) Pothier, *Traité du Contrat de mariage*, 348-349.

(3) Pothier, *Op. cit.*, 95. — *Répertoire de Guyot*, v° *Empêchements au mariage*, partie II, section 1, n° 2,

d'autres cas de nullité : ainsi en cas d'erreur sur la personne (4) ainsi sans doute aussi dans le cas de bigamie (5).

Et de là devait résulter une tendance générale à considérer comme des annulabilités les nullités de mariage même absolues.

230. — En matière de mariage, le Droit canonique devait fatalement exercer une grande influence sur le Droit civil. Dans les autres parties du Droit, l'influence de la théorie des canonistes sur la théorie des civilistes n'était pas nécessairement aussi énergique ; néanmoins elle devait se produire, et nous avons pu constater que Merlin ne dédaignait pas de citer dans des questions de pur Droit civil la doctrine des canonistes sur les effets de la nullité. Il y a dans cette influence indéniable, une des causes du développement de la théorie des annulabilités, surtout des annulabilités absolues.

(4) *Op. et v° cit.*, partie II, section II, n° 1, en note.
(5) Pothier, *op. cit.*, 239.

CONCLUSION

---

231. — Nous avons suivi la distinction de l'inexistence et
de l'annulabilité du point où nous l'avions laissée en Droit romain
jusqu'à la fin de l'histoire de l'Ancien Droit français. Il nous faut
à présent grouper les résultats obtenus et essayer de donner
une idée d'ensemble de l'évolution lente de cette distinction.

232. — On peut dire tout d'abord que depuis les plus loin-
taines origines du Droit français, la distinction a été faite. Mais
elle a existé très-longtemps plutôt en germe qu'à titre de théorie
véritable. Cette absence de principes généraux, de système
raisonné, nous l'avons déjà constaté dans le Droit romain : nous
avons vu que si pour les jurisconsultes de Rome il y avait certainement des actes inexistants et des actes dont l'inefficacité ne
devait pas être immédiate, et qui pouvaient presque se confondre
avec les actes annulables, ces jurisconsultes n'avaient pas néanmoins édifié une théorie proprement dite sur la matière. Jusqu'au
XVIe siècle, on ne rencontre pas non plus dans le Droit français
de théorie de l'inexistence et de l'annulabilité. On trouve la distinction des actes inexistants et des actes annulables ou presque
annulables, mais on constate que personne n'avait songé à
coordonner et à discuter les principes admis. Nous avons même
pu reconnaître qu'à une certaine époque, on perdit jusqu'à la
conception de l'inexistence : les auteurs des coutumiers à l'exception de Pierre de Fontaines paraissent ne pas s'être doutés qu'il
pût y avoir des actes inexistants, et semblent avoir envisagé les

nullités comme devant faire nécessairement l'objet d'une prononciation judiciaire. Il n'est pas certain, par contre, qu'ils se soient très-exactement rendu compte de la nature véritable de l'annulabilité. Surtout, il n'est pas certain que leur doctrine ait été le produit d'une réflexion sérieuse : ils ont plutôt cédé à une tendance, suivi le penchant tout naturel qui porte l'homme à envisager les choses sous leur aspect pratique. Il n'ont pas dû avoir de l'annulabilité cette conception nette et précise se dégageant seulement pour ceux qui peuvent lui opposer la conception de l'inexistence : quoi qu'il en soit, il ne semble pas contestable qu'ils aient saisi au moins dans ses caractères généraux la notion de l'annulabilité.

Si dans les pays de coutume la distinction de l'inexistence et de l'annulabilité disparut pendant un certain temps, elle se continua sans interruption dans les pays de Droit écrit, et fut toujours reçue dans le Droit canonique qui régissait la totalité de la France. Il y a donc, malgré tout, une continuité réelle dans l'histoire de notre distinction.

Au XVIe siècle apparaît une véritable théorie de l'inexistence et de l'annulabilité.

Elle est merveilleusement exposée par d'Argentré : avec une clarté et une sûreté remarquables, à l'acte *pur fait, qui équivaut au néant*, il oppose l'acte *qui subsiste d'abord, mais est ensuite soumis à l'invalidité*. Il met une grande insistance à expliquer cette distinction qu'il raisonne, qu'il discute, et qu'il appuie sur le plus solide fondement. A la même époque, Dumoulin profite de toutes les occasions pour distinguer l'acte qu'il appelle *nullus* et l'acte *annullandus*. Guy Coquille, qui admet certainement aussi la distinction, a moins de méthode. — Dans les pays de Droit écrit, le Président Favre, sans entrer dans de longues discussions, comme d'Argentré, sans mettre sans cesse en opposition le contrat inexistant et le contrat annulable, comme Dumoulin, enseigne néanmoins une doctrine parfaitement sûre : il indique nettement le caractère de l'inexistence, la nature de l'annulabilité, et nous avons pu constater qu'il oppose quelquefois ces deux espèces de nullités.

Au XVIIe siècle, Legrand pour les pays de coutume, Domat pour la France tout entière, ont une perception très-précise de l'inexistence et de l'annulabilité : chez eux aussi on trouve une théorie, et le principe en est fort clairement mis en lumière.

Il y a de même une théorie véritable dans la distinction des nullités absolues et des nullités respectives exposée par Dunod au XVIIIe siècle. L'auteur établit que la nullité absolue équivaut à l'inexistence, et ses nullités respectives ne sont séparées des annulabilités, telles que nous les comprenons, que par une différence presque négligeable. Denisart et Bourjon, qui admettent, sans aucun doute, la distinction, n'ont pas la même précision. On rencontre la clarté ordinaire de Pothier dans la théorie qu'il fait sur la distinction dont s'agit en matière d'obligations. Il est moins explicite quand il parle des jugements qui sont également à ses yeux inexistants ou annulables. Mais relativement au mariage, il n'a pas, à proprement parler, de théorie des nullités : il suppose la distinction, il l'applique, plutôt qu'il ne l'expose.

La doctrine des canonistes a dû être placée à côté de celle des civilistes. Cette doctrine a le mérite d'une grande netteté ; l'inexistence et l'annulabilité y sont parfaitement distinguées, et l'on peut dire qu'elle constitue une théorie fort intéressante.

Il y a donc, à partir du XVIe siècle, une théorie de la distinction. Malheureusement ce n'est pas une théorie générale : nous voulons dire qu'elle est restreinte par l'immense majorité des auteurs à une matière spéciale, presque toujours aux contrats. Certains auteurs appliquent sans doute encore la distinction à d'autres matières, notamment à celle du mariage : mais alors il y a, pour ainsi dire, plusieurs théories spéciales : les idées d'ensemble font défaut. Il n'y a guère que les canonistes et quelques civilistes comme Merlin, qui aient fait une théorie générale des nullités. C'était un immense progrès, mais il faut remarquer que ce progrès n'a été réalisé qu'au moment où l'histoire de l'Ancien Droit français touchait à sa fin.

Quoi qu'il en soit, si la théorie resta si longtemps restreinte à la matière des contrats, cela tient à ce qu'en dehors du mariage,

c'est certainement en matière de contrats que la question présente
le plus d'intérêt. Mais pourquoi les auteurs ne se sont-ils pas en
général occupés du mariage ? La raison n'en serait-elle pas dans
ce que, pendant fort longtemps le mariage fut régi presque exclusivement par les lois canoniques ? On comprend donc parfaitement
que, n'étudiant pas spécialement le mariage, ils aient restreint
leur théorie à la matière des obligations. Voilà qui explique comment un grand nombre de jurisconsultes n'eurent même pas l'occasion de faire une théorie générale. Quant à ceux qui étu-
dièrent le mariage, ils tombent sous le reproche de n'avoir pas
vu d'assez haut les matières formant l'objet de leurs études.

233. — Ainsi, en ce qui concerne l'admission de la distinction elle-même, il y a unité complète entre les auteurs. Mais on
voit naître la diversité dès qu'il s'agit de déterminer quels
sont les actes inexistants et quels sont les actes annulabl· s.

Il y a plusieurs types de distinction :

1º Pour un grand nombre de jurisconsultes, l'annulabilité se
rencontre dans les hypothèses où le Droit romain accordait soit la
restitution *in integrum*, soit les actions en résolution. — En
dehors de ces hypothèses, ces auteurs ne connaissent que l'inexistence. — C'est le système le plus répandu : on le rotrouve dans toute
l'histoire de l'Ancien Droit français. Généralement, il n'est pas raisonné ; il est imposé surtout par la force des traditions : les jurisconsultes ne cherchent pas à le justifier, tant ils le considèrent
comme nécessaire. — Cependant d'Argentré ne se contente pas
d'obéir à la tradition : il entend n'enseigner qu'une théorie rationnelle. Il trouve le fondement de l'inexistence dans ce fait que la loi
ne peut pas donner sa sanction à un acte violant l'intérêt public, et
qu'il ne peut pas y avoir d'acte là où manque la matière même de
l'acte. Il justifie l'annulabilité en remarquant que, si une nullité
est prononcée dans l'intérêt de personnes déterminées, il n'est pas
nécessaire que la loi rende immédiatement l'acte inefficace : elle
peut attendre pour cela la demande de ceux qu'elle entend favoriser.

Pothier adopte la même solution, mais il ne la justifie pas

entièrement. Il indique parfaitement la cause de l'inexistence :
il n'y a pas d'acte, dit-il, là où un élément essentiel fait complétement défaut. Mais il n'explique pas pourquoi l'acte où tous
les éléments essentiels sont réunis, et qui est seulement vicieux,
doit être annulé par une décision judiciaire. L'exemple du Droit
romain lui suffit ; le préteur ou le *judex* annulait l'acte : le juge
doit encore l'annuler.

Une observation sur ce premier système. En Droit romain,
nous avons trouvé une sorte d'annulabilité non seulement dans
les restitutions *in integrum* et les actions en résolution, mais encore dans les actes contre lesquels est admise la *querela inofficiosi*, ou est accordée la *bonorum possessio contra tabulas*.
Dans l'Ancien Droit français, ces actes n'apparaissent plus comme
annulables, même dans la théorie que nous venons d'exposer et
et qui s'inspire directement du Droit romain. La raison en est
dans une remarque que nous avons faite au cours de ce travail (1) : la donation ou le testament inofficieux n'est plus en effet
entaché de nullité : l'héritier réservataire jouit d'un droit propre
et le testament qui méconnait ce droit *ne lui est pas opposable* (2). Il ne peut donc plus être question ni d'inexistence, ni
d'annulabilité.

2° Le second système fut personnifié par Dunod. — Il fut aussi
le système de Denisart et semble avoir été accepté par le Président Bouhier et Bourjon. Ce fut encore le système de certains
canonistes des derniers siècles.

Il se rapproche du premier en ce qu'on le justifie par les raisons données par d'Argentré à l'appui de sa théorie. Mais ce qui
l'en sépare, c'est son indépendance à peu près complète relativement au Droit romain. D'Argentré semble être parti des solutions
romaines et avoir voulu les justifier en s'inspirant de l'intérêt

---

233. — (1) V. *supra*, 141.

(2) C'est ce qu'exprime d'Argentré en disant : « Heredi aut filio ex
» *suo privatim jure et capite* contra factum defuncti venire licet, et immen-
» sitatis aut inofficiosi arguere donationem » (sur l'art. 283, col. 1369).

dans lequel la nullité est prononcée. Le point de départ de Dunod est uniquement dans le but que s'est proposé la loi en édictant la nullité. S'agit-il d'une nullité relative, prononcée dans l'intérêt de certaines personnes déterminées, l'inefficacité ne sera prononcée que sur la demande de ces personnes. Si au contraire la nullité n'est pas édictée dans l'intérêt de quelque particulier, il y a inexistence. — Mais ce ne sont pas exclusivement les restitutions *in integrum* et les actions en résolution du Droit romain qui constituent ici les actions en annulation : il y a des hypothèses où le Droit romain ne donnait ni la restitution ni les actions en résolution, et où les partisans de ce système voient cependant des nullités respectives. Une seule différence sépare ces nouvelles nullités respectives des autres : les nullités qui étaient demandées à Rome par la restitution *in integrum* ou les actions en résolution, ne sont prononcées que sur un ordre de rescision accordé par le roi dont il faut obtenir des lettres spéciales nommées *lettres de rescision*. Les nullités qui ne rentrent pas dans cette catégorie sont déclarées par le juge sur la seule demande des personnes auxquelles la loi accorde l'action en nullité. Dans le premier cas l'annulation est *prononcée*, dans le second cas elle est plutôt *constatée, déclarée* par le juge. Il y a, somme toute, deux degrés dans les nullités respectives.

3° Dans le troisième système, on distingue d'un côté l'inexistence et de l'autre l'annulabilité absolue ou relative. Il y a des actes que le second système considérait comme inexistants, et qui au regard du troisième sont frappés d'annulabilité, mais d'annulabilité absolue. L'acte inexistant est celui qui ne répond pas à sa définition ; l'acte annulable est un acte vicieux qui peut être annulé sur la demande soit de tout intéressé, soit de certaines personnes déterminées par la loi. Ce système se distingue donc du second en ce qu'il étend le domaine des annulabilités, et qu'à côté des annulabilités relatives, il admet des annulabilités absolues. Il fut adopté par un certain nombre de canonistes auxquels Merlin l'emprunta, et il semble avoir été avant Merlin appliqué par Pothier aux nullités de mariage. Mais il faut remarquer que les

principes que nous venons d'énoncer restent assez indécis dans les
œuvres des jurisconsultes qui s'en sont inspirés. C'est peut-être le
canoniste Durand de Maillane qui les expose avec le plus de netteté.

4° Enfin citons pour mémoire le système d'après lequel les actes
dont on ne peut faire prononcer la nullité sans avoir obtenu des
lettres de rescision devraient être considérés comme annulables.
Ce système qui se confond avec le premier lorsque l'on proclame
comme d'Argentré que les lettres ne sont pas nécessaires pour les
nullités opérant *ipso jure* en Droit romain, s'en sépare absolument si l'on admet que toutes les nullités qui ne sont pas expressément édictées par les coutumes ou les ordonnances ne doivent
pas être prononcées sans lettres : c'est ce qui fut admis comme
nous l'avons vu par les jurisconsultes de second ordre aux XVIe et
XVIIe siècles.

Telles sont les principales conceptions de la théorie des nullités
dans l'Ancien Droit français.

En somme, la distinction de l'inexistence et de l'annulabilité
était faite d'une façon absolument générale. Tous les auteurs
voyaient des cas d'annulabilité dans les hypothèses où le Droit
romain accordait la restitution *in integrum* et les actions en résolution ; car dans toutes ces hypothèses il ne pouvait être question que d'intérêts particuliers. Pour les uns, c'étaient là les seuls
cas d'annulabilité ; les autres y ajoutaient des annulabilités relatives, et quelques-uns même des annulabilités absolues. Toute
nullité qui ne rentrait pas dans les annulabilités était une inexistence.

234. — Nous connaissons donc l'évolution de la distinction.
Sous quelles influences cette distinction a-t-elle été admise et
s'est-elle ainsi développée ? Telle est la question qui s'impose à
notre examen.

C'est dans le Droit romain que se trouve l'origine de la théorie
de l'inexistence et de l'annulabilité.

Nous avons essayé d'établir que si le préteur doit intervenir
pour rescinder un acte juridique valable *ipso jure*, l'acte n'est

pas *par là même* annulable. Ce qui produit la sorte d'annulabilité que nous avons constatée, c'est le caractère de faveur de la restitution *in integrum,* et l'obligation imposée à l'une des parties de se prêter à l'anéantissement de l'acte dans le cas où il y a lieu à une action en résolution. C'est bien le Droit prétorien lui-même qui considère l'acte comme annulable ou presque annulable ; en un mot, l'annulabilité ne résulte pas de ce seul fait qu'un acte valable *jure civili* peut être ensuite rendu inefficace *jure prætorio intercedente.* Or, ce qui a surtout agi sur l'esprit de nos anciens auteurs, ce qui a pu leur faire adopter des annulabilités à l'imitation du Droit romain, ce n'est pas la constatation d'une sorte d'annulabilité dans le Droit prétorien lui-même, et abstraction faite de toute combinaison du Droit prétorien et du Droit civil. Nous croyons qu'ils furent puissamment poussés à voir dans le Droit civil et le Droit prétorien deux rouages d'une législation une, indivisible ; à considérer que la loi représentée par le préteur annulait à un moment donné des actes que jusque-là la même loi, dans le Droit civil, considérait comme valables. Ce qui entraînait l'annulabilité, c'était cette intervention du preteur amenant l'inefficacité postérieurement à la formation de l'acte ; c'était la combinaison du Droit civil et du Droit prétorien qui opéraient successivement dans la pratique, le Droit civil agissant de plein droit, *ipso jure,* et le Droit prétorien, seulement à la suite d'une demande en justice. Voilà, pensons-nous, le fait qui exerça la plus grande influence sur la théorie des nullités : voilà la source première de l'annulabilité.

Les anciens auteurs semblent tous fortement imbus de cette manière d'envisager le Droit romain. De là une tendance à admettre qu'il y avait annulabilité dans les cas où le magistrat appliquant le Droit prétorien (et quelquefois le Droit des édiles) accordait la restitution ou la résolution. — Mais il faut remarquer qu'aux yeux des anciens auteurs, il y avait encore annulabilité dans des cas où c'était en vertu du Droit civil lui-même que le magistrat intervenait, par exemple dans l'hypothèse d'une action en résolution fondée sur la lésion d'outre-moitié. Cela prouve que si ces auteurs ont pu s'inspirer de la disparition de la dualité du Droit civil et du Droit prétorien, ils s'inspirèrent également de la véritable nature des nullités en Droit romain, et de la conception qu'avaient pu s'en faire les jurisconsultes romains eux-mêmes ; en un mot qu'ils comprirent le Droit romain comme il devait être compris, et ne se laissèrent pas guider uniquement par les apparences.

Telle fut l'influence du Droit romain ; et cette influence agit sans interruption pour ainsi dire, depuis les premiers temps de l'Ancien Droit français jusqu'à la rédaction du Code civil.

Mais d'autres causes, principalement politiques, tendirent à développer encore notre distinction.

La nécessité de l'obtention des lettres de rescision pour faire prononcer certaines nullités ne fut pas sans influence sur la théorie des nullités. Or l'institution des lettres de rescision fut exclusivement politique et fiscale : elle permettait au roi d'étendre la juridiction de ses agents, et d'augmenter les revenus du Trésor. On peut remarquer en passant que c'est précisément dans le but d'empêcher l'extension des *lettres royaux* à toutes les nullités que d'Argentré exposa sa belle théorie de l'inexistence et de l'annulabilité, qui fut à peu près reproduite par tous les auteurs qui vécurent après lui.

De même ce fut sous l'inspiration d'une idée toute politique que les canonistes précisèrent avec tant de clarté les caractères de l'inexistence et ceux de l'annulabilité, et qu'ils firent étendre l'annulabilité à des cas où le Droit romain n'accordait ni la restitution *in integrum*, ni les actions en résolution. Il s'agissait de limiter autant que possible les droits que s'arrogeait le pape de *prévenir* les collateurs de bénéfices. On chercha à établir que quand le collateur avait fait une collation irrégulière, cette collation n'était pas toujours inexistante, mais annulable, et que comme telle elle pouvait empêcher la prévention. On avait donc tout intérêt à étendre autant que possible le domaine des annulabilités, et c'est sans doute là l'origine des annulabilités absolues que nous avons constatées dans la doctrine des canonistes.

Indépendamment de l'influence générale exercée par le Droit canonique sur le Droit civil, il faut remarquer que si Merlin reproduit sur ce point la doctrine des canonistes, cela prouve que le Droit canonique dut avoir en cette matière une influence toute particulière.

Nous serions incomplet si nous ne mentionnions parmi les causes du développement de l'idée d'annulabilité la force même des apparences. Il est certain que la notion de l'inexistence exige une analyse assez abstraite ; que l'inexistence devant être déclarée par la justice, l'acte inexistant doit souvent être attaqué, et qu'*en fait*, il peut avoir produit des effets jusqu'à la déclaration d'inexistence. Cette apparence d'annulabilité fut sans doute l'un des facteurs du développement de notre théorie. C'est elle qui semble avoir poussé les auteurs des coutumiers à ne concevoir les nullités que comme des annulabilités, et sans elle il n'est pas impossible que certaines nullités eussent été considérées comme inexistences, qui ont été classées parmi les annulabilités.

Nous sommes obligé de nous borner : nous nous limiterons à ces causes *générales* d'influence, et nous ne parlerons pas de celles qui nous semblent moins importantes.

Chose curieuse, ces causes sont extrinsèques, et n'ont rien de commun avec le fond du Droit. Ainsi l'influence du Droit romain tint surtout à son développement graduel d'où provenait la distinction du Droit civil et du Droit honoraire. D'autre part ce furent des considérations politiques qui firent créer les lettres de rescision et étendre chez les canonistes les causes d'annulabilité. Il est inutile d'insister enfin sur le caractère essentiellement arbitraire de la force des apparences amenant la confusion du fait et du droit.

Le développement de notre théorie est donc factice dans une très-large mesure : cette constatation ne paraît pas dépourvue d'intérêt.

CODE CIVIL

235. — Il semblerait, au premier abord, que la théorie de l'inexistence et de l'annulabilité, qui remonte si haut dans l'histoire du Droit, ait dû faire l'objet de développements tout particuliers dans la rédaction du Code civil. Chose étrange, elle y passa presqu'inaperçue. Peut-être la cause en est-elle dans la difficulté du sujet et dans les divisions qui séparaient les anciens auteurs sur la question. Quoi qu'il en soit, les principes de la théorie qui fait l'objet de notre étude sont loin d'être nettement posés par le Code. On les y découvrira cependant comme perdus dans le dédale des solutions spéciales et pratiques. En raison même de l'incertitude qui règne sur toute cette question, nous serons obligé de consacrer un chapitre à la preuve de l'existence de la distinction dans notre Droit. — Dans le chapitre second, nous déterminerons la portée de la distinction, et, dans le chapitre troisième et dernier, ses effets.

CHAPITRE I

La distinction de l'Inexistence et de l'Annulabilité a-t-elle été faite par les rédacteurs du Code civil ?

236. — Faut-il faire encore dans le Droit actuel la distinction de l'inexistence et de l'annulabilité ? Le moyen le plus élémentaire de résoudre cette question serait de se reporter aux textes mêmes du Code. Mais malheureusement les textes qui pourraient nous éclairer étant peu nombreux et généralement peu explicites, il est essentiel de puiser encore des renseignements à une autre source. Les Travaux préparatoires du Code nous permettront de consolider les arguments qui nous seront fournis par les textes de la loi ; nous y retrouverons, non sans peine assurément, la preuve certaine que la distinction traditionnelle du Droit romain et de l'Ancien Droit français n'a pas été abandonnée par les rédacteurs du Code civil ; et, après avoir ainsi pénétré par l'étude des discussions préliminaires l'esprit même de la loi, nous serons en état de mieux comprendre les textes un peu arides qui furent le résultat de ces discussions.

SECTION I.

TRAVAUX PRÉPARATOIRES.

237. — Il y a une profonde obscurité dans la plupart des discussions, des rapports ou des discours qui touchent à notre matière. Cependant il n'est pas impossible de dégager la pensée des

rédacteurs de la loi. La question de l'inexistence et de l'annulabilité fut discutée dans la préparation du titre *du Mariage* et dans
les études faites sur les obligations.

238. — Ce fut sans aucun doute en matière de mariage que la
discussion fut le plus confuse (1). Chose curieuse, ce ne fut pas
un jurisconsulte, mais le Premier Consul, qui formula sur ce
sujet les idées les plus nettes et les plus vraies. Il était profondément pénétré de la pensée de la distinction, et mettait une
sorte d'acharnement à la rappeler aux conseillers d'Etat portés
à la perdre de vue. Sans doute il ne sut pas généraliser ses
conceptions ; il ne parvint pas à faire une théorie de cette distinction qui s'imposait à son esprit merveilleusement clair-
voyant ; il fit rentrer, au moins lors de la première discussion,
dans la catégorie des actes inexistants certains mariages qu'il
eût fallu considérer comme annulables ; il émit à un moment
donné des idées qu'il avait combattues précédemment ; il eut certaines impropriétés de langage pouvant être la cause de confusions : ce sont des reproches qu'il mérite et qui lui sont bien par-
donnables, puisqu'il n'était pas jurisconsulte. Mais ce qui est
remarquable, c'est cette fidélité qu'il conserva au principe de la
distinction, c'est la persévérance avec laquelle il insista sur la
question, et grâce à laquelle il parvint à convaincre les membres
du Conseil d'Etat et à faire passer dans le Code, malgré la répu-
gnance générale, la distinction dont il s'était fait le champion.

On doit signaler l'intervention du Premier Consul dans trois
séances, qui eurent lieu :

le 26 fructidor an IX,

le 4 vendémiaire an X,

et le 24 frimaire an X.

239. — Dans la première séance, on mit en discussion l'article 4 du titre *du Mariage* : le projet était présenté au nom de

---

238. — (1) V. sur les Travaux préparatoires en matière de mariage :
A. Madelin, *Le Premier Consul législateur* (Paris 1865, une broch. in-8).

la section de législation par M. Réal, qui proposait la rédaction
suivante :

« Le mariage n'est pas valable si les deux époux n'y ont pas
donné un consentement libre.

« Il n'y a pas de consentement,

« 1° S'il y a eu violence.

« 2° S'il y a eu erreur dans la personne...

« 3° S'il y a eu rapt... » (1).

Le Premier Consul ne trouva pas cette rédaction exacte : « *Il*
« *n'y a pas de mariage*, fit-il observer, où il n'y a pas de con-
« sentement libre ; *l'article semble cependant supposer qu'il*
« *y a, en ce cas, un mariage, mais qu'il n'est pas vala-*
« *ble* » (2).

Ainsi, voilà clairement exprimée l'idée que, lorsqu'il n'y a pas
consentement libre, le mariage est, non pas annulable, mais
inexistant : *il n'y a pas de mariage.*

Mais le Premier Consul désire que l'on détermine les cas
d'inexistence, et il propose de « décider d'abord qu'*il n'y a pas*
« *de mariage* quand le consentement n'a pas été donné dans les
« formes prescrites par le Titre relatif aux actes de l'état civil ;
« ensuite qu'il n'y a pas de consentement lorsqu'il y a violence,
« séduction ou erreur » (3). Il explique ce qu'il entend par
l'erreur : pour lui l'erreur sur les qualités et les circonstances
« *détruit le consentement*, quoiqu'il n'y ait pas d'erreur sur
« l'individu » (4) ; et il conclut :

« Ainsi tout se réduit à ceci :

« Le mariage est valable lorsque les formes ont été observées,
« et qu'il n'y a eu ni violence, ni erreur sur la personne.

« Le mariage doit être cassé si les formes n'ont pas été obser-
« vées, ou s'il y a eu violence ou erreur » (5).

---

239. — (1) Locré, *Législation de la France*, IV, p. 312.

       (2) Locré, IV, p. 324, n° 15.

       (3) Locré. IV, p. 326, n° 17.

       (4) Ibid.

       (5) Ibid.

La pensée du Premier Consul ne semble pas difficile à saisir : quand il n'y a pas eu célébration devant l'officier de l'état civil, ou quand il n'y a pas eu de consentement libre, *il n'y a pas de mariage*, le mariage est inexistant, et les tribunaux détruiront l'état de *fait* qui aura pu exister jusque-là, briseront, casseront le lien qui *en fait* aura réuni les époux, *déclareront* qu'il n'y aura jamais eu *juridiquement* de mariage. C'est évidemment la seule signification possible des termes « *le mariage doit être cassé...* » employés par le Premier Consul pour des hypothèses où, il venait de le dire à l'instant même, le mariage est inexistant. L'expression dont se sert le Premier Consul n'est pas très-heureuse : il eût été plus clair s'il eût dit : « Le mariage *sera déclaré nul* ». Néanmoins aucune confusion n'est possible : la *cassation* est ici synonyme de *déclaration d'inexistence*.

La discussion se prolonge, et alors le Premier Consul emploie le mot *cassation* dans un sens tout différent : voilà la raison pour laquelle nous avons pu dire tout à l'heure que son expression n'était pas heureuse. Tronchet proposant de placer l'article en question dans le chapitre IV (c'est-à-dire le chapitre des nullités de mariage), le Premier Consul répond que « ce serait mêler en- « semble *les cas où il n'y a pas de mariage*, et *les cas où le* « *mariage peut être cassé* » (6). Ici la cassation, c'est l'annulation : le mot est pris dans son sens naturel : l'opposition faite entre l'inexistence et l'annulabilité ne peut faire l'objet d'aucun doute.

Dans cette première discussion, le Premier Consul a donc formellement et catégoriquement distingué les mariages inexistants des mariages annulables. Il faut remarquer du reste que les idées qu'il émit furent adoptées par les membres du Conseil d'Etat. En effet il obtint le changement de rédaction qu'il avait demandé, et conformément à ses conclusions, on ne fit pas passer l'article en discussion dans le chapitre des nullités de mariage. Le nouvel article 4 fut rédigé de la manière suivante : « *Il n'y a pas de ma-*

---

(6) Locré, IV, p. 327, n° 17.

« *riage* lorsqu'il n'y a pas de consentement ; il n'y a pas de con-
« sentement lorsqu'il y a violence, séduction ou erreur sur la per-
« sonne » (7).

240. — Le 4 vendémiaire an X; le Premier consul revient
sur la distinction de l'inexistence et de l'annulabilité. Il était
resté fidèle au principe de la distinction ; mais depuis la discussion précédente, qui remontait à l'an IX, ses idées s'étaient mo-
difiées sur l'application de ce principe. Dans la première discussion, il pensait que toute violence devait entraîner l'inexistence
du mariage : maintenant il est d'avis qu'il faut distinguer :
« Quand la violence a eu cet effet (de conduire la personne
« violentée devant l'officier de l'état civil), il y a une apparence
« de mariage *que la cassation doit détruire ;* dans tous les
« autres cas de violence, *il n'y a pas même de mariage* » (1).
La dernière partie de la phrase : *il n'y a pas même de mariage,*
nous renseigne sur la signification de la première : *il y a une
apparence de mariage que la cassation doit détruire.* Elle
nous montre que, dans ce premier cas, Bonaparte entend qu'il y
a mariage, mais mariage que l'on pourra casser, mariage annulable : ce n'est pas une *déclaration* que devront faire les juges,
mais une *casssation* dans le sens rigoureux du mot.

Il est remarquable que le Premier Consul ait parfaitement
compris que, même en cas d'inexistence, les tribunaux pourront
être appelés à se prononcer : mais alors ce sera une véritable
déclaration du Droit qu'ils devront faire. C'est ce que dit le
Premier Consul quand il en arrive à l'erreur qui peut entraîner
comme la violence soit l'inexistence, soit l'annulabilité (en cette
matière, de même qu'en fait de violence, ses idées s'étaient mo-
difiées depuis la séance du 26 fructidor an IX) : « Il n'y a de
« véritable erreur de personne que quand un individu est substitué
« physiquement à un individu ; et alors seulement le mariage est
« *radicalement nul...* Cependant, comme le mariage existe en

---

(7) Locré, IV, p. 327, n° 18.
240. — (1) Locré, IV, p. 361, n° 38.

« apparence, *il faut que l'autorité prononce qu'il n'existe pas*
« *réellement* » (2). Quand l'erreur ne porte pas sur l'individu,
il n'y a pas nullité radicale : c'est toujours la distinction de
l'inexistence et de l'annulabilité.

241. — Les idees du Premier Consul sont désormais fixées,
non seulement pour le principe même de la distinction, mais encore pour les applications à en faire. Il rappelle fort clairement
la discussion que nous venons d'analyser, dans la séance du
24 frimaire an X :

« Vous ne devez pas vous servir de ces termes, *le premier*
« mariage, puisque vous dites que dans ce cas, *il n'y a pas* eu
« de mariage. On a distingué deux cas dans la discussion : 1° *il n'y*
« *a pas de mariage* à défaut de consentement devant l'officier
« civil, et si on a écrit que la femme a dit *oui*, quand elle a dit
« *non ;* 2° si la femme ayant dit *oui*, prétend ensuite avoir été
« forcée, *il y a mariage, mais il peut être annulé.* Il en est de
« même par rapport à l'erreur de personne; si lorsque je voulais
« épouser une blonde avec les yeux noirs, on m'a donné une
« brune avec les yeux bleus, *il n'y a pas de mariage.* S'il n'y a
« eu erreur que sur la qualité, *il y a mariage, mais il peut être*
« *nul.* Votre rédaction ne maintient pas ces distinctions » (1).

Puis il revient sur le cas de violence. Une jeune personne paraît devant l'officier de l'état civil : à la demande qui lui est faite
de donner son consentement au mariage, elle se récrie : *il n'y a*
pas de mariage. « Si, au contraire, intimidée par les menaces,
« elle consent au mariage, ne fût-ce qu'un moment, *le mariage*
« *subsistera jusqu'à ce que les tribunaux aient décidé* que
« le consentement n'a pas été libre » (2).

Grâce à ces principes nettement posés par le Premier Consul,

---

(2) Locré, IV, p. 363 et 364, n° 41.

241. — (1) Fenet, *Recueil complet des Travaux préparatoires du Code*
civil, IX, p. 99 en note. — Fenet a extrait ces paroles des *Mémoires de*
M. Thibaudeau sur le Consulat, p. 430-433.

(2) Locré, IV, p. 438, n° 11.

Tronchet ne réussit pas à faire rétablir par le Conseil d'État, dans l'article en discussion les mots *le mariage n'est pas valable* au lieu de ceux-ci que le Premier Consul leur avait fait substituer dans la première discussion : *il n'y a pas de mariage;* et ces termes se retrouvent encore dans l'article 146 du Code civil, article qui peut être considéré comme l'œuvre personnelle du Premier Consul : « *Il n'y a pas de mariage lorsqu'il n'y a point* « *de consentement* ».

242. — Il est donc certain que la distinction de l'inexistence et de l'annulabilité n'a pas échappé au Premier Consul, et qu'il réussit à la faire passer dans l'art. 146 du Code civil. Nous n'avons pas à nous occuper ici de la portée qui fut donnée à la distinction; nous n'avons pas à nous demander si tous les membres du Conseil d'État conçurent la distinction dans ses applications comme leur illustre président. Contentons-nous de constater que dans la préparation du Code la question fut prévue; que les termes de l'art. 146 ont été inspirés par la pensée de la distinction de l'inexistence et de l'annulabilité : ce qui revient à dire que cette distinction a été admise *en principe* dans la matière du mariage.

243. — La préparation du titre *des Contrats ou Obligations conventionnelles* fut plusieurs fois l'occasion de développements satisfaisants sur la distinction de l'inexistence et de l'annulabilité. En matière de mariage, il est fort probable que sans l'intervention continue du Premier Consul, la distinction eût été oubliée ; d'autre part dans toute la discussion dont nous venons de donner une idée, il régna toujours en général et quelquefois dans l'esprit du Premier Consul lui-même, une certaine confusion. L'application aux obligations de la distinction qui forme l'objet de notre étude, fut saisie au contraire par tous ceux qui eurent l'occasion d'en parler ; et il est certain que les idées émises à ce sujet sont généralement assez précises.

Il n'est pas difficile de donner la cause de cette différence. Nous avons constaté déjà que sous l'Ancien Droit la théorie de l'inexistence et de l'annulabilité était bien moins avancée, et avait été beaucoup moins étudiée dans son application au mariage qu'en matière d'obligations. Pour le mariage, il n'y avait pour ainsi dire pas de précédents : il était loin d'en être de même en matière d'obligations. De là les hésitations que nous avons trouvées tout à l'heure ; de là la netteté relative de la préparation du titre *des Contrats ou Obligations conventionnelles* sur la question qui nous occupe.

244 — La distinction apparaît déjà dans les observations du Tribunal de cassation sur l'article 192 du titre *des Contrats ou Obligations conventionnelles* (art. 1304 du Code).

Le projet de la commission nommée par le gouvernement décidait que l'action en nullité dure trente ans, et l'action en restitution dix ans seulement.

Le Tribunal de cassation est d'avis qu'il ne faut pas admettre des règles différentes pour la nullité et pour la restitution : il propose la prescription de dix ans pour l'une et l'autre action. Mais il fait observer que l'article ne vise pas les cas où il y a inexistence :

« Les conventions contraires aux bonnes mœurs ou à la « prohibition de la loi, *ne sont point obligatoires ; il n'est* « *pas nécessaire de les attaquer par action en nullité :* « *il suffit d'opposer cette nullité*, comme exception à celui qui « en demande l'exécution ; et cette exception est perpétuelle. « Trente ans de silence, l'exécution même pendant un plus grand « nombre d'années, ne détruiraient pas l'effet de l'exception » (1).

Le Tribunal de cassation comprend parfaitement qu'il n'y a de véritable action en nullité, et par conséquent qu'il ne peut y avoir de prescription de l'action en nullité, que dans les cas où il y a annulabilité, par exemple quand il y a incapacité de la personne qui s'oblige, omission des formalités prescrites dans l'aliénation des biens des mineurs, erreur, violence ou dol (2).

245. — Quand le Tribunal de cassation eut fourni ses observations, le projet de Code fut soumis au Conseil d'Etat. Nous ne relevons rien ou à peu près rien d'intéressant sur notre question

---

244. — (1) Fenet, II, p. 597.
(2) Ibid.

dans les discussions qui eurent lieu entre les membres de ce Corps (1). Mais nous retrouvons la distinction de l'inexistence et de l'annulabilité dans les observations présentées par la section de législation du Tribunat à la suite de la communication officieuse du projet tel qu'il était sorti des premières délibérations du Conseil d'Etat.

L'art. 234 du titre des Obligations (correspondant à l'art. 1338 du Code) était ainsi conçu d'après ce projet : « Dans la confirma-« tion ou ratification d'un acte radicalement nul, on doit... ».

Qu'est-ce que pouvaient entendre les rédacteurs du projet par ces termes : *un acte radicalement nul* ? Il est fort difficile de le dire : la formule était trop vague, et la section de législation du Tribunat en fait la remarque. Elle rappelle que d'après la loi « les « engagements contractés par les impubères, *ne sont obliga-« toires dans aucun cas* et pour aucune des parties ». Elle ajoute qu' « *un tel acte est considéré par la loi comme n'ayant jamais existé* » ; qu'il en est de même des engagements contractés pour cause illicite ; que des actes de cette nature ne peuvent donc pas être confirmés : car la confirmation ne peut s'appliquer qu'à un acte existant, puisqu'elle n'est qu'une renonciation à l'action en nullité. Il faudrait que l'article ne pût pas faire entendre que toutes les nullités sont susceptibles de confirmation. Et, dans cet esprit, la section propose la rédaction suivante :

« Les engagements contractés par les impubères ou pour cause « illicite, ne peuvent être confirmés, ni ratifiés, soit tacitement, « soit expressément.

« A l'égard de tous autres actes qui pourraient être frappés de « quelqu'une des nullités prononcées par la loi, la confirmation... « emporte *renonciation* aux moyens et exceptions que l'on pour-« rait opposer contre eux » (2).

---

245. — (1) V. cependant une observation faite par Regnaud de St-Jean d'Angely dans la séance du Conseil d'Etat du 11 brumaire an XII, Locré, XII, p. 136, n° 18.

(2) Locré, XII, p. 289, n° 3.

Le 5 nivose an XII, lendemain du jour où ces observations avaient été présentées, le Conseil d'Etat acceptait une nouvelle rédaction de cet art. 234. La nouvelle rédaction est celle qui est devenue l'art. 1338 du Code (3). Elle portait que « l'acte de « confirmation ou ratification d'une obligation *contre laquelle* « *la loi admet l'action en nullité ou en rescision*, n'est va- « lable que lorsque l'on y trouve la substance de cette obligation...

« La confirmation... emporte la *renonciation* aux moyens et « exceptions que l'on pouvait opposer contre cet acte... ».

On avait tenu compte des observations du Tribunat. L'expression d'*acte radicalement nul* avait disparu ; d'autre part la nouvelle rédaction implique clairement que les actes annulables peuvent seuls être confirmés ; car les contrats inexistants ne renferment pas de ces *obligations contre lesquelles la loi admet l'action en nullité ou en rescision :* ainsi que l'avait fait re-remarquer le Tribunal de cassation, il n'y a pas d'*action en nullité* contre les obligations inexistantes : on n'a pas besoin de détruire le *néant*.

La nouvelle rédaction donne donc pleine satisfaction aux vœux exprimés par la section de législation du Tribunat. Sans doute elle ne spécifie pas quels sont les actes inexistants : elle ne parle plus ni des engagements des impubères, ni des conventions dont la cause est illicite. Mais cela eût été imprudent : car l'énumération faite par le Tribunat était incomplète, et il était difficile de donner une nomenclature complète des actes inexistants. Il était de beaucoup plus simple d'exclure d'une façon générale de toute possibilité de confirmation les actes inexistants en désignant les actes susceptibles de confirmation par une formule qui ne pût s'appliquer qu'aux actes annulables.

L'art. 1338 porte ainsi la trace de la distinction à laquelle la section de législation du Tribunal semblait attacher une si grande importance.

---

(3) Locré XII, p. 289 n° 3.

246. — Le projet modifié de la sorte revint devant le Tribunat. La section de législation chargea deux de ses membres, Favart et Jaubert, d'en exposer l'économie devant le Tribunat, toutes sections réunies. Le rapport de Favart porta sur la première partie du titre, c'est-à-dire sur la manière dont les obligations s'établissent ; Jaubert, dans deux rapports, étudia comment les obligations s'éteignent et se prouvent.

Lorsque, dit Favart, l'obligation est sans cause, ou n'a qu'une cause fausse ou illicite, « *il n'y a pas d'obligation*, ou il fau- « drait admettre des effets sans cause » (1).

Le tribun ajoute : « Il faut bien se pénétrer du principe adopté « par le projet ; il divise les engagements d'une manière à écarter « toute difficulté dans l'application ; il n'en distingue que deux « sortes : savoir, *les engagements auxquels la loi refuse toute* « *existence* qui puisse produire un effet, et *ceux qui sont seu-* « *lement susceptibles d'être rescindés* » (2).

Les rapports de Jaubert sont tout aussi explicites. Comme le fait remarquer M. Laurent (3), Jaubert avait professé le Droit à Bordeaux : il faut donc attacher une autorité particulière aux idées qu'il a émises.

Or il met nettement en opposition les contrats inexistants et les contrats annulables.

Lorsque la cause est illicite, l'orateur dit qu' « *il n'y a pas eu* « *de contrat* ». Il applique la même expression au cas où c'est l'objet qui fait défaut. Au contraire, les engagements des incapables sont annulables, car ceux-ci ont seulement « *la faculté de* « *les faire annuler* ». Les contrats entachés d'erreur, de violence ou de dol rentrent dans la même catégorie. Jaubert conclut : « L'action en nullité ou en rescision ne s'applique donc « qu'aux cas où *la convention peut produire une action*, qui « néanmoins est susceptible d'être repoussée par une excep- « tion... ».

---

246. — (1) Locré, XII, p. 429, n° 24.

(2) Locré, XII, p. 429, n° 27.

(3) Laurent, XV, 461.

Le Code, en acceptant cette théorie, ne fait que suivre la tradition : cela est évident, puisque nous avons montré que les auteurs de l'Ancien Droit étaient tous partisans de la distinction de l'inexistence et de l'annulabilité. Jaubert expose lui-même à ses collègues que cette théorie est traditionnelle : « Et d'abord *il* « *était impossible de ne pas conserver l'ancienne distinction* « entre les *actes faussement qualifiés de contrats, et qui ne* « *produisent jamais d'action*, et les contrats *qui ont contenu* « *une obligation*, et conséquemment le principe d'une action, « laquelle action peut être seulement repoussée par une excep-« tion.

« Lorsqu'il s'agit d'un engagement contracté sans objet, ou « sans cause, ou pour cause illicite, il est tout simple que *celui* « *qui a souscrit l'engagement n'ait pas besoin de recourir à* « *la justice pour se faire dégager*, ou que du moins à quelqu'é-« poque qu'il soit poursuivi, il soit toujours admis à répondre « qu'*il n'y a pas d'obligation:* mais lorsqu'il s'agit d'un mineur, « d'une femme mariée... on ne devait pas déclarer d'une ma-« nière absolue qu'*il n'y avait pas d'obligation ;...* on devait se « borner à dire que *celui qui aurait souscrit l'engagement* « *pourrait s'y soustraire* » (4).

Dans le second rapport de Jaubert, la même théorie est exposée :

« Une idée vraie et simple, c'est qu'on ne peut confirmer et « ratifier que *ce qui a réellement existé*, quoique manquant de « force par quelque vice.

« De là il résulte :

« 1° qu'on ne peut en aucune manière confirmer, ni ratifier « de *prétendues conventions dont la loi n'a jamais reconnu* « *l'existence ;*

« 2° que dans tous les autres cas la ratification peut avoir « lieu.

« ... La loi a déclaré qu'*il ne pouvait y avoir de convention* « sans objet et sans cause licite.

---

(4) Locré, XII, p. 491, n° 60.

« Dans ce cas, il ne peut donc y avoir lieu à ratification. »

Quand il s'agit au contraire des actes des mineurs, des femmes mariées, etc., « *l'obligé* avait la faculté de proposer une excep-
« tion. S'il *renonce* à user de son droit, l'obligation *reste* » (5).

On retrouvera les mêmes idées et presque les mêmes expressions dans le discours du tribun Mouricault au Corps législatif (6).

En un mot, dans la matière des conventions, les rédacteurs du Code ne négligèrent aucune occasion de rappeler la théorie de l'inexistence et de l'annulabilité. A tous les degrés de la préparation du titre *des Contrats ou Obligations conventionnelles* on constate qu'ils ont pensé à en faire l'application.

247. — Il en fut encore ainsi lorsque de l'étude des contrats et obligations en général on en arriva à déterminer les règles qui devaient s'appliquer à chacun des principaux contrats en particulier.

Dans les Travaux préparatoires relatifs au titre *du Cautionnement*, Chabot devant le Tribunat (1), Lahary devant le Corps législatif (2) opposent les actes inexistants aux actes nuls. Le rapport fait au Tribunat par Albisson sur le titre *des Transactions* contient une allusion évidente à la théorie de l'inexistence et de l'annulabilité (3).

Nous nous croyons autorisé à conclure que les rédacteurs du Code se sont inspirés en règle générale de cette théorie. Dans la matière du mariage, le Premier Consul avait été obligé de les pousser sur cette voie dans laquelle ils semblaient ne pas vouloir entrer ; mais dès qu'il fut question d'obligations, ils s'y précipitèrent à l'envi. Nous avons pu constater en passant que certains textes du Code portent la trace des discussions qui eurent lieu à ce sujet. Il nous faudra rechercher maintenant si en dehors de

____

(5) Locré, XII, p. 523, n° 24.

(6) Locré, XII, p. 585.

247. — (1) Locré, XV, p. 337, n° 4.

(2) Locré, XV, p. 435, n° 10.

(3) Locré, XV, p. 378, n° 11.

ces textes il n'en existe pas d'autres qui justifient l'admission dans le Droit actuel de la théorie de l'inexistence et de l'annulabilité.

SECTION II.

TEXTES DU CODE.

248. — Il est des textes qui parlent d'actes annulables ; il en est d'autres qui ne peuvent s'appliquer qu'à des actes inexistants.

249. — Nous ne reviendrons pas sur la formule de l'art. 1338. « *Une obligation contre laquelle la loi admet l'action en nul-* « *lité ou en rescision* » est évidemment une obligation annulable, surtout si l'on tient compte des discussions à la suite desquelles cette rédaction fut adoptée : aussi avons-nous dit déjà que cet article consacre la distinction de l'inexistence et de l'annulabilité (1).

250. — Dans l'étude des Travaux préparatoires, nous avons été obligé de parler également, mais sans y insister, de la nature des nullités dont il est traité au chapitre IV du titre *du Mariage*. Le Premier Consul exprimait l'avis qu'il n'est question dans ce chapitre que des cas où le mariage peut être cassé, c'est-à-dire où le mariage est annulable (1).

C'est qu'en effet il est impossible de comprendre autrement la rédaction des art. 180 et suivants.

Dans toute la série de ces articles on ne présente les mariages frappés de nullité que comme pouvant être attaqués en justice : la loi détermine dans quels cas les mariages pourront être attaqués, et quelles personnes auront le droit de les attaquer. Il semble donc

----

249. — (1) V. *supra*, 245.
250. — (1) V. *supra*, 239, t. et n. 6.

que dans l'esprit des rédacteurs du chapitre, la nullité n'a d'effet que lorsqu'elle est prononcée par la justice, lorsque le mariage a été effectivement attaqué par l'une des personnes à qui la loi confie l'action en nullité.

Mais ce n'est pas tout. Le Code dispose au même chapitre que dans certaines conditions, l'action en nullité qui a pu être ouverte à un moment donné, n'est plus recevable. Dans ces cas, le mariage ne pouvant plus être attaqué, produit évidemment tous les effets d'un mariage valable ; et comme l'extinction de l'action en nullité a été un fait purement négatif et n'a rien pu modifier à la situation juridique active des époux, si nous pouvons nous exprimer ainsi, il faut dire qu'avant cette extinction le mariage produisait tous ses effets ; il faut décider en un mot qu'un tel mariage est annulable.

251. — Du mariage, passons aux conventions.

L'art. 1117 établit d'une façon assez précise le caractère d'annulabilité de certaines conventions.

« *La convention contractée par erreur, violence ou dol,* « N'EST POINT NULLE DE PLEIN DROIT ; ELLE DONNE SEULEMENT « LIEU A UNE ACTION EN NULLITÉ OU EN RESCISION, *dans les* « *cas et de la manière expliqués à la section VII du chapitre* « *V du présent titre* ».

Cela revient à dire : la convention dont s'agit n'est pas inexistante ; elle est seulement annulable, et les conditions dans lesquelles son annulation devra être demandée seront étudiées dans les art. 1304 et suivants.

Il résulte, en effet, du texte de l'article, que la convention contractée par erreur, violence ou dol n'est frappée d'inefficacité qu'à la suite du succès de l'action en nullité ou en rescision : ce qui constitue l'annulabilité.

La loi considère absolument de la même manière les contrats passés par les incapables :

« *Le mineur, l'interdit et la femme mariée ne peuvent* « ATTAQUER, *pour cause d'incapacité, leurs engagements, que* « *dans les cas prévus par loi.*

« *Les personnes capables de s'engager ne peuvent opposer*
« *l'incapacité du mineur, de l'interdit ou de la femme*
« *mariée, avec qui elles ont contracté* » (art. 1125).

Les conventions des incapables doivent être *attaquées*, on le
voit. Tant qu'elles n'ont pas été attaquées par les incapables ou
leurs ayants cause, elles sont efficaces : les parties qui, dans
l'exercice de leur pleine capacité, auront traité avec les incapables,
ne pourront se soustraire à cette efficacité.

L'exercice de l'action éteindra l'obligation qui avait subsisté :
c'est ce que dit formellement l'art. 1234, qui range parmi les
causes d'extinction des obligations la nullité ou la rescision.
L'art. 1234 annonce les art. 1304 et suivants qui, *dans le cha-*
pitre DE L'EXTINCTION DES OBLIGATIONS, sont consacrés à
l'étude de l'action en nullité ou en rescision des conventions.

Il serait inutile, pensons-nous, d'insister. Signalons cependant
encore en passant les art. 2053 et 2054, qui parlent de transactions
pouvant être *rescindées*, de *l'action en rescision* contre une
transaction.

En présence de ces textes, il semble absolument impossible de
soutenir que le Code n'a pas admis l'annulabilité.

252. — Nous allons voir qu'il a considéré, par contre, certains actes comme inexistants.

On se rappelle l'art. 146, dont nous avons parlé déjà à cause
de l'intéressante discussion à laquelle sa rédaction a donné lieu.
On sait que c'est précisément pour consacrer la distinction de
l'inexistence et de l'annulabilité que le Premier Consul fit substituer à la formule primitive (le mariage N'EST PAS VALABLE....) la
rédaction définitive : « IL N'Y A PAS *de mariage lorsqu'il n'y a*
« *point de consentement* » (art. 146) (1).

L'art. 1131 est non moins décisif :

« *L'obligation sans cause, ou sur fausse cause, ou sur*
« *cause illicite*, NE PEUT AVOIR AUCUN EFFET ».

---

252. — (1) V. *supra*, 239.

La loi ne dit pas que cette obligation est nulle ; elle s'exprime de telle façon qu'aucun doute ne puisse exister sur la nature de l'inefficacité dont l'acte est frappé : si l'obligation ne peut avoir aucun effet, c'est qu'elle est inexistante ; car l'obligation annulable est efficace jusqu'à son annulation. On remarquera du reste que dans tous les extraits des Travaux préparatoires sur le titre *des Contrats ou Obligations conventionnelles* que nous avons donnés, les conventions visées par l'art. 1131 sont signalées comme inexistantes (2). Il n'y avait pas de dissentiments à ce sujet : c'est bien pour cette raison que la formule employée est si précise.

Les art. 1587, 1974 se servent d'expressions analogues à celles que nous venons de relever, et établissent ainsi d'une façon certaine l'inexistence.

En dehors de ces textes on aurait peine à en trouver d'autres dont les termes mêmes expriment l'inexistence de quelqu'acte juridique. Cette indigence de textes précis s'explique dans une certaine mesure. Lorsque la loi a déterminé la conception qu'elle se fait d'un acte juridique, elle n'a pas besoin de décider expressément que tout acte qui ne répond pas à cette conception n'est pas l'acte en question, que l'absence d'une condition essentielle empêchant la réalisation de cette conception entraîne l'inexistence. Il s'ensuit que l'inexistence ne doit pas normalement être prononcée par la loi : c'est par la définition d'un acte juridique que l'on doit déterminer quand cet acte existe ou n'existe pas. Voilà la raison pour laquelle les textes établissant nettement l'inexistence sont si peu nombreux. Il est heureux cependant que dans certains cas, les rédacteurs du Code aient cru nécessaire de prononcer expressément l'inexistence : les textes qu'ils ont rédigés dans ce but, ajoutés à ceux qui impliquent l'annulabilité, nous ont fourni un argument de plus pour justifier l'admission dans notre Droit de la distinction des actes inexistants et des actes annulables.

----

(2) V. *supra*, 244-246.

253. — En un mot, il résulte à la fois des Travaux préparatoires et des textes du Code que la théorie de l'inexistence et de l'annulabilité n'a pas échappé au législateur ; qu'au contraire il l'a consacrée d'une façon générale. Les observations du Tribunal de cassation, les discussions au Conseil d'Etat, les observations du Tribunat, les rapports et discours des tribuns rappellent sans cesse la nécessité de distinguer les actes inexistants des actes annulables. Sans doute on n'emploie pas les expressions modernes d'*inexistence* et d'*annulabilité ;* mais la pensée des rédacteurs est néanmoins certaine. On ne trouve pas non plus ces expressions dans les textes du Code qui eût certainement gagné en clarté s'il y avait eu recours : néanmoins ces textes renferment sinon les mots, du moins la chose (1).

La question posée en tête de ce chapitre se trouve donc résolue :

Oui, la distinction de l'inexistence et de l'annulabilité doit être faite dans le Droit actuel.

---

253. — (1) V. *supra,* p. 1, en note.

CHAPITRE II.

Quand y a-t il inexistence ou annulabilité ?

SECTION I.

QUAND Y A-T-IL INEXISTENCE ?

254. — Le critérium d'après lequel on devait reconnaître l'inexistence variait suivant les systèmes dans l'Ancien Droit. Bien des auteurs même, si l'on se rappelle l'étude que nous avons faite, eurent des idées très peu précises sur le sujet.

Aussi ne sera-ce point l'Ancien Droit qui nous fournira la solution de la question posée. Les Travaux préparatoires du Code nous permettront seuls, à notre avis, de faire la lumière sur la nature de l'inexistence dans la pensée du législateur ; seuls ils pourront nous révéler comment les rédacteurs de notre loi conçurent les actes inexistants.

255. — Dans la discussion qui eut lieu au Conseil d'Etat sur le titre *du Mariage*, et que nous avons rapportée (1), la distinction de l'inexistence et de l'annulabilité fut adoptée sur les instances du Premier Consul. Or nous pouvons nous rendre compte de ce qui constituait l'inexistence aux yeux du Premier Consul et des membres du Conseil d'Etat.

Il est évident qu'il y a inexistence toutes les fois qu'un acte est tellement informe qu'il ne répond pas à l'idée générale que l'on doit se faire de l'acte dont il présente l'apparence grossière. On

---

255. — (1) V. *supra*, 239-242.

n'est pas en présence de cet acte auquel la loi a attribué des effets déterminés : il est certain que ces effets ne se produiront pas.

Mais sont-ce là les seuls cas d'inexistence ? Faut-il dire que dès qu'un acte correspond à l'idée générale que la loi se fait de cet acte, il n'y a pas inexistence, et que l'acte est ou valable ou annulable ? Oui, et c'est ce que démontre la discussion dont nous parlons.

Lorsqu'il n'y a pas eu de consentement, dit le Premier Consul, ou lorsque l'on ne s'est pas présenté devant l'officier de l'état civil, on n'est pas en présence d'un mariage. Dans tous les cas où il y a mariage, il faudra toujours une cassation pour amener l'inefficacité. — Il est certain qu'à ses yeux il n'y a inexistence que dans l'hypothèse où l'on n'est pas en présence d'un mariage, où l'acte ne répond pas à l'idée générale que l'on doit se faire d'un mariage. Et comme il a réussi à faire consacrer dans la rédaction de l'art. 146 la théorie de l'inexistence et de l'annulabilité, il faut admettre que les législateurs ont compris cette théorie telle que le Premier Consul l'exposait.

Sans doute ils ne partageaient pas tous ses idées d'une façon absolue : c'est ainsi que Tronchet disait que « dès qu'il existe un « acte matériel il y a mariage », et proposait en conséquence de modifier la rédaction qui est devenue l'art. 146 du Code (2). Mais il faut remarquer qu'il y avait là purement et simplement une conception différente du mariage ; et que le principe de la théorie de l'inexistence et de l'annulabilité restait le même, savoir : dans certaines conditions on n'est pas en présence d'un mariage ; mais quand il y a mariage, quand l'acte répond à l'idée générale d'un mariage, ce mariage ne sera inefficace que s'il est annulé par la justice.

Il n'est pas bien difficile de justifier que l'inexistence fut comprise de la même manière par les rédacteurs du titre *des Contrats ou Obligations conventionnelles*.

----

(2) Locré, 1V, p. 437, n° 8.

Quand, dans leurs rapports au Tribunat, Favart et Jaubert parlent des obligations ou des contrats inexistants, ils les présentent comme ne répondant pas à la conception de l'obligation ou du contrat.

Lorsqu'il y a défaut de cause, ou fausse cause, ou cause illicite, dit Favart, « *il n'y pas d'obligation, ou il faudrait admettre* « *des effets sans cause* ».

Jaubert exprime qu'il y a là des « *actes faussement qualifiés* « *de contrats* » ; il rappelle que la loi a déclaré qu'*il ne* « *pouvait y avoir de convention sans objet et sans cause* « *licite* » (3).

N'est-ce pas dire clairement que dans ces cas on n'est pas en présence de ce que la loi appelle une convention, un contrat, une obligation ; puisque l'on va jusqu'à refuser à ces *actes* le nom de *contrats*.

Ajoutons qu'il était impossible de concevoir autrement l'inexistence, puisque l'on admettait à côté de l'annulabilité relative, l'annulabilité absolue et d'ordre public.

Nous avons montré (4) que les art. 180 et suivants édictaient exclusivement des annulabilités : or, les unes peuvent être prononcées sur la demande de toute personne intéressée ; les autres ne peuvent être opposées que par certaines personnes déterminées : les premières sont absolues, les secondes relatives.

Si la loi ne rend pas nuls de plein droit des actes dont évidemment elle désire l'inefficacité dans l'intérêt de la société, c'est qu'elle se considère comme impuissante à empêcher qu'ils ne produisent tout d'abord leurs effets ; c'est que, dès le moment où un acte rentre dans un type auquel la loi attache certains effets, cet acte doit normalement produire ces effets ; c'est qu'elle ne considère comme inexistants que les actes ne rentrant pas dans un type déterminé ; c'est qu'il n'y a inexistence que dans les cas

---

(3) V. *supra*, 246.
(4) V. *supra*, 250.

où l'acte ne répond pas à la conception que la loi s'est faite de l'acte dont il présente l'apparence (5).

Concluons donc qu'*il y a inexistence d'un acte déterminé quand cet acte ne répond pas à l'idée générale que s'est faite de cet acte le législateur ;* et comme c'est la définition de l'acte qui doit donner cette idée générale, qui doit, en d'autres termes caractériser, individualiser l'acte, nous pourrons dire encore qu'*il y a inexistence lorsque l'acte ne satisfait pas à sa définition exacte.*

256. — Voilà un principe. Mais ce principe est d'une généralité bien étendue, et l'on nous reprochera peut-être d'avoir seulement déplacé la question.

On n'attendra pas de notre part les définitions de tous les actes juridiques : une pareille tâche est trop vaste pour que nous essayions même de l'entreprendre. Tout ce que l'on pourra nous demander, ce sera de poser des principes généraux sur la manière d'établir les définitions exactes des différents actes juridiques.

Car lorsque nous disons que pour n'être pas inexistant l'acte doit satisfaire à sa définition exacte, nous entendons : sa définition telle qu'elle aurait dû être donnée par la loi, et non pas telle qu'elle se trouve dans le Code. En effet, les définitions du Code ont bien souvent pour but de donner l'idée de l'acte valable, et à

---

(5) Les rédacteurs du Code de Procédure civile ont cependant admis l'inexistence dans un cas où l'acte répond à la conception de la loi. V. art 686, Pr. La vente faite par le saisi apres la transcription de la saisie répond si bien à la conception d'une vente que, d'après la théorie généralement admise, elle est seulement frappée de nullité relative dans l'intérêt du poursuivant et des créanciers inscrits (argt. art. 687. — V. Req. rej. 27, mars 1832, Répert, Dal., v° *Enregistrement*, 230 ; — Carré et Chauveau, *Lois de la Procédure civile et administrative,* 4° édit, 2294). Il y a là un cas d'inexistence relative et une dérogation aux principes du Code civil. Mais cette dérogation était imposée par les nécessités de la pratique. Sans l'art. 686, Pr, il eût été facile au saisi de faire trainer en longueur les opérations de la saisie en forçant le poursuivant à exercer des actions en nullité contre les ventes qui auraient pu être consenties à son détriment.

côté des conditions d'inexistence renferment encore les conditions
de validité de l'acte : la loi définit alors l'acte tel qu'elle le désire,
réunissant tout ce qu'il faut pour produire d'une manière définitive tous ses effets. Ainsi, l'art. 894 définit la donation entre vifs :
« un acte par lequel le donateur se dépouille *actuellement et*
« *irrévocablement* de la chose donnée, en faveur du donataire
« qui l'accepte ». Or, il ne semble pas que la donation faite en
contravention aux articles 943-946, c'est-à-dire la donation qui
n'est pas actuelle ou irrévocable, soit inexistante (1). La solution
contraire devrait être admise si l'on regardait toutes les conditions
contenues dans la définition légale comme des conditions d'existence de la donation. — Du reste, tout le monde sait que les
définitions données par le Code sont souvent fort imparfaites : il
y aurait imprudence à établir une théorie sur la base de pareilles
définitions.

Il faudra donc vérifier et corriger au besoin les définitions
légales des actes juridiques. Pour cela on recherchera d'abord
la conception rationnelle de l'acte : on aura ainsi un certain
nombre d'éléments de la conception que s'est faite de l'acte le
législateur : car la loi ne peut pas être en opposition avec les
données de la raison. Les résultats ainsi obtenus seront complétés
par l'étude des textes du Code, des Travaux préparatoires , de
la tradition historique.

287. — Recherchons par exemple les conditions d'existence
d'une obligation conventionnelle.

Rationnellement on ne conçoit pas une obligation conventionnelle sans un double consentement, et sans un objet sur lequel
porte ce consentement. L'idée d'une convention éveille nécessairement l'idée de ce double consentement ; et il est de toute évidence
que si l'objet sur lequel porte le consentement est purement
imaginaire, ou n'existe plus, le consentement sera absolument

---

256. — (1) *Sic :* Aubry et Rau, §§ 675 et 676, t. n° 1 ; § 699, t. et n. **7** et s.;
cbns. avec § 37, t. et n. 2 ; — Laurent, XII, 438. — V. cependant *contra :*
Lyon, 8 fév., 1867, D. P., 67, 2, 154.

inefficace. Voilà donc deux conditions d'existence des obligations conventionnelles :

1° un double consentement ;

2° un objet réel.

Telles sont les deux seules conditions que la raison pure nous indique. La réalité d'une cause de l'obligation ne nous semble pas en raison pure absolument nécessaire pour l'existence de l'obligation. Sans doute le consentement ne sera réel que si la partie qui s'oblige a, en s'obligeant, un but défini et immédiat que l'on peut appeler la cause déterminante *subjective* de l'obligation. Mais cet élément subjectif de la cause fait partie du consentement lui-même : il n'y a donc pas de raison pour en faire une condition spéciale d'existence de l'obligation conventionnelle. Il ne saurait être question à ce titre que de la cause considérée *objectivement*, c'est-à-dire de ce qui correspond, ou doit correspondre, dans la réalité, au but immédiat de la personne qui s'oblige. En raison, la réalité de cette cause objective ne paraît pas nécessaire à l'existence de l'obligation conventionnelle. C'est ainsi qu'à Rome la stipulation se comprenait indépendamment de sa cause : sans doute le Droit prétorien vint donner l'exception de dol permettant de rendre inutile l'action née de la stipulation sans cause ; mais ce moyen même prouve qu'au regard du Droit civil la stipulation était parfaitement valable (1).

Ici le texte de la loi vient compléter les données de la raison. L'article 1131 dispose en effet que « *l'obligation sans cause, ou* « *sur fausse cause, ou sur cause illicite, ne peut avoir aucun* « *effet* », c'est-à-dire est inexistante.

De cette disposition même que l'obligation sur cause illicite est inexistante, nous concluons *à fortiori* que le caractère illicite de l'objet entraîne l'inexistence de l'obligation. En effet, l'objet fait partie de l'obligation à un titre plus essentiel encore que la cause :

---

257. — (1) V. 2, 3, D., *De dol. mal. et met. except.*, 44, 4. — Accarias, II, 499.

car si l'on ne peut pas rationnellement concevoir d'obligation sans objet il n'y a pas impossibilité absolue à concevoir une obligation sans cause. Le caractère illicite de la cause emportant de lui-même l'inexistence, *à fortiori*, n'y a-t-il pas d'obligation quand c'est l'objet qui est illicite. Ce raisonnement est appuyé par le texte de l'article 1128, qui décide : « *Il n'y a que les choses qui sont* « *dans le commerce qui puissent être l'objet des conven-* « *tions* » (2).

Nous ajoutons que toute obligation conventionnelle contraire à l'ordre public est inexistante. Cette proposition n'est que le corollaire de ce qui vient d'être établi. Nous ne pouvons pas imaginer, en effet, une obligation conventionnelle contraire à l'ordre public, sans que son objet ou sa cause ne soient illicites. L'objet et la cause pourront ne pas être illicites en eux-mêmes et considérés abstractivement ; mais ce sera par exemple leur association qui les rendra illicites ; ce sera la qualité des parties... Le caractère illicite leur sera donné par des éléments extrinsèques ; mais il n'en sera pas moins réel. Prenons un exemple. D'après certains auteurs (3), la cession de droits litigieux faite contrairement aux dispositions de l'article 1597, viole l'ordre public, c'est-à-dire est illicite. Il n'est pas défendu *en principe* de céder des droits litigieux moyennant un prix : l'objet et la cause de la convention n'ont donc rien d'illicites *en eux-mêmes*. Mais ce qui imprime au contrat le caractère illicite, c'est la qualité du cessionnaire : le fait de céder des droits litigieux à un officier public désigné par l'article 1597, est illicite : l'objet du contrat est véritablement illicite ; la cause de l'obligation est de même illicite. Si donc l'on part de ce principe, que la cession de droits litigieux faite en contravention à l'article 1597 est contraire à l'ordre public, il faut en conclure qu'elle est inexistante.

----

(2) Aubry et Rau, § 344.

(3) Marcadé, sur l'art. 1597, III. — Aubry et Rau, § 359 *quater*, t. et n. 9 ; § 37, t. et n. 14.

(4) *Sic :* Marcadé, *loc. cit.* — *Contra :* Aubry et Rau, *locc. citt.* — Pour nous, qui pensons que le principal fondement de l'article 1597 est l'intérêt du cédant, il n'y a pas néanmoins inexistence dans cette hypothèse.

Notre manière de voir est absolument conforme à la tradition historique. Parmi les anciens auteurs, ceux dont la doctrine était la plus sûre, et obtint le plus de succès, considéraient comme inexistantes les conventions contraires à l'ordre public, et comme annulables celles seulement qui ne regardaient que l'intérêt des particuliers. Telle fut notamment, on s'en souvient, la théorie de d'Argentré et de Dunod (5) ; la clarté, la méthode qu'ils avaient apportées dans leur exposition destinaient cette théorie à faire une grande impression sur l'esprit de ceux qui devaient l'étudier ; et les Travaux préparatoires du Code renferment la preuve que ce fut bien cette théorie que les législateurs entendirent transporter dans la loi moderne. On remarquera, en effet, que les conventions illicites sont toujours signalées parmi les actes inexistants. Le Tribunal de cassation disait : « les conventions contraires aux bonnes mœurs ou à la prohibition de la loi » (6) ; Chabot, dans son rapport au Tribunat (7) : « les obligations contraires aux bonnes mœurs et aux lois » ; Lahary, dans son discours au Corps législatif (8) : « l'obligation... prohibée par la loi ou contraire aux bonnes mœurs ou à l'ordre public » ; toutes ces expressions sont la reproduction de celles de d'Argentré et de Dunod. Favart, Jaubert, d'autres encore (9), préfèrent parler des conventions *sur cause illicite :* mais n'est-ce pas toujours la même pensée adaptée seulement à la rédaction de l'article 1131 du Code ?

En résumé, il semble que la pensée des rédacteurs du Code ait été la suivante : comme dans l'Ancien Droit, les conventions illicites ou contraires à l'ordre public sont inexistantes (10).

-----

(5) V. *supra*, 139 et s. ; 196.

(6) Fenet, II, p. 597.

(7) Locré, XV, p. 337, n° 4.

(8) Locré, XV, p. 378, n° 11.

(9) V. *supra*, 245, 246.

(10) *Sic :* Demolombe, XXIX, 57 et 67 ; — Baudry-Lacantinerie, II, 1148. — Cpr. : Marcadé, sur l'art. 1304, III, *in fine ;* — sur l'art. 1597, III ; — Guillouard, *Traité du Contrat de mariage,* 216, cbn. avec 217 ; — Dal. Rép., v° *Obligations,* 2866, et Civ. rej., 8 nov. 1842, ibid ; — *Revue de Droit français et étranger,* 1847, p. 21. — *Contra :* Aubry et Rau, § 37 ; § 337, t. et n. 9 ; § 339, t. et n. 7. — Zachariæ (trad. Massé et Vergé), § 35 ; § 584, t. et n. 6.

Nous sommes arrivé de la sorte à déterminer les conditions d'existence des obligations conventionnelles. Il n'y a de contrat que :

1° si les parties ont consenti ;

2° s'il y a un objet déterminé ;

3° s'il y a une cause déterminée ;

4° si la convention est licite.

Et nous avons obtenu ce résultat par l'examen des données de la raison, des textes du Code, de la tradition historique et des Travaux préparatoires.

SECTION II.

QUAND Y A-T-IL ANNULABILITÉ ?

258. — Nous n'avons pas à rechercher à quels signes on reconnaît la nullité, mais seulement l'annulabilité : car nous possédons déjà le critérium de l'inexistence. Cependant la question que nous avons à résoudre a été la plupart du temps discutée sous une forme plus générale : le plus souvent on s'est demandé *quand il y a nullité* : c'est sous cette forme que se présentent les deux systèmes émis par Merlin et Toullier.

Les Empereurs Théodose et Valentinien dans une constitution insérée au Code (5, *De legibus*, 1, 14) décidaient que toute violation d'une disposition prohibitive de la loi entraînait la nullité. Cette constitution est le point de départ de la doctrine de Merlin. Il distingue les dispositions légales en prohibitives et impératives. La loi 5, au Code, *De legibus*, ne s'applique pas aux dernières, dont la violation n'est une cause de nullité que dans les cas où il y a une clause irritante. L'auteur fait toutefois une exception pour les formalités qui « constituent essentiellement la substance « d'un acte ». Mais il s'agit là de conditions exigées dans la pensée de Merlin à peine d'inexistence : les explications qu'il donne à ce sujet ne peuvent laisser subsister aucun doute (1). Il s'ensuit que les dispositions impératives ne sont sanctionnées par l'*annulabilité* que si la loi prononce expressément la nullité.

Quant aux prohibitions de la loi, elles emportent par elles-mêmes la nullité des actes dans lesquels on les a méconnues. En outre de l'argument fourni par le Droit romain, l'auteur invoque des considérations de raison : selon lui, il est contraire à la nature des choses que la loi qui prohibe un acte soit censée consentir à son efficacité à moins qu'elle ne décide formellement qu'il sera frappé d'inefficacité. Cela est aussi contraire aux textes du Code ; car il y a dans le Code civil une foule d'articles où la nullité doit évidemment être suppléée (2).

Ainsi la théorie de Merlin se réduit aux deux propositions suivantes :

1° les dispositions préceptives ne sont sanctionnées par l'annulabilité que si elles sont accompagnées d'une clause irritante ;

2° les dispositions prohibitives emportent par elles-mêmes la nullité.

Toullier distingua comme Merlin les deux sortes de dispositions. Comme lui aussi il exprima l'avis que les formalités substantielles sont exigées par les dispositions impératives sous peine de nullité, alors même que la nullité n'est pas formellement pro-

---

258. — (1) *Questions de Droit*, vᵒ *Mariage*, § 3. — « Sans ces formes, » dit-il, l'acte qu'on a voulu faire n'a pas reçu l'existence qu'elles seules » pouvaient lui donner. » Et il prend comme exemple certaines formalités de la célébration du mariage. Sous le régime de la loi du 20 septembre 1792 chacun des époux devait prononcer les paroles suivantes : « Je déclare prendre N... en mariage ». Pour Merlin, il y a là des formes qui constituent essentiellement le mariage « Supprimez ces formes, *il ne reste plus rien* » *que vous puissiez qualifier de célébration nuptiale* ».

(2) *Questions de Droit*, vᵒ *Nullité*, § 1, nᵒ 6. — L'auteur cite parmi les articles où la nullité doit être suppléée les articles 445, 463, 464, 791, 903, 904, 1035, 1076 (§ 2), 1097, 1110, 1389, 1390, 1395, 1422, 1000, 1678, 1749, 1800, 1981, 2012, 2045 (§§ 2 et 3), 2078, 2126, 2127, 2128, 2129 (§ 2), 2205, 2206, 2213, 2214, 2215 (§ 2), 2220, 2223 ; et surtout les articles 5, 6, 25, 344, 1595, 2064, 2065, 2066, 335, 1388.

noncée ; qu'au contraire l'omission des formalités accidentelles n'est sanctionnée par la nullité que s'il y a une clause irritante. Mais à l'exemple de Merlin il considérait comme des conditions d'existence des actes juridiques ce qu'il appelait les formalités substantielles : cela ressort de ses explications (3). Les dispositions impératives n'emportent donc annulabilité que si la loi édicte expressément la nullité.

Il en est de même, d'après Toullier des dispositions prohibitives (4). L'annulation est selon lui quelque chose de plus que la défense : défendre, ce n'est pas annuler. Il y a bien certainement, ajoute-t-il, des actes défendus qui ne sont pas nuls, et des actes nuls qui ne sont pas positivement défendus. Que fait Merlin de la tradition de l'Ancien Droit, qui n'adopta jamais la loi 5, C., *De legibus* ? Oublie-t-il l'art. 1030, Pr. ? Comment Merlin explique-t-il que le législateur après avoir défendu certains actes ait jugé nécessaire d'en édicter expressément la nullité ? (5).

A cela Merlin répondait en indiquant les raisons spéciales qu'avait eues la loi pour prononcer formellement la nullité dans la plupart des articles que lui opposait Toullier. Il était obligé cependant d'avouer une redondance dans les art. 1596, 1597 et 2063 (6).

259. — M. Laurent (1) pense qu'il faut conserver la distinction faite par les deux auteurs entre les dispositions *préceptives*, et les dispositions *prohibitives*. Nous admettrons nous-même cette distinction,

260. — Quant aux dispositions préceptives, nous nous séparerons de Merlin et de Toullier en admettant d'autres nullités virtuelles que les inexistences. Il est possible en effet que les

---

(3) Toullier, VII, 513 et 518.

(4) Toullier, VII, 491 et s.

(5) L'auteur cite les art. 896, 943, 1001, 1097, 1098, 1099, 1596, 1597, 2063, etc. — Dans son tome XII, 37, il ajoute les art. 1453, 1521, 1538.

(6) *Questions de Droit*, v° *Nullité*, § I, n° 6. — V. dans le sens de Merlin : Boncenne, *Théorie de la Procédure civile*, III, p. 276 ; — Duvergier sur Toullier, VII, p. 372, en note.

259. — (1) Laurent, I, 58-68.

éléments d'un acte juridique soient assez complets pour que l'acte existe, mais pas assez pour qu'il puisse réaliser le but qui lui est assigné par le législateur. Un acte qui ne réalise pas le but qu'il est destiné à atteindre n'a évidemment aucune raison d'être : il doit pouvoir être ramené au néant : il est annulable (1). Mais en dehors de cette hypothèse, la violation d'une disposition préceptive ne peut entraîner l'annulabilité que s'il y a une clause irritante. La raison elle-même nous fournit ces solutions.

261. — Nous rejetterons immédiatement le système de Toullier sur les dispositions prohibitives, et nous en donnerons cette seule raison, qu'il y a dans le Code un grand nombre d'articles où la nullité doit être évidemment suppléée. Cet argument déjà présenté par Merlin (1), est la meilleure réfutation de la doctrine de Toullier.

Nous nous rallierons au système de Merlin.

Les dispositions prohibitives sont conçues soit dans l'intérêt de la société (2), soit dans l'intérêt des particuliers. Si la loi donnait

---

260. — (1) Cpr. Aubry et Rau , § 37. t. et n. 9. — Ainsi le but des délibérations d'un conseil de famille appelé à autoriser un acte de gestion du patrimoine d'un mineur, est de garantir les intérêts du mineur. Si dans la composition du conseil de famille une disposition légale a été violée, et que, par suite de cette violation de la loi, l'assemblée, tout en conservant le caractère de conseil de famille, ne présentait plus des garanties suffisantes pour la sauvegarde des intérêts du mineur, il faudra décider que le but de la loi n'ayant pas été atteint, la délibération doit être annulée. MM. Aubry et Rau (§ 96) distinguent parfaitement les hypothèses où la délibération est inexistante de celles où il y a seulement annulabilité. V. aussi Laurent, IV, § 477. Il y a de même une application intéressante de la théorie des nullités virtuelles en matière d'inscriptions hypothécaires : V. Aubry et Rau, § 276, t. n° 2 ; — Pont, *Commentaire — Traité des Privilèges et Hypothèques,* 957 et s.

261. — (1) V. *supra*, 258, t. et n. 2.

(2) Nous ferons remarquer que toutes les dispositions d'ordre public, c'est-à-dire celles dont la violation blesse directement les intérêts de la société, sont prohibitives, à cause de l'art. 6, qui décide que l'on *ne peut déroger aux lois d'ordre public.*

sa sanction à un acte fait au mépris d'une de ses prohibitions (3), elle prêterait elle-même la main à la violation des intérêts qu'elle entend protéger. Cela est inadmissible : elle doit refuser sa sanction à l'acte.

Lorsque le fondement de la disposition violée est la protection d'intérêts privés, il suffira que les personnes dont la loi entend sauvegarder les intérêts puissent attaquer l'acte (4) : l'annula-

---

(3) Il est évident que la prohibition ne résulte pas seulement des formules *ne peut, ne peuvent, ne doit, ne doivent ;* mais encore des formules équivalentes, comme celle de l'art. 1387 : « Les époux peuvent » faire comme ils le jugent à propos (des conventions spéciales régissant » l'association conjugale), *pourvu qu*'elles ne soient pas contraires aux » bonnes mœurs, et en outre, sous les modifications qui suivent ». En disant que l'on peut faire des conventions spéciales pourvu que l'on observe les dispositions dont elle va parler, la loi dispose par là même que *l'on ne peut pas* faire des conventions spéciales si l'on n'observe les dites dispositions ; en d'autres termes, les dispositions des art. 1387 à 1398 sont prohibitives, quoiqu'elles ne renferment pas toujours les mots *ne pas.* C'est ainsi que l'on peut expliquer comment l'art. 1394 est sanctionné par la nullité, quoique, si on le considère isolément, il renferme une formule impérative. Ne serait-il pas dangereux d'expliquer cet article comme M. Laurent (I, 65), qui pense que dans cette hypothèse la formule impérative équivaut à une formule prohibitive ? M. Laurent ne bat-il pas ainsi lui-même en brèche le critérium proposé par Merlin, et que lui-même admet ? Le savant professeur belge explique de même l'art. 1326, en disant que la formule impérative y équivaut à une formule prohibitive. Mais l'art. 1326 doit s'interpréter par l'art. 1325 ; ces deux articles forment un tout indissoluble ; la loi a édicté expressément la nullité en tête du premier ; elle n'a pas cru devoir reproduire la clause irritante dans le second ; mais il est évident que la clause irritante de l'art. 1325, dans la pensée du législateur, devait être étendue à l'article suivant. La forme prohibitive n'eût même pas été nécessaire pour que les art. 1325 et 1326 emportassent nullité : l'acte sous seing privé qui ne satisfait pas aux conditions imposées par ces articles ne réalise pas le but que lui a assigné le législateur : il devrait donc être nul alors même que les dispositions contenues dans les art. 1325 et 1326 ne seraient que préceptives. V. en ce sens M. Laurent lui-même, XIX, 225, 262.

(4) Il ne faudrait pas croire que la nullité est en ce cas nécessairement relative ; car l'intérêt à protéger, tout en n'étant pas d'ordre public, peut être général. L'intérêt général, c'est l'intérêt de tous les particuliers considérés comme tels ; l'intérêt public, c'est l'intérêt de la société

bilité est en cas tout–à–fait rationnelle. — Lorsque la prohibition est d'ordre public, la société directement intéressée à l'inefficacité de l'acte devrait lui refuser *ab initio* toute sanction : rationnellement, l'acte devrait donc être inexistant. Mais ce n'est pas précisément la solution à laquelle le législateur moderne s'est arrêté en général : il n'a pas cru pouvoir rendre inefficaces *ab initio* les actes qui répondent à l'idée qu'il s'est formée du type dans lequel ils rentrent : ces actes ne peuvent être qu'annulables : ce sera donc d'annulabilité que seront frappés les actes contraires à une prohibition d'ordre public, à moins qu'exceptionnellement ils ne soient considérés comme inexistants. La société ayant intérêt à ce que l'annulation soit prononcée accordera à tout intéressé le droit d'attaquer de pareils actes (5).

Il est aisé de voir que ce système imposé par la raison elle-même est celui des rédacteurs du Code.

On lit dans le titre préliminaire du projet de Code civil (titre IV, art. IX) (6) : « *Les lois prohibitives emportent peine de nullité,* « *quoique cette peine n'y soit pas formellement exprimée* ». Sans doute, cet article n'a pas passé dans la rédaction définitive ; mais on sait la raison pour laquelle il ne fut conservé du titre préliminaire que six articles (art. 1 à 6 actuels). On a fait observer que le Code n'est pas un manuel, une œuvre de théorie ; et l'on a rejeté tout ce qui pouvait être considéré comme principes purement théoriques. Mais cette élimination ne fait pas perdre à la proposition énoncée sa valeur scientifique. Presque tous les

---

constituant un corps organisé qui a des intérêts spéciaux. La loi protége par exemple l'intérêt de tous les particuliers lorsqu'elle décide que les conventions matrimoniales « ne peuvent recevoir aucun changement après » la célébration du mariage » (art. 1394). Ce n'est pas là une disposition d'ordre public : la prohibition est conçue dans l'intérêt des tiers que l'on aurait pu tromper, et dans l'intérêt des époux dont la liberté aurait pu n'être plus entière.

(5) En d'autres termes, la nullité sera dans ce cas absolue.

(6) *Projet de Code civil présenté par la commission nommée par le Gouvernement le 24 thermidor an VIII*, Paris, an IX — 1801.

principes posés dans le titre préliminaire sont couramment reçus par la doctrine et la jurisprudence ; et il est certain que les dispositions constituant le corps même du Code civil ont été écrites sous l'inspiration des principes posés d'abord dans l'art. IX, titre IV, du livre préliminaire.

Dans la discussion au Conseil d'État, la question fut soulevée. L'art. 1er, n° 2 du titre *du Contrat de Mariage* (1388 actuel), disposait que les époux ne peuvent déroger aux dispositions prohibitives du Code. Bigot–Préameneu et Bérenger émirent l'avis qu'une expression négative n'emporte pas prohibition véritable, c'est-à-dire nullité ; qu'il faut une clause prohibitive, une clause irritante ; et ils proposèrent une modification de l'article en ce sens (7). — Leur proposition fut repoussée, d'où il résulte qu'aux yeux des rédacteurs du Code la prohibition pure et simple, sans clause irritante, les simples mots *ne peuvent*, entraînent la nullité.

Les textes du Code, où, comme nous l'avons remarqué, la nullité doit être suppléée, fournissent un autre argument positif en faveur du système de Merlin.

Quant aux objections de Toullier, elles ne subsistent pas après un sérieux examen.

La tradition de l'Ancien Droit d'abord serait-elle même contraire à la doctrine de Merlin, qui prouverait que le législateur ne se serait pas inspiré sur ce point du Droit romain plutôt que de l'Ancien Droit? Mais est-il bien sûr que les anciens auteurs aient repoussé la loi 5, C., *De legibus* ?

Chasseneux d'abord nous donne la preuve que si pour certains auteurs les mots *ne peuvent* n'entraînent pas nullité *ipso jure*, cela n'est pas admis par tout le monde (8). — D'Argentré dit

---

(7) Locré, XIII, p. 167 170.

(8) *Consuetudines ducatus Burgundiæ commentarius Barth.* à *Chassenæo illustratæ* (Francofurti, 1574), p. 503. — Mais au moins ceux qui n'admettent pas la nullité *ipso jure* admettent-ils la rescision.

quelque part (9) : « *Ne peuvent*]. *His verbis negatur potentia « actus, ex quibus omnimodo nullitas inducitur* ». — Dumoulin parle dans le même sens (10). — Bouhier discute la question de savoir si les mots *ne peuvent* entraînent nullité absolue : certains auteurs, dit-il, le prétendent ; mais pour lui l'interprète doit consulter seulement le motif de la loi pour décider si la nullité est absolue ou respective (11). Mais la discussion ne porte que sur la nature de la nullité : il ne semble même pas mettre en doute que la forme prohibitive emporte d'elle-même nullité.

L'objection tirée de l'article 1030, Pr., n'est pas plus solide. Cet article entend décider purement et simplement que les dispositions préceptives édictant des formalités qui n'empêchent pas l'acte de procédure d'atteindre son but, n'emportent pas la nullité si elle n'est expressément édictée par la loi. Et en effet, ainsi que le font remarquer MM. Aubry et Rau (12), cet article n'a pas empêché la jurisprudence d'admettre en matière d'actes de procédure des nullités virtuelles. L'objection n'infirme donc en rien notre théorie, ou plutôt elle la confirme.

Enfin nous n'insisterons pas sur le reproche de redondance, qui doit être fait au législateur si notre théorie est exacte. Dans la plupart des cas on explique facilement pourquoi le législateur a fait suivre une disposition prohibitive d'une clause irritante : il avait des raisons spéciales pour cela, et il est aisé de s'en rendre compte. Dans quelques articles sans doute ces raisons n'existent pas, et le législateur peut en effet être accusé d'avoir commis une redondance. Mais, pour qui connaît le Code, cela n'a rien de surprenant : les redondances ne sont pas rares dans notre loi ; le législateur dans certains cas a cru devoir insister particulièrement, appuyer sur sa pensée : l'argument ne porte pas.

––––––––––

(9) D'Argentré, *Commentarii in patrias Brittorum leges,* sur l'art. 481, col. 1847.

(10) Dumoulin, sur la loi 1, D., *De verb. oblig.,* n° 2.

(11) Bouhier, *Les Coutumes du duché de Bourgogne,* I, p. 333.

(12) Aubry et Rau, § 37, n. 8.

262. — Pour être exact, le système de Merlin doit être tempéré à un double point de vue.

Tout d'abord, Merlin le dit lui-même, il peut arriver que la nullité d'un acte contraire à une loi, même d'ordre public, présente des inconvénients tellement graves que la loi hésite à prononcer la nullité, et préfère donner sa sanction à l'acte vicié : mais évidemment il y a là quelque chose d'absolument anormal. Il est clair que si la loi a clairement manifesté la volonté qu'une disposition prohibitive violée n'empêche pas l'acte d'être valable, la règle que nous avons posée subira une exception. Mais on n'admettra semblable exception que dans les cas où la loi aura nettement fait entendre qu'elle repousse l'application de la règle. On trouve des cas de cette nature en matière de mariage. La rédaction du chapitre IV du titre *du Mariage*, montre jusqu'à l'évidence qu'il n'y a de mariages annulables que ceux énumérés par les art. 180 à 193. Il en résulte que les dispositions des art. 228, 296, 295, 298, 348, bien que prohibitives, ne sont pas sanctionnées par la nullité : le législateur a pu considérer que ces prohibitions n'ont pas besoin de la grave sanction de la nullité en raison des garanties que présentent les officiers de l'état civil : ils doivent se refuser à marier ceux qui ne remplissent pas toutes les conditions imposées par la loi ; et si la conscience de leur devoir ne devait pas les empêcher de se prêter à une violation de la loi, au moins feraient-ils exécuter ses dispositions pour échapper aux pénalités qu'ils pourraient encourir (1).

Le second tempérament n'est pas indiqué par Merlin.

Il est certain cependant que dans les cas où une prohibition est édictée dans l'intérêt de particuliers, ces particuliers peuvent déroger à la loi, renoncer au bénéfice de la loi, s'ils sont en état d'apprécier sainement et librement leur intérêt bien entendu. La

---

262. — (1) Nous voulons parler par exemple de la destitution, et même des peines correctionnelles qui, dans certains cas, seraient appliquées aux officiers de l'état civil : art. 194, P. — V. sur cette première restriction au système de Merlin, *Questions de Droit*, v° *Nullité*, § 1, n° 7.

disposition prohibitive n'aura pas alors emporté la nullité des actes qui y auront contrevenu. Ainsi l'art. 1749 décide que les fermiers ou locataires ne peuvent être expulsés qu'ils ne soient payés par le bailleur, ou, à son défaut, par le nouvel acquéreur, des dommages et intérêts qui sont dus à raison de l'expulsion. Cette disposition est fondée sans conteste sur l'intérêt du locataire : et il est certain que si le locataire a de bonnes raisons pour avoir confiance dans la solvabilité et la bonne foi du bailleur, rien ne l'empêchera de convenir qu'il sera dérogé à l'art. 1749 : le locataire majeur, maître de ses droits est le meilleur juge de son intérêt, et la convention dont s'agit ne sera pas frappée de nullité. De même, aux termes de l'art. 1860, l'associé qui n'est point administrateur, ne peut aliéner ni engager les choses même mobilières qui dépendent de la société. Les actes de disposition de l'associé non administrateur seront nuls ; mais rien n'empêche les associés de convenir qu'ils pourront tous faire de pareils actes. La raison seule suffirait à nous donner cette solution ; mais ici la loi elle-même vient autoriser les conventions contraires : art. 1859. De même encore les restrictions apportées par l'art. 1422 aux droits du mari sur la communauté, sont évidemment inspirées par l'intérêt de la femme. En donnant son concours à un acte de disposition à titre gratuit d'un immeuble de la communauté, la femme, capable d'apprécier sainement son intérêt, renonce à une disposition édictée uniquement en sa faveur ; l'acte est valable, quoique dérogeant à une disposition prohibitive de la loi (2).

Voilà une observation que Merlin eût dû faire à la suite de l'exposition de son système. C'est précisément parce que l'on peut dans certains cas déroger à des dispositions prohibitives que M. Laurent n'a pas cru devoir admettre d'une manière absolue le système de Merlin, et a écrit que « la prohibition emporto *presque toujours* nullité » (3). Nous croyons que l'on peut adopter

----

(2) Aubry et Rau, § 509, t. et n. 14, et les autorités citées dans la note.

(3) Laurent, I, 66. — M. Laurent étudie et adopte en principe la théorie de Merlin dans le tome I de ses *Principes de Droit civil*, n° 59, et

plus catégoriquement la doctrine de Merlin ; pour nous la prohibition emporte nullité à moins que la loi n'ait clairement admis une exception à cette règle; ou que la partie au profit de laquelle la nullité devrait avoir lieu n'ait été capable de discerner son intérêt bien entendu, et n'ait pu ainsi renoncer au bénéfice de la disposition.

—

SECTION III.

ÉTUDE D'UN CAS PARTICULIER. — LA DONATION NULLE EN LA FORME EST-ELLE INEXISTANTE OU ANNULABLE ?

263. — Il serait certes fort intéressant d'appliquer aux divers actes juridiques les principes généraux que nous avons posés ; et nous étudierions très-volontiers un grand nombre d'hypothèses où l'on peut se demander s'il y a inexistence ou annulabilité. Mais un semblable travail nous entraînerait beaucoup trop loin ; et nous sommes, bien à regret, obligé de nous limiter.

Nous nous bornerons à résoudre la question de savoir si la donation nulle en la forme est inexistante ou annulable. Pourquoi ce cas particulier plutôt qu'un autre ? C'est que la solution donnée presqu'unanimement à cette question est, à notre avis,

---

suivants. S'il aboutit à peu près au même critérium que nous, ce n'est pas absolument par la même voie. Pour lui la forme prohibitive employée par la loi doit faire présumer que la disposition est d'ordre public , et c'est de là qu'il conclut que la prohibition de la loi emporte presque toujours nullité. Nous pensons, quant à nous, que la violation d'une loi prohibitive d'intérêt privé doit être elle-même sanctionnée par la nullité : nous croyons avoir démontré que cette solution s'impose. L'autre proposition de M. Laurent ne nous paraît pas plus exacte , la loi peut tout aussi bien prohiber un acte parce qu'il nuit à l'intérêt privé que parce que la société serait directement intéressée à ce qu'il ne fût pas fait : à *priori* la forme de la disposition ne fait rien présumer.

erronée. Il est presque passé en axiome que les nullités de forme des donations constituent des inexistences : cela est admis en général sans discussion, ou peut s'en faut (1). Quant à nous, nous appartenons au petit nombre de ceux qui pensent que la donation nulle en la forme est annulable (2). La question posée nous a paru

---

263. — (1) En ce sens notamment: Marcadé, sur l'art. 1340, 1 ; — Demolombe, XX, 21 ; XXXIX, 735 ; — Demante et Colmet de Santerre, V, 312 ; — Laurent, XII, 220, 227, etc. ; — Baudry-Lacantinerie, II, 462. — On pourrait citer encore de nombreuses décisions de la jurisprudence. Nous donnerons seulement les suivantes, toutes relatives au cas où une donation a été acceptée par un mineur agissant seul, et qui sont d'autant plus probantes qu'elles statuent sur un cas où une partie des auteurs et des arrêts ne voient pas comme elles une nullité de forme : Riom, 14 août 1829, Sir., 1829, 2, 322 ; — Rouen, 27 février 1852, Sir., 52, 2, 583 ; — Trib. Caen, 22 avril 1853 et Cour Caen, 8 mai 1854, Sir., 54, 2, 666; — Dijon, 12 juillet 1865, Sir., 66, 2, 173.

(2) Les seuls auteurs à notre connaissance qui aient soutenu cette doctrine sont MM. Aubry et Rau et Zachariae. Pour montrer que MM. Aubry et Rau sont en effet partisans du système de l'annulabilité, il suffirait d'une remarque: au § 37 t. et n. 2, ils annoncent qu'ils n'appelleront pas *nul* l'acte inexistant ou non avenu, et ils parlent sans cesse des *nullités* de forme des donations. Pour qui connaît la précision sans pareille du langage des deux savants professeurs, cette remarque est une démonstration. Mais nous avons plus. On devra consulter le § 37, t. et n. 4. On verra encore le § 337, où les auteurs exposent que les obligations inexistantes ne peuvent pas être confirmées (t. et n. 6) ; que par contre les obligations nulles peuvent l'être (t. et n. 9), sauf dans trois cas au nombre desquels se trouve celui de la donation nulle en la forme (t. et n. 10) ; — le § 646, t. nᵒ 2, où MM. Aubry et Rau précisent leur théorie en disant que la donation qui n'est pas faite dans les formes prescrites par la loi est *en général* frappée de *nullité* ; et qu'une donation purement verbale devrait *même* être considérée comme *non avenue*. Ce dernier texte renferme une opposition facile à constater entre la donation nulle et la donation non avenue ; il montre que pour MM. Aubry et Rau il y a sans doute certaines formalités qui sont exigées à peine d'inexistence de la donation (la rédaction d'un écrit) ; mais qu'en règle générale les défectuosités de forme que l'on considère comme entraînant l'inexistence ne sont sanctionnées que par l'annulabilité. Nous aurons à voir *infra*, 270, s'il faut apporter à notre système la restriction qu'y font MM. Aubry et Rau, et dire que la donation purement verbale est inexistante. Pour le moment nous ne retenons que ceci : MM Aubry et Rau considèrent comme annulabilités les nullités de

d'autant plus intéressante qu'elle est l'objet d'une solution le plus souvent inexacte : telle est la raison qui nous l'a fait choisir au milieu des nombreuses applications que nous aurions voulu faire des principes ci-dessus établis.

264. — Ainsi nous supposons une donation faite par acte sous seing privé, ou par un acte notarié qui ne vaut que comme écrit sous signature privée par applicationde l'art. 68 de la loi du 25 ventôse an XI. Nous allons démontrer que cette donation est annulable.

265. — Les arguments à tirer de l'Ancien Droit sont plutôt favorables à notre système qu'à la doctrine généralement admise. Sans doute d'Argentré semble bien placer les nullités de forme au nombre des inexistences (1) ; mais il faut remarquer que les formes substantielles dont il parle ne sont jamais exigées principalement dans l'intérêt d'une partie, mais qu'elles sont édictées dans l'intérêt général, notamment dans l'intérêt des tiers : et qu'ainsi les nullités de forme ne pouvaient pas être rangées par d'Argentré dans les annulabilités qui d'après lui étaient toujours relatives. Aujourd'hui, la conception de l'inexistence est différente de celle de d'Argentré : on admet des annulabilités absolues, et par conséquent on n'a plus les raisons du jurisconsulte breton pour considérer les nullités de forme comme des inexistences.

La doctrine de d'Argentré pourrait nous être opposée s'il y avait eu pour lui des annulabilités absolues, et qu'il en eût exclu les nullités de forme. Mais nous remarquons précisément que le jurisconsulte qui semble avoir eu la notion la plus précise de l'annulabilité absolue, le canoniste Durand de Maillane nous a donné comme exemples d'annulabilités absolues des nullités de forme (2).

---

forme provenant par exemple de ce que la donation a été faite par acte sous seing privé, ou de ce que l'acte notarié contrevient à la loi du 25 ventôse an XI, ou de ce que l'acceptation n'a pas été faite expressément. — V. aussi pour le système de l'annulabilité: Zachariae (trad. Massé et Vergé), § 35; § 584, t. et n. 3 et 4 combinés.

265. — (1) D'Argentré, *Commentarii in patrias Brittorum leges*, sur l'art. 283, col. 1369. — V. *supra* 140.

(2) V. *supra*, 226.

Si donc on veut remonter à l'Ancien Droit, c'est en notre faveur, et non pas en faveur du système généralement admis, qu'il peut être invoqué.

Mais n'insistons pas, et plaçons-nous désormais exclusivement sur le terrain de la législation actuelle.

266. — L'art. 931 ne fournit aucun argument ni dans un sens, ni dans l'autre. L'expression de *nullité* qu'il emploie peut s'appliquer tout aussi bien à l'inexistence qu'à l'annulabilité; nous-même, nous avons cru devoir donner au terme *nullité* ce sens étendu, quoiqu'à proprement parler il convienne mieux à l'annulabilité qu'à l'inexistence.

267. — D'après les principes que nous avons posés, un acte étant inexistant lorsqu'il ne répond pas à la conception que s'en est faite le législateur, déterminons la conception légale de la donation. Cette conception légale sera conforme à la conception rationnelle, si l'on n'apporte pas la preuve que le législateur a entendu modifier la conception que lui fournissait la raison.

Or, *rationnellement* on conçoit parfaitement une donation sans la nécessité d'un acte notarié; la raison pure n'impose pas l'intervention du notaire. Un objet donné, un double consentement de faire une libéralité et de la recevoir, tels sont les seuls éléments qui *en raison* sont indispensables pour qu'il y ait donation.

Si l'on nous prouve qu'à ces éléments le législateur a entendu ajouter la rédaction régulière d'un acte notarié, nous admettrons que le Code renferme une conception fictive de la donation : jusque-là nous tenons pour la conception rationnelle.

268. — On a cru trouver dans l'art. 1339 la preuve de cette conception arbitraire.

Les actes inexistants, a-t-on dit, ne peuvent pas se confirmer; la donation nulle en la forme ne peut pas se confirmer : donc la donation nulle en la forme est inexistante.

La conclusion de ce syllogisme ne découle pas forcément des prémisses. Car s'il est vrai que les actes inexistants ne peuvent pas se confirmer, il est faux que réciproquement tous les actes qui ne peuvent pas se confirmer soient inexistants. Pourquoi la loi ne pourrait-elle dans certains cas prohiber la renonciation à l'action en annulation, autrement dit la confirmation ?

Nous disons que l'art. 1339 est précisément relatif à un cas de cette nature.

Le législateur voulant assurer la liberté entière du donateur, faire de la donation un acte sérieux et réfléchi, tenir compte des espérances bien fondées des héritiers présomptifs, craignant en un mot que la donation ne puisse porter atteinte à un certain nombre d'intérêts fort légitimes, donne aux intéressés le droit d'attaquer une donation qui n'a pas été faite en la forme. Or une renonciation que consentirait le donateur à son action en nullité ne serait-elle pas entachée du même vice que l'acte confirmé ? présenterait-elle plus de garanties de liberté et de réflexion ? Évidemment non. D'autre part, les héritiers présomptifs dont la loi a eu certainement en vue les intérêts en édictant la nullité, ne pourront évidemment pas intenter l'action en nullité du vivant du donateur : jusqu'au décès du donateur, ils n'ont que des espérances, pas de droit ; aucun ne peut dire qu'il a un intérêt né et actuel : partant, aucun ne peut agir. Mais en accordant au donateur l'action en nullité, la loi a voulu protéger ces intérêts encore indécis qui ne peuvent pas se protéger eux-mêmes : le donateur a une action dans son intérêt personnel et dans l'intérêt de ses héritiers. On comprend parfaitement qu'il ne puisse pas y renoncer. C'est en tant que *tiers* que les héritiers sont ici protégés ; cela peut sembler au premier abord un peu bizarre ; mais cela est exact : c'est à ce point de vue que s'est placé le législateur : « Il est, disait Bigot-Préameneu dans son Exposé des motifs « des art. 1339 et 1340, il est dans certains actes des vices qui « ne peuvent être réparés par ce moyen : ce sont les vices de « forme, qui, dans un acte de donation entre vifs, entraînent la « nullité aux termes de la loi... Ces formes ont été prescrites « pour l'intérêt des tiers... ; *au nombre des tierces personnes,* « *que ces formes intéressent sont les héritiers ou ayants* « *cause du donateur* » (1). Voilà une des raisons pour lesquelles

---

268. — (1) Locré, XII, p. 405, n°s 206 et 207.

la confirmation est interdite au donateur (2). En somme, on peut voir que l'art. 1339 est fondé d'abord sur ce que la confirmation émanée du donateur renfermerait le même vice que l'acte, et ne présenterait pas plus de garanties que lui ; en second lieu, sur ce que le donateur ne peut pas renoncer à un intérêt qui n'est pas le sien.

Marcadé examinant la doctrine de Zachariæ d'après laquelle la donation nulle en la forme est annulable, croit l'avoir réfutée lorsqu'il a dit que « personne n'oserait soutenir, par exemple, que « la donation que j'aurais faite de ma maison par acte sous seing « privé devrait être attaquée dans les dix ans et qu'elle demeure- « rait valable à défaut d'une annulation prononcée dans ce « délai » (3). Mais il est évident que l'art. 1304, fondé sur une présomption de ratification tacite (4), ne peut recevoir application que dans les cas où la ratification expresse est possible (5). L'objection de Marcadé n'a donc aucune portée.

269. — Nous allons plus loin : non seulement l'on ne peut pas prouver que le législateur s'est écarté de la conception rationnelle de la donation, et qu'il a considéré la rédaction régulière d'un acte notarié comme une condition d'existence du contrat ; mais encore on pourra faire la preuve directe qu'il n'a exigé cette rédaction qu'à peine d'annulabilité.

Cette preuve se trouve d'abord dans l'art. 1340, aux termes duquel les héritiers du donateur peuvent après son décès confirmer la donation nulle en la forme. Comme il est certain que les actes inexistants ne peuvent être confirmés (1) il résulte de la disposition de l'article précité qu'après le décès du donateur la donation nulle en la forme est annulable. Les partisans du système que nous combattons sont donc obligés de convenir qu'un

---

(2) Aubry et Rau, § 339, n. 19. — Cpr. Demolombe, XXIII, 296 ; et XXIX, 121.

(3) Marcadé, sur l'art. 1340, i.

(4) Argt. art. 1115.

(5) Aubry et Rau, § 339, t. n° 1, et n. 9.

269. — (1) V. *infra*, 286 et s.

acte inexistant peut à un moment donné devenir annulable (2).
L'un avoue qu'il y a là une *étrange anomalie* (3) ; un autre,
que son explication *ne lève pas la contradiction* (4). Oui, ce
système emporte contradiction, et il n'est pas difficile de s'en
rendre compte. Comment admettre en effet que si pendant la vie
du donateur il n'y avait pas de donation, à un moment donné, le
donateur disparaissant commence à être donateur ; qu'il se produise alors une sorte de génération spontanée de l'acte ; que le
néant soit vivifié de lui-même. Comment surtout admettre pareille
chose quand la loi qui viendrait ainsi sortir un acte du néant,
loin de désirer l'efficacité de cet acte, semblerait préférer le voir
inefficace puisqu'elle donne aux principaux intéressés le droit de
l'attaquer et de le faire rentrer dans le néant. Si l'on considère
maintenant que l'acte inexistant est celui qui ne répond pas à un
type d'acte conçu par le législateur, on pourra se demander
comment un ensemble d'éléments qui ne répond pas à la conception d'une donation peut à un moment donné, sans qu'aucun autre
élément s'y joigne, réaliser cette conception. Il y a là contradiction évidente : l'art. 1340 prouve que la donation nulle en la
forme est annulable ; donc qu'elle n'est à aucun moment inexistante.

Nous ne voyons pas d'ailleurs comment les partisans du système de l'inexistence arrivent à concilier les art. 931 et 191.
L'art. 191 prononce l'annulabilité du mariage où certaines règles
de forme n'auraient pas été suivies ; et l'art. 931 emporterait
l'inexistence de la donation nulle en la forme ! La donation serait
donc un contrat plus solennel que le mariage. Mais n'est-il pas
évident que c'est en matière de mariage que le caractère de
solennité s'impose au plus haut degré ? aussi le législateur a-t-il
donné à l'officier de l'état civil dans la formation du mariage un
rôle prépondérant : c'est lui qui marie les parties, lui qui fait le

---

(2) Laurent, XVIII, 592. — Colmet de Santerre, V, 313 *bis*. —
Baudry-Lacantinerie, II, 143. — Req. rej., 5 mai 1862, Sir., 62, 1, 561.

(3) Baudry-Lacantinerie, *loc. cit.*

(4) Laurent, XVIII, 593.

mariage (art. 75) : au contraire, quoi qu'on en dise, le notaire a surtout pour mission de constater la donation : les parties agissent, donnent et reçoivent : « *Tous actes portant donation* « *entre vifs seront passés devant notaire...* » (art. 931).

270. — Devons-nous apporter à notre système la restriction qu'admettent MM. Aubry et Rau ? Faut-il dire avec eux que la donation purement verbale serait inexistante ? Cette proposition ne soulève pas contre elle les objections tirées des art. 1340 et 191. L'art. 1340 en effet, ne serait relatif qu'aux annulabilités de forme ; et le mariage aurait un caractère de solennité plus prononcé que la donation ainsi conçue. Voici quelle serait dans ce système la conception de la donation : un contrat passé dans certaines conditions limitativement déterminées par la loi : soit avec la rédaction d'un écrit ; soit avec la tradition quand il s'agit d'un meuble corporel (don manuel) ; soit comme condition ou charge d'un contrat consenti avec un autre que le donataire. Il y aurait dans ces conditions imposées par la loi quelque chose d'analogue à la *causa civilis* des contrats du Droit romain.

Une pareille conception de la donation est évidemment arbitraire ; et nous ne croyons pas que l'on soit autorisé à l'attribuer au législateur. Nous nous en tiendrons donc à la conception rationnelle de la donation, et nous dirons qu'aucune forme n'est exigée à peine d'inexistence (1).

---

270. — (1) Nous croyons pouvoir invoquer en faveur du rejet de la restriction proposée par M.M. Aubry et Rau, l autorité de Zachariæ Comparons en effet le n° 2 du § 615 de Zachariæ (trad. Massé et Vergé) avec le n° 2 correspondant du § 646 de l'ouvrage de M M. Aubry et Rau.

Zachariæ écrivait :

» 2° La donation entre vifs est un » contrat solennel: est actus solennis. » V. art. 931. Toute donation qui » n'est pas faite dans les formes » voulues par la loi est nulle. Une » donation purement verbale doit » donc être considérée comme non » avenue. »

MM. Aubry et Rau transcrivent:

» 2° La donation entre vifs est un » contrat solennel. Toute donation » qui n'est pas faite dans les formes » prescrites par la loi, est, *en général* » frappée de nullité. Art. 931. Une » donation purement verbale devrait » *même* être considérée comme non » avenue. »

Remarquons que pour Zachariæ la donation purement verbale rentre

271. — La solution que nous venons de donner en matière
de donation doit être étendue aux nullités de forme d'un certain
nombre d'autres actes juridiques. Généralement en ces matières
on est moins affirmatif que sur la question des formalités des donations ; de plus les dissidences sont presque toujours beaucoup
plus nombreuses. — Ainsi nous considérerons en règle comme de
simples annulabilités les nullités de forme des contrats de ma-
rirge (1), des testaments (2), des constitutions d'hypothèques (3),
des subrogations consenties par le débiteur (4). Nous ne pouvons
pas entreprendre la discussion de chacune de ces questions. Disons
seulement que l'un des principaux arguments en faveur de l'inexistence étant la manière dont on envisage les nullités de forme des
donations, la solution que nous venons de donner nous conduit à
admettre dans tous ces cas comme en matière de donation l'an-

---

dans la règle générale, ainsi que le montre la conjonction *donc*. *Non avenu*
a pour lui la même signification que *nul*, c'est-à-dire *annulable*, ainsi qu'on
peut le voir dans son § 35. — Pour MM. Aubry et Rau au contraire, *non
avenu* signifie *inexistant*: v. § 37, t. et n. 2. Et cela est absolument évident
si l'on remarque les modifications qu'ils ont apportées au texte de Zachariæ. il n'y a *nullité* (c'est-à-dire pour eux annulalilité) qu'*en général*; mais
la donation purement verbale devrait *même* être considérée comme inexistante. *Même* remplaçant *donc* est convaincant.

271. — (1) *Sic*: Aubry et Rau, § 503, n° 1, spécialement t. et n. 10 ; — Guillouard, *Traité du Contrat de Mariage*, 197. — *Contra*: Pau, 18 juin 1836,
Rép. Dal., v° *Contrat de Mariage*, 267 ; — Caen, 9 mai 1844, Rép. Dal., *eod.* v°,
265 , — Laurent, XXI, 44. — M. Laurent reconnaît lui-même (XXX, 428) que
la question est douteuse.

(2) *Sic*: Aubry et Rau, § 664. — *Contra* : Req. rej., 7 novembre
1853, D. P., 54, 1, 27. — V. l'exposition de la question dans Laurent, XIII,
449 et s., qui en définitive ne se prononce formellement ni pour l'existence
ni pour l'annulabilité. Cependant si aucune forme n'avait été suivie, il
pense qu'il y aurait inexistence.

(3) *Contra*: Laurent, XXX, 428. — M. Laurent avoue que les auteurs semblent repousser sa théorie, et que la jurisprudence est en sens
divers.

(4) *Sic* : Laurent, XVIII, 44. — Mourlon (*Traité des Subrogations
personnelles*, p. 318) semble considérer les formalités de l'art. 1250, n° 2,
comme exigées a peine d'inexistence. M. Demolombe (XXVII, 435) les considère certainement de cette façon.

nulabilité. La méthode de discussion de ces questions serait du reste à peu près la même que celle que nous venons de suivre pour déterminer les conditions d'existence des donations.

Il est néanmoins des actes pour l'existence desquels nous admettrons la nécessité de certaines formalités : nous voulons parler notamment du mariage (5). Nous pensons que le législateur n'a pas conçu le mariage autrement que célébré par un officier de l'état civil. Nous trouvons en effet dans les Travaux préparatoires du Code la preuve certaine que telle fut dans l'esprit des rédacteurs de la loi la conception du mariage (6). L'ensemble de la législation du mariage, et spécialement l'art. 75, semblent bien montrer du reste que ce ne sont pas les parties qui font le mariage ; mais l'officier de l'état civil au nom de la loi.

Le mariage est l'acte solennel par excellence. Un grand nombre d'autres actes ne sont solennels qu'en ce que les règles de forme étant violées, ces actes sont frappés d'annulabilité.

---

(5) Il faut y ajouter, par exemple et sans discussion, l'acte sous seing privé non signé ; l'acte authentique qui ne porte pas la signature de l'officier public chargé de le dresser ; une opposition à mariage faite par simple lettre.

(6) V. *supra*, 255.

CHAPITRE III.

Différences qui séparent les actes inexistants des actes annulables.

272. — Toutes les différences qui séparent les actes inexistants des actes annulables, ne sont que les conséquences pratiques dérivant logiquement de la nature même de l'inexistence et de l'annulabilité. Nous étudierons ces différences en nous plaçant successivement avant et après le jugement déclarant l'inexistence ou prononçant l'annulation.

———

SECTION I.

INEXISTENCE ET ANNULABILITÉ CONSIDÉRÉES AVANT LE JUGEMENT.

273. — I. — *L'acte inexistant ne produit aucun effet, et l'on ne doit pas en tenir compte. — L'acte annulable produit ses effets, et doit être exécuté comme s'il était pleinement valable.*

Cette proposition n'a pas grande importance lorsque l'exécution est l'œuvre des parties elles-mêmes. Rien ne les empêche en principe d'exécuter un acte inexistant.

La proposition énoncée acquiert au contraire de l'intérêt quand la mise en pratique des effets ou de certains effets de l'acte dépend d'un agent de la loi que ses fonctions mêmes obligent à respecter la loi, et cela peut se produire en Droit civil ou en Droit fiscal.

274. — *Applications de Droit civil. —* Un acte peut avoir pour conséquence soit la faculté, soit l'interdiction de faire quelque chose.

Les vices entraînant l'annulabilité n'empêchent pas un acte de cette nature d'engendrer pareille faculté ou interdiction. Mais un acte inexistant, qui n'est autre chose que le néant, ne doit avoir aucun effet.

Ainsi les agents de la loi sont tenus à obéir aux actes exécutoires, alors même que ces actes seraient annulables. Un officier de l'état civil ne pourra se refuser à célébrer un mariage par ce seul motif que les actes respectueux exigés des époux seraient annulables. Il en serait autrement, et l'officier public devrait accorder son ministère si les actes exécutoires ou les actes respectueux, au lieu d'être annulables, étaient inexistants.

De même un mariage qui serait inexistant ne constituerait pas un empêchement à la célébration d'un second mariage : il n'y a d'empêchement que si le premier mariage est valable ou annulable. De même encore, l'officier de l'état civil ne devrait pas tenir compte d'une opposition à mariage qui serait inexistante, et serait obligé de s'arrêter devant une opposition annulable.

Les règles de conduite qui s'imposent ainsi à l'officier public n'ont pas toute l'importance qu'on pourrait leur attribuer à première vue. Elles supposent en effet que le caractère de la nullité apparaît nettement, et que l'officier public peut discerner avec sûreté si l'acte est inexistant ou annulable. Mais, en réalité, l'officier public sera souvent hésitant. Que devra-t-il faire dans tous les cas où le caractère de la nullité ne sera pas évident ?

Il devra, en règle générale, se conformer à l'ancien principe, d'après lequel *provision est due au titre*. En conséquence, lorsque l'inexistence ne sera pas évidente, il se comportera comme si l'acte était valable. Le principe fléchira cependant (l'esprit de la loi semble imposer cette restriction) lorsque le second acte pourrait causer un préjudice grave et irréparable : c'est ainsi que, selon nous, si l'officier de l'état civil ne peut pas apprécier avec la plus grande securité le caractère de la nullité des actes respectueux. il ne devra pas procéder à la célébration du mariage.

Ainsi, tout se réduit à ceci : en principe, à moins d'inexistence évidente, l'agent de la loi devra tenir le même compte de l'acte nul que de l'acte valable (1). Il y a inexistence évidente dans le cas, par exemple, où une opposition à mariage a été faite par simple lettre : l'officier de l'état civil doit alors, s'il n'y a pas d'autre empêchement, procéder à la célébration du mariage, malgré cette prétendue opposition.

273. — *Applications de Droit fiscal.* — Lorsque l'on présente à la formalité de l'enregistrement un acte inexistant, le receveur ne doit pas percevoir sur cet acte le droit proportionnel. La loi assujettit au droit proportionnel des actes juridiques déterminés ; les actes inexistants ne présentent que la vaine apparence de ces actes frappés du droit : en réalité, le receveur n'est pas en face des actes imposés ; et l'on ne comprendrait pas qu'il perçût un droit qui n'est pas établi par la loi. L'acte annulable existant au contraire, et produisant tous ses effets jusqu'au moment où le juge en prononce l'annulation, il n'y a aucune raison pour le faire échapper au droit : le receveur percevra donc le droit proportionnel sur l'acte annulable, en vertu même de la volonté de la loi. Sans doute, lorsque l'annulation aura été prononcée, rétroactivement l'acte sera censé n'avoir jamais existé ; mais le droit n'en aura pas moins été perçu légalement, et l'art. 60 de la loi du 22 frimaire an VII s'oppose à ce que la restitution en soit faite.

Le receveur qui doit étudier la nature des actes juridiques que l'on présente à l'enregistrement, afin de déterminer le droit dont ils sont passibles, doit par le fait même apprécier si l'acte à enre-

---

274. — (1) C'est à peu près en ces termes que s'exprimait déjà Dumoulin : « Nullitas evidens, vel quae in continenti probari offertur, impedit execu- » tionem, ut decidunt omnes Doctores... » (*Consilium* XXI, n° 5, tome II des Œuvres de Dumoulin, p. 875). Il disait encore ailleurs : « Nullitas au- » tem evidens etiam unica, impedit sententiae executionem etiam summa- » riam, imo etiam triplicis sententiae... » (*Consilium* XVIII, n° 24, tome II des Œuvres de Dumoulin, p 867). — L'auteur par le terme *nullitas*, enten- dait désigner l'inexistence. — Cpr. *supra,* 161.

gistrer est inexistant ou non : dire, en effet que l'acte est inexistant, c'est dire qu'il ne rentre pas dans le type assujetti au droit. Le receveur est donc juge de l'existence ou de l'inexistence des actes qu'on lui soumet : considère-t-il un acte comme existant, quoiqu'annulable, il doit percevoir le droit proportionnel ; l'acte est-il au contraire évidemment inexistant, il ne percevra pas ce droit. Mais l'inexistence peut être douteuse pour le receveur. Une règle de *pratique* est que provision est due au titre. *En pratique, en fait,* il percevra donc provisoirement (1) ; mais, *théoriquement,* il aurait dû connaître la loi, il aurait dû pouvoir apprécier le caractère de la nullité, et ne pas percevoir le droit. On ne peut pas considérer le droit comme régulièrement perçu, puisqu'il a été perçu dans un cas où la loi entend qu'aucun droit ne soit perçu : l'art. 60 de la loi du 22 frimaire an VII est inapplicable, et le droit sera restitué.

Notre doctrine comporte une restriction : il est de principe que le receveur doit s'en tenir aux éléments d'appréciation que les parties lui soumettent ; il n'a pas du reste les moyens de s'éclairer en dehors des données qui lui sont fournies par ceux qui requièrent l'enregistrement. De là résulte que si la cause de l'inexistence ne ressort pas de l'acte instrumentaire qu'il a entre les mains, ou (lorsque l'on ne présente pas d'*instrumentum*) des déclarations des parties, il doit percevoir le droit ; et ce droit régulièrement perçu ne serait pas restitué dans le cas où l'on établirait ensuite l'inexistence de l'acte. Cette hypothèse se produirait par exemple si l'on présentait à la formalité de l'enregistrement l'acte de vente d'une maison qui, dès avant la vente, aurait été détruite par un incendie.

276. — Il serait superflu d'insister sur une théorie qui semble reposer sur un aussi solide fondement, si l'on n'en avait contesté les résultats, et si ce n'était aujourd'hui une théorie très-répandue que les droits proportionnels sont dus sur les actes in-

---

275. — (1) V. dans le sens de cette concession faite à la pratique : Gab. Demante dans le *Répertoire périodique* de Garnier, art. 546

existants. Cela nous oblige à appuyer par des arguments puisés dans la matiere spéciale que nous étudions la solution qui vient d'être déduite des principes généraux sur l'inexistence et l'annulabilité. Il nous sera facile ensuite de réfuter les objections soulevées contre notre système.

277. — Dans l'Ancien Droit on a toujours enseigné que les droits n'étaient pas dus sur les actes nuls : Pothier notamment a exprimé ce principe de la façon la plus précise en disant : « *Ex* « *contractu nullo, nulla debentur laudimia* » (1). Dumoulin a parfaitement exposé la doctrine admise : il ne fallait pas, disait-il, distinguer à ce point de vue l'acte inexistant de l'acte annulable. La disposition contenue dans l'art. 60 de la loi du 22 frimaire an VII n'existait pas en effet, et si l'on ne devait pas percevoir de droits sur l'acte annulable, c'est que tôt ou tard ces droits auraient dû être restitués. Donc tout acte nul était en principe exempt de droits. Seulement, il n'y avait exemption proprement dite que si la nullité était évidente, ou si l'on pouvait en fournir immédiatement la preuve. Dans le cas où la preuve immédiate n'était pas possible, le seigneur percevait les droits en donnant caution de restituer si plus tard on arrivait à établir la nullité (2).

Il ne peut plus être question aujourd'hui d'appliquer cette théorie aux actes annulables : on en sait la raison. Mais les règles que nous avons établies nous-même pour les actes inexistants ne sont-elles pas absolument celles que propose Dumoulin, à cette différence près, qu'aux termes de l'art. 60 de la loi du 22 frimaire an

---

277. — (1) Pothier, *Traité des Fiefs*, 414. — V. dans le même sens : d'Argentré, *Des Droits du Prince*, art. 59, n° 2 ; et *De Laudimiis*, § 17 ; — Boutaric, *Traité des Droits seigneuriaux*, p. 193 ; — Leprêtre, art. 3, ch. 55 ; — Pocquet de Livonière, p. 204 ; — Salvaing, *De l'Usage des Fiefs*, ch. 89.

(2) V. le texte de Dumoulin rapporté *supra*, 166, *in fine*. — Ajoutons notamment le passage suivant : « Adverte tamen quod antequam sit » declarata hæc nullitas, fundata est intentio patroni, tam in jure retrac- » tus, vel subquinti, quam in jure relevii respective... » (*Commentarii in Consuetudines Parisienses*, p. 393, n° 32). Pourquoi ne perçoit-on pas de droits sur les actes nuls ? Dumoulin répond : « *Consuetudo loquens de* » *venditione vel mutatione intelligitur de valida* » (*Op. cit.*, p. 392, n° 32).

VII, les droits régulièrement perçus ne sont pas restitués ? Nous aussi, nous pensons que, si l'inexistence est évidente, si l'agent du fisc peut s'en rendre compte immédiatement, il ne doit pas percevoir le droit ; et que l'acte au contraire est passible du droit proportionnel, si la nullité ne peut être établie que par une procédure spéciale.

Les rédacteurs de la loi de frimaire n'ayant pas manifesté la volonté de briser avec la tradition, nous sommes autorisé à dire que les mêmes principes sont en vigueur dans notre Droit.

Mais il y a plus : la loi de frimaire elle-même renferme des textes où l'on aperçoit l'application de ces principes.

L'art. 34 frappant d'une nullité d'ordre public, c'est-à-dire d'inexistence, les exploits ou procès-verbaux des huissiers que ceux-ci n'auraient pas fait enregistrer dans le délai, ne soumet pas ces actes au droit proportionnel : il prononce contre les huissiers contrevenants une *peine* pure et simple. De même l'art. 40 décide que les auteurs des contre-lettres frauduleuses dont il prononce la nullité, seront punis d'une *amende* égale au triple du droit *qui aurait eu lieu* sur les sommes et valeurs ainsi stipulées.

Ajoutons qu'il nous est absolument impossible de concilier la doctrine adverse avec un principe que ses partisans eux-mêmes ne peuvent pas rejeter : c'est que les actes juridiques imparfaits, c'est-à-dire non complétement formés, échappent au droit proportionnel (3). Quelle différence y a-t-il entre l'acte imparfait et l'acte inexistant ? L'acte imparfait est un acte inexistant ; il est inexistant parce qu'il manque d'un élément essentiel qui à un moment donné pourrait lui être acquis, de sorte qu'alors rien ne s'opposerait plus à ce qu'il prît naissance si tous les autres éléments étaient encore réunis. A côté des actes imparfaits il y a d'autres actes inexistants, où un élément essentiel fait défaut pour toujours, irrévocablement ; l'acte est à jamais réduit au néant. Il y a convention imparfaite quand le

---

(3) *Sic :* Demante, dans un article inséré au Répertoire périod. de Garnier, n° 1441, où il présente le système que nous combattons.

consentement de l'une des parties n'est pas encore fourni ; et la convention est inexistante sans être proprement imparfaite quand le caractère licite manque à la cause de l'obligation. Le système que nous combattons décide que sur la première convention on ne percevra pas le droit proportionnel ; mais que la seconde y est assujettie. On ne perçoit pas sur la première parce qu'il n'y a pas encore un acte ; pourquoi percevoir sur la seconde où il n'y aura jamais d'acte ? Et qu'on ne nous oppose pas que dans le premier cas il n'y a pas de titre ; que dans le second cas il y en a un. Qu'est-ce en effet qu'un titre d'où il résulte qu'il n'y a pas d'acte ? (nous supposons en effet que le caractère illicite de la convention apparaît dans l'*instrumentum* lui-même). Evidemment il n'y a pas plus de titre de la seconde convention que de la première : il il n'y a pas d'acte dans le second cas, comme dans le premier : on ne voit pas la raison de la différence que le système adverse veut établir entre les deux hypothèses.

278. — On objecte que le receveur n'est pas juge, et que l'on ne peut pas soumettre à son appréciation la validité des actes à enregistrer. — Nous ne voyons pas sur quoi s'appuie cette proposition : le receveur en effet est juge : sans doute il ne prononce qu'un premier ressort et sous le contrôle de l'administration supérieure et des tribunaux ; mais la loi lui confie de réels pouvoirs d'appréciation. Il est universellement admis que le receveur doit qualifier l'acte, et ne pas s'en tenir à la qualification des parties : en cela il est déjà vraiment juge. N'a-t-il pas de larges pouvoirs encore pour l'appréciation de la nature des conditions, etc. Y a-t-il quelque chose de plus dans le pouvoir d'appréciation que nous lui reconnaissons ; et la constatation de l'existence ou de l'inexistence d'un acte ne rentre-t-elle pas dans la qualification de cet acte ?

L'acte inexistant, ajoute-t-on, peut être exécuté et produit alors les effets d'un acte valable : il devrait donc supporter les mêmes droits. — Nous répondons que l'exécution ne confirme pas l'acte, lequel ne peut pas sortir du néant : elle constitue un fait nouveau et indépendant ; et ce fait peut sans doute dans certains cas être frappé de droits ; mais ce n'est pas une raison pour imposer l'acte lui-même. En matière immobilière la transmission de la possession est soumise au droit de mutation : l'exécution de l'acte est ainsi passible du droit ; mais non point l'acte lui-même : et la question a de l'intérêt, notamment au point de vue du délai pour faire enregistrer, lequel part non du jour où l'acte a été passé, mais du jour de l'entrée en possession.

279. — Ainsi la proposition que nous avons émise semble justifiée : l'acte inexistant ne supporte pas en principe les droits proportionnels ; l'acte annulable y est assujetti comme s'il était pleinement valable (1).

---

279. — (1) V. en faveur de notre système : Championnière et Rigaud, *Traité des Droits d'enregistrement*, 232 et s.; — Pont, au Répert. de Dalloz, v° *Enregistrement*, 240 ; — Demante, au Répert. périod. de Garnier, 546, et dans ses premières éditions de l'*Exposition raisonnée des principes de l'Enregistrement* ; — Garnier, dans son Répert. périod., 571. — MM. Demante et Garnier ont plus tard abandonné la théorie qu'ils avaient adoptée ; on verra le système contraire soutenu par Demante au Répert. périod. de Garnier, 1441, et dans ses *Principes de l'Enregistrement* (3° édit.), 48 et s.; par Garnier en son Répert. périod., 2446. Mais ces deux auteurs admettent un principe qui fait que leur seconde théorie n'est pas aussi différente de la première qu'elle pourrait le sembler au premier abord : comme correctif au système qu'ils enseignent aujourd'hui, ils décident que « la nullité absolue (inexistence), toutes les fois qu'elle est » apparente, écarte la perception du droit sur la convention » (Répert. général de Garnier, édit. de 1874, 11849). Cpr. Demante, *Principes de l'Enregistrement* (3° édit.), 258 — On pourra voir aussi combattre notre système par MM. Rodière et Pont, *Traité du Contrat de Mariage*, 304. — Quant à la jurisprudence, on l'indique comme nous étant depuis longtemps unanimement défavorable : mais si l'on y regarde de près, on est loin de rencontrer cet accord unanime d'arrêts que nos adversaires invoquent en leur faveur. Il est assez curieux de passer en revue les arrêts de la Cour de cassation que nous oppose M. Garnier au n° 2446 de son Répert. périod. On verra que ces arrêts ne sont pas en contradiction avec notre doctrine. Prenons successivement chacun d'eux :

Civ. rej., 21 août 1881 (Répert. Dal , v° *Enregistrement*, 2132). il s'agissait de certaines formalités dont l'inaccomplissement n'apparaissait pas dans l'acte instrumentaire. — D'après notre système, une pareille cause de nullité n'empêche pas le receveur de percevoir le droit.

Civ. cass., 30 avril 1821 (Répert. Dal., v° *Enregistr.*, 3989) : il était ques-

Et il est à remarquer que cette différence subsiste jusqu'au jugement, et qu'une convention amiable prétendant anéantir l'acte annulable n'aurait pas l'effet d'un jugement. Il est de principe que le jugement seul peut annihiler rétroactivement l'acte, faire qu'il n'y ait pas eu d'acte : une convention ne peut pas rem-

---

tion non d'inexistence, mais d'annulabilité, puisque l'acte en litige était la prise de possession des biens d'un absent par une femme mariée, et la cause de la nullité, le défaut d'autorisation maritale.

Civ. cass., 12 février 1822 (Répert. Dal., v° *Enregistr.*, 237) : la nullité visée par cet arrêt est celle de la vente de la chose d'autrui ; on sait que l'on discute la question de savoir si cette vente est inexistante ou annulable, et les termes de l'arrêt ne sont pas de nature à nous révéler comment la Cour de cassation entend trancher cette question.

Civ. cass., 18 février 1829 (Répert. Dal., v° *Enregistr.*, 234) : l'affaire portait sur la rescision d'une vente pour cause de lésion, par conséquent sur une annulabilité et non une inexistence.

Civ. cass., 23 février 1824 (Répert. Dal., v° *Enregistr.*, 88) : l'arrêt parle des intentions secrètes des parties dont le receveur ne peut tenir compte : l'acte était sérieux en apparence, et le droit devait être perçu même dans notre système.

Req. rej., 19 novembre 1835 (Répert. Dal., v° *Enregistr.*, 236) : Il s'agit d'une donation mutuelle entre époux, la Cour ne décide pas s'il y a inexistence ou annulabilité,

Cass. ch. réunies, cass., 18 février 1854 (D. P., 54, 1, 112). Non seulement cet arrêt s'applique à un cas d'annulabilité (vente consentie à une femme mariée non autorisée) ; mais encore il fait entendre que s'il y avait inexistence la solution serait différente : « Attendu que l'incapacité de la dame » Lescure résultant de ce qu'elle n'avait été, lors de l'adjudication, ni » assistée, ni autorisée de son mari, *ne pouvait avoir pour effet de rendre* » *nulle de plein droit la vente à elle faite, qu'elle l'autorisait seulement* » *à en provoquer l'annulation* ».

Quant à l'arrêt de rejet de la Chambre civile de la Cour de cassation du 15 février 1854 (D. P., 54, 1, 51), et qui est relatif à une substitution prohibée, il énonce formellement qu'il n'y a pas chez nous de nullité de plein droit, et que par conséquent les actes nuls produisent leurs pleins effets jusqu'à l'annulation. La Cour considère donc la substitution prohibée comme frappée d'annulabilité (v. Laurent, XXXII, 396 ; XIV, 519 et 520), et sa décision n'infirme en rien notre système.

On voit à quoi se réduisent les décisions de la jurisprudence que nous oppose M. Garnier, *loc. cit.*

Nous interpréterons par cet arrêt de 1854 un autre arrêt de la Cour de cassation du 16 mars 1869, relatif à la vente des remèdes secrets. (Civ. cass., D. P., 69, 1, 247.) Le texte de cet arrêt ne répugne pas à ce qu'on le

placer le jugement, et constituerait purement et simplement une rétrocession (2).

280. — II. — *On ne peut demander l'annulation (d'un acte annulable) qu'en exerçant une action spéciale appelée action en nullité* (1). — *La déclaration d'inexistence n'exige pas l'exercice d'une action spéciale.*

281. — Il est évident tout d'abord qu'il y a une action spéciale en annulation : l'acte annulable produit les mêmes effets qu'un acte valable jusqu'à ce que le juge l'ait anéanti, et la loi donne une action pour obtenir cette décision de la justice : cela résulte de la notion même de l'annulabilité.

282. — La déclaration d'inexistence au contraire s'obtiendra par toutes sortes de moyens. Si l'acte devait transférer des droits préexistants, ces droits subsistent tels quels, et avec eux les actions qui les sanctionnaient. Ainsi l'acte devait-il transférer une propriété immobilière : le propriétaire conserve son droit et les actions dérivant de la propriété : en exerçant ces actions, il pourra prouver l'inexistence de l'acte. Si cet acte devait créer des droits, son inexistence l'a empêché d'en créer aucun ; mais son exécution de fait a pu en faire naître : de là des actions dont l'exercice pourra avoir pour résultat la déclaration d'inexistence.

---

considère comme visant un cas d'annulabilité absolue, quoiqu'à notre avis l'acte soit inexistant, comme constituant une convention contraire à une loi d'ordre public. Mais ce qui nous porte à penser que la Cour a entendu voir dans cette nullité une annulabilité, c'est que l'arrêt fut rendu conformément aux conclusions d'un rapport de M. le conseiller Pont, qui rappelait l'arrêt du 15 février 1854 et les motifs de cet arrêt, notamment celui dont nous venons de parler (v. Répert. périod., 2895). On est donc parti du principe qu'on n'était pas en présence d'une nullité de plein droit, et par conséquent l'arrêt du 16 mars 1869 n'appartient pas au système adverse.

(2) *Contra* : Trib. Seine, 13 décembre 1878, au Répert. périod. de Garnier, 5148 — *Sic* : une note de Garnier sur le jugement précité. — La jurisprudence admet la perception sur l'acte déjà annulé judiciairement : v. l'exposé de cette jurisprudence au Répert. période, 3785. — V. cependant Trib. Seine, 29 août 1877, au Répert. périod., 4822. — Il est évident que partant de ce principe, la jurisprudence admettra à fortiori la perception quand l'annulation résultera d'une convention amiable.

280. — (1) Il serait préférable d'employer l'expression d'*action en annulation*.

Cette hypothèse se produira par exemple dans le cas où une obligation de donner une somme d'argent est inexistante : si la somme a été versée, le paiement a fait naître un droit à la restitution, et par là même une action en restitution : le juge saisi de la demande en restitution déclarera l'inexistence de l'obligation.

Il est important de déterminer d'une façon précise quelles sont les actions par lesquelles on peut obtenir une déclaration d'inexistence.

283. — Prenons un acte inexistant qui aurait dû transférer une propriété immobilière. Nous venons de dire que le propriétaire a toutes les actions de la propriété. Mais quelles sont précisément les actions dérivant du droit de propriété ?

S'il y a eu livraison de l'immeuble, le propriétaire peut agir en revendication, c'est-à-dire demander la reconnaissance de son droit de propriété et la restitution du bien.

Mais s'il n'entend pas exercer actuellement son droit à la restitution, lui accorderons-nous la faculté de faire déclarer par la justice son droit de propriété, sauf à agir plus tard en restitution, à la condition qu'il ait un intérêt né et actuel à faire reconnaître immédiatement son droit, parce que par exemple il peut craindre de voir ses preuves disparaître ? De même, s'il n'a pas encore livré, ne pourra-t-il pas agir dès à présent en reconnaissance de son droit de propriété, s'il y a un intérêt né et actuel ?

Nous pensons qu'il ne faut pas lui refuser cette action en reconnaissance.

C'est qu'il semble résulter de l'ensemble de nos institutions que les tribunaux sont établis pour *dire le Droit*, pour constater tous les droits dès que le titulaire a un intérêt né et actuel à les faire constater. Nulle part le législateur n'a manifesté l'intention de limiter les actions comme elles l'étaient à Rome. Nous ne vivons plus au milieu du formalisme romain qui faisait considérer chaque action comme une institution spéciale pour ainsi dire. On comprend que dans un tel système, pour qu'une action pût être intentée, il fallût qu'une disposition spéciale de la loi l'eût organisée. Mais aujourd'hui l'action est la sanction pure et simple du droit : quand la loi reconnaît l'existence d'un droit, ce droit doit pouvoir être exercé alors même que la loi n'en aurait pas organisé spécialement le mode d'exercice. D'autre part, on ne voit pas en vertu de quel principe on pourrait forcer le titulaire d'un droit à en demander immédiatement l'exercice complet. Or, l'exercice du droit de propriété comprend spécialement la demande faite à la justice de reconnaître ce droit de propriété, et la demande de restitution du bien que ne détient pas son propriétaire. Normalement le propriétaire demandera à la fois à la justice de reconnaître sa qualité de propriétaire et son droit à la restitution : la demande prend alors le nom d'action en revendication. Mais on ne voit pas pourquoi le propriétaire ne pourrait pas demander seulement la reconnaissance de son droit de propriété sans demander que le tribunal ordonne la restitution. Cette action, qu'il faut donc lui accorder, nous l'appellerons *action en reconnaissance de la propriété*. Comme il est de principe que l'intérêt est la mesure des actions, le propriétaire ne pourra agir en reconnaissance que s'il a intérêt à le faire, par exemple si ses preuves sont de nature à dépérir.

Accordant au propriétaire dépossédé l'action en reconnaissance de la propriété. nous ne pouvons pas la refuser au propriétaire qui possède : la constatation qu'il obtiendra de son droit le garantira contre les risques qu'il court de se voir plus tard opposer un acte n'ayant sans doute que l'apparence, mais pouvant néanmoins lui nuire s'il n'était plus en état de faire la preuve de l'inexistence (1).

Et que l'on ne dise pas que cette action en reconnaissance n'est autre chose qu'une action en nullité accordée à l'aliénateur apparent. Sans doute, pour établir son droit de propriété, il sera obligé de faire tomber l'acte qu'on lui opposera ; mais il faut bien remarquer qu'il y a là purement et simplement une question de preuve : il prétend être propriétaire ; on lui oppose une apparence d'acte

---

283. — (1) Cpr. Aubry et Rau, § 746, t. et n. 6 à 8, et les autorités citées à cette n. 8.

de transmission ; il prouve que cet acte n'a aucune réalité. Son droit de prouver l'inexistence de l'acte n'est qu'une conséquence de son droit de propriété ; en attaquant l'acte il exerce une action dérivant du droit de propriété.

284. — On aura les mêmes motifs d'accorder une action en reconnaissance dans tous les cas où l'acte inexistant devait être translatif de droits, quels que soient ces droits ; et d'une façon générale dans tous les cas où le demandeur peut invoquer un droit proprement dit, alors même qu'il n'entendrait pas retirer immédiatement de ce droit tous les avantages qui en résultent. Mais que décider dans l'hypothèse ou l'acte inexistant qui devait être créateur de droits n'a pas été exécuté. Il s'agit par exemple d'une obligation inexistante de donner une somme d'argent. Le débiteur apparent peut-il agir en déclaration d'inexistence s'il n'a pas exécuté ? La question est délicate : car si à chaque droit correspond une action, encore faut-il qu'il y ait un droit. Cependant nous ne serions pas éloigné de croire que, même dans ce cas, le débiteur apparent peut invoquer un droit. S'il court le risque de se voir opposer plus tard un acte qui semble l'obliger, et de ne pouvoir faire tomber cette apparence d'obligation parce que les preuves de l'inexistence auraient dépéri, cet acte apparent lui cause un dommage, et celui qui y a concouru est obligé de le réparer aux termes de l'art. 1382. On ne peut donc guère nier qu'il y ait un droit ; et cela suffit pour donner une base à l'action en déclaration d'inexistence (1).

285. — Telles sont les actions par lesquelles on obtient soit l'annulation, soit la déclaration d'inexistence : l'action en nullité d'une part, qui constitue une action spéciale ; l'action en déclaration d'inexistence d'autre part, qui n'est que l'une des formes d'actions très-diverses et quelquefois la sanction spéciale de droits également divers.

Des principes que nous venons de poser nous devons déduire les conséquences.

---

284. — (1) Cpr. Aubry et Rau, § 746,

286. — A. — *Les actes annulables peuvent en principe être confirmés. — Il n'y a pas de confirmation des actes inexistants.*

L'acte annulable ne pouvant cesser de produire ses effets qu'en cas de réussite de l'action en nullité, il en résulte que si cette action vient à être éteinte, l'acte est définitivement valable. Or, les actions s'éteignent en principe par la renonciation du titulaire : il n'en est pas ainsi, il est vrai, lorsque l'action est fondée principalement soit sur l'intérêt de la société, de l'ordre public, soit sur l'intérêt privé des tiers. Le titulaire de l'action est alors, pour ainsi dire, le mandataire soit de la société, soit des tiers ; et il est évident qu'il ne peut pas disposer d'intérêts qui ne sont pas les siens. Mais quand une personne détient une action dans son propre intérêt, quand, en même temps, elle est en état d'apprécier son intérêt, la loi ne peut pas s'opposer à ce que cette personne renonce à se prévaloir de son action. Il résulte de là que tout particulier pourra renoncer à l'action en nullité que lui accorde la loi principalement dans son intérêt privé, lorsque la cause de la nullité aura disparu. Cette renonciation à l'action en nullité, qui rendra l'acte définitivement valable, on l'appelle *confirmation*.

287. — La confirmation des actes annulables est donc possible en principe : la raison seule suffit, on le voit, à nous dicter cette solution. L'art. 1338 vient du reste fournir à l'appui l'argument le plus puissant : son texte vise clairement les actes annulables, et les Travaux préparatoires ne peuvent nous laisser aucun doute à ce sujet (1).

La règle s'appliquera sans distinction entre les nullités absolues et les nullités relatives (2). Sans doute, pour les nullités absolues, comme le disait fort bien Merlin (3), une renonciation n'a certainement pas d'effet vis-à-vis des tiers. Elle liera seule-

---

287. — (1) V. *supra*, 245 à 246.

(2) V. *supra*, 261, n. 4. — Aubry et Rau, § 337, t. n° 1.

(3) Merlin, au Répertoire de Guyot, v° *Nullité*, § 3.

ment son auteur : l'acte, *à son égard*, sera pleinement et définitivement valalable, et il ne pourra plus l'attaquer. Il y a là une confirmation pour ainsi dire relative.

Telle est la règle. Voyons l'exception.

288. — On ne peut pas renoncer à une action en nullité fondée, à titre non accessoire, sur l'intérêt même privé de tierces personnes. C'est en vertu de ce principe que le donateur ne peut réparer par aucun acte confirmatif les vices d'une donation entre vifs nulle en la forme : art. 1340. Nous avons déjà montré (1) que le donateur a son action en nullité non seulement dans son propre intérêt, mais encore dans l'intérêt de ses héritiers que la loi considère ici comme des tiers.

On ne peut pas non plus renoncer à une action fondée principalement sur un intérêt d'ordre public. Personne ne conteste absolument ce principe ; mais d'éminents auteurs (2) pensent que l'ordre public d'abord intéressé à l'annulation de l'acte, peut à un moment donné n'être plus blessé par la confirmation qui deviendrait alors possible.

Nous ne pouvons admettre une pareille doctrine. La confirmation a pour effet de rendre définitivement et rétroactivement valable l'acte auquel elle s'applique. La volonté d'un particulier pourrait donc faire qu'au moment même où dans l'intérêt supérieur de l'ordre public la loi s'opposait de tout son pouvoir à l'efficacité d'un acte, cet acte ait produit des effets aussi complets que s'il avait été licite ; il y aurait là une véritable insurrection contre la loi ; et le législateur ne peut être supposé autoriser une violation aussi flagrante des dispositions qu'il a lui-même édictées.

Et que l'on ne dise pas que la loi ne répugne pas à ce que l'acte contraire à l'ordre public produise des effets, puisqu'elle admet elle-même qu'il sera efficace jusqu'à son annulation. Car si l'acte produit des effets, c'est contre le vœu de la loi ; et le plus ardent

---

288. — (1) *Supra*, 268.

(2) Aubry et Rau, § 337, t. et n. 9.

désir du législateur est que l'acte contraire à l'ordre public soit annulé. Seulement il se considère comme impuissant à le rendre immédiatement inefficace ; l'acte existe par la force des choses dès qu'il rentre dans un type d'acte reconnu par la loi : il y a là une conséquence nécessaire de la conception de l'inexistence et de l'annulabilité du Droit moderne.

Aussi n'est-il pas admissible qu'un particulier renonce à exercer une action que la loi lui a donnée principalement pour faire d'sparaître une efficacité qu'elle réprouve tout en la subissant. Quels que soient les événements postérieurs, la loi ne peut pas en principe se prêter à rendre légale une violation de dispositions édictées dans l'intérêt général de la société.

Il peut se produire sans doute des hypothèses où la loi ayant prononcé une nullité pour des motifs intéressant directement l'ordre public, l'annulation obtenue à un moment donné aurait des conséquences tellement graves soit pour des particuliers, soit pour l'ordre public lui-même, ou tout à la fois pour des particuliers et pour l'ordre public, que la loi elle-même préfère retirer l'action. C'est ce qui a lieu dans le cas prévu par l'art. 185 : quand la femme qui a contracté mariage étant encore impubère, a conçu, ou lorsqu'il s'est écoulé six mois depuis qu'elle a atteint l'âge de la puberté, la loi retire l'action en nullité. En ce cas il ne s'agit même pas de confirmation, puisque l'action est éteinte de plein droit. Mais cet exemple montre que dans certains cas exceptionnels la loi peut ne plus désirer l'annulation. Pour que l'on puisse se dire en présence d'un cas de cette nature, il faut qu'un texte exprès rende évidente cette dérogation absolument exorbitante.

En dehors d'une dérogation expresse il faut donc décider que les nullités d'ordre public sont absolument indélébiles.

289. — Cela n'implique pas que les parties ne puissent, si l'ordre public ne s'y oppose pas, régler leurs intérêts de la manière qu'il leur plaira en faisant de nouvelles conventions. Il faudrait bien se garder de confondre la confection d'un acte nouveau avec la confirmation de l'ancien. La confirmation n'est pas sou-

mise en principe aux mêmes formes que l'acte lui-même (1). De plus,
si l'acte nouveau pour être parfait exige le concours de toutes les
parties, la confirmation est en elle-même purement unilatérale (2).
Quant aux effets, la confirmation rétroagit; l'acte nouveau n'o-
père que pour l'avenir. Mais cette différence d'effets est souvent
plus théorique que pratique ; car rien n'empêche en général les
parties maîtresses de leurs droits de régler leurs intérêts absolument de la même manière que si la convention primitive avait
toujours produit ses effets. D'autre part la confirmation d'un acte
infecté de nullité absolue n'aurait pas plus d'effet vis-à-vis des
tiers qu'une convention nouvelle ; car on ne peut pas admettre
que les tiers soient privés du droit que la loi accorde à tous les

---

289. — (1) Ainsi la confirmation d'une donation par les héritiers du
donateur n'est pas soumise aux règles de forme de la donation. — Cependant si les formes sont destinées à assurer l'indépendance et la sincérité
du consentement des parties, la confirmation doit en être revêtue. C'est
ainsi, disent MM. Aubry et Rau (§ 337, n. 24) qu'une reconnaissance d'enfant
naturel contenue dans un acte notarié nul en la forme ne pourrait être
confirmée que par un acte authentique. V. aussi Demolombe, XXIX, 767. Il
est évident que l'on retombe dans la règle générale lorsqu'au moment de la
confirmation l'indépendance ou la sincérité des parties n'est plus menacée.
Par exemple les formes des testaments sont évidemment destinées à établir que le testateur a disposé en toute liberté. Or il ne peut être question
d'atteintes à la liberté spéciales à la matière des testaments, que sur la personne du testateur lui-même, lequel n'a pas à vrai dire d'intérêt personnel à
laisser sa succession à telle personne plutôt qu'à telle autre. Les héritiers
du testateur jouissent de toute leur indépendance, et conséquemment peuvent confirmer en telle forme qu'il leur convient. On remarquera que nous
n'avons pas appliqué le même raisonnement à la donation nulle en la forme : la raison en est que les règles de forme des donations n'ont pas précisément pour but d'assurer l'indépendance du donateur : elles ont surtout
été édictées en haine des donations, et dans l'intérêt des héritiers du donateur.

(2) Il faut admettre que la partie qui bénéficie de la confirmation
a tacitement accepté la renonciation qui pourrait être faite à l'action en
nullité : les actes juridiques doivent normalement être efficaces, et cette
acceptation anticipée n'a rien de contraire aux principes. Du reste l'art. 1338
énonçant les conditions auxquelles doit satisfaire la confirmation, semble
bien se rapporter à un acte unilatéral. V. en ce sens : Demolombe, XXIX,
768 ; — Aubry et Rau, § 337, t. et n. 32, et les autorités citées dans cette n.

intéressés, de faire prononcer la nullité à leur profit. Quoi qu'il ensoit, il reste des différences certaines entre la confirmation de l'acte ancien et la confection d'un nouveau. C'est en raison de ces différences, que l'on n'admet pas toujours la confirmation lorsque l'on peut procéder à un acte nouveau. Et il est d'autant plus intéressant de déterminer quels actes peuvent être proprement confirmés, que de là dépend la solution d'une question très-importante dont nous aurons à nous occuper bientôt : savoir, à quels actes s'applique la prescription de l'art. 1304. Nous aurons en effet lieu de dire que l'article 1304 ne peut recevoir son application que dans les cas où la confirmation expresse est possible.

Le principe que nous avons posé n'implique pas non plus que l'on ne pourra pas renoncer aux droits pécuniaires à raison desquels on aurait eu intérêt à faire valoir une nullité d'ordre public. Il n'y aurait là rien de contraire à la loi ; et, en vertu de la règle d'après laquelle l'intérêt est la mesure des actions, l'auteur d'une semblable renonciation ne pourrait plus agir en nullité (3).

290. — Voyons quelques applications d'actes annulables qui exceptionnellement ne peuvent être confirmés.

Il est evident d'abord qu'aussi longtemps que subsiste la cause même de la nullité, toute confirmation est absolument impossible : on y rencontrerait le même vice que dans l'acte. Ainsi un mariage est entaché de bigamie : tant que le premier mariage subsiste, il est certain que l'ordre public souffrirait autant de la confirmation que du mariage. Il n'est pas possible de valider un acte à un moment où il ne pourrait pas se former valablement.

On peut modifier l'hypothèse et supposer que, la cause du vice ayant disparu, un acte nouveau soit légalement possible. Nous venons d'établir la règle que néanmoins la nullité d'ordre public ne peut pas se couvrir. C'est pourquoi, même après la dissolution du premier mariage du bigame, celui-ci ne pourra pas confirmer

---

(3) Aubry et Rau, § 458, t. et n. 13 , § 461, t. et n. 41. — Demolombe, III, 333.

son second mariage (1) : tout ce qu'il pourrait faire, serait d'obtenir l'annulation de ce second mariage, et d'en contracter un nouveau avec la même personne : ce ne serait pas une confirmation.

La solution sera la même pour toutes les nullités absolues de mariage (2) ; même pour la nullité résultant de l'impuberté. De ce qu'après l'expiration de six mois, en cas de grossesse de la femme qui s'est mariée impubère, la loi retire l'action en nullité (art. 185), nous ne pouvons pas conclure qu'avant les six mois, et quand la femme n'est pas grosse, la loi entend ne pas s'opposer à la ratification (3).

Si des mariages on passe aux conventions, certains auteurs abandonnent le principe qu'ils ne méconnaissent pas en matière de mariage. C'est ainsi que pour MM. Aubry et Rau, la cession faite à un officier ministériel en contravention à l'article 1597 est contraire à l'ordre public, et que cependant après la cessation des fonctions de l'officier ministériel, les parties peuvent confirmer cette cession (4). Si nous considérions cette nullité comme intéressant principalement l'ordre public, nous devrions en faire une inexistence, puisque pour nous les conventions contraires à l'ordre public sont inexistantes (5). Mais plaçons-nous pour un instant au point de vue de MM. Aubry et Rau : la convention a blessé l'ordre public, et pour ce motif est annulable. Nous déciderons que cette nullité est irréparable. Et si MM. Aubry et Rau admettent ici la confirmation, pourquoi la rejettent-ils lorsqu'il s'agit d'un bigame dont le premier mariage se trouve dissous ? Il y a là une inconséquence qui prouve la fausseté du principe d'où partent les savants auteurs.

Nous avons démontré ainsi la première partie de notre proposition : il est désormais acquis pour nous que l'acte annulable

---

290. — (1) Aubry et Rau, § 461, t. et n. 35. — Demolombe, III, 314.

(2) Aubry et Rau, § 458, t. et n. 14.

(3) Aubry et Rau, § 461, t. et n. 27. — *Contra*, Demolombe, III, 318.

(4) Aubry et Rau, § 337. n. 9. — V. aussi les deux arrêts cités *infra*, 295, n. 2.

(5) V. *supra*, 257.

peut être confirmé, à moins que l'action en nullité ne soit accordée qu'accessoirement dans l'intérêt de celui qui entend y renoncer.

291. - Il ne nous sera pas difficile d'établir maintenant que l'acte inexistant ne peut pas faire l'objet d'une confirmation.

Une renonciation, acte purement négatif, peut-elle en effet créer quelque chose ? L'acte inexistant équivaut au néant ; si l'on renonce à dire qu'il n'y a rien, là où en effet il n'y a que le néant, le néant sera-t-il pour cela devenu quelque chose ? Evidemment non. C'est ce qu'exprimait fort clairement l'ancien adage : *Confirmatio nil dat novi*. Ainsi la nature même de la confirmation s'oppose à ce qu'elle s'applique aux actes inexistants. Les effets mêmes qu'on lui attribue sont d'ailleurs tout aussi incompatibles avec la possibilité de couvrir l'inexistence par la confirmation. L'acte confirmé est en effet censé avoir toujours été parfaitement valable du jour même où il s'est formé. Or cela suppose évidemment que dès ce jour il comprenait tous ses éléments essentiels ; car si la confirmation y avait ajouté un élément essentiel, l'acte n'aurait été parfait (*perfectus*) que du jour de la confirmation : c'est à partir de ce jour-là seulement qu'il aurait pu produire des effets ; car la volonté des parties ne peut pas opérer dans le passé.

A défaut de confirmation, que pourront donc faire les parties ? Il leur sera possible de procéder à des actes nouveaux, si elles arrivent à en réunir les éléments essentiels : ce ne sera pas là une confirmation. Elles pourront encore renoncer aux droits qui leur appartiennent, si la loi leur permet d'en disposer. Ainsi celui qui en vertu de l'exécution d'un acte inexistant a une *condictio sine causa*, pourra renoncer à cette action, et cette renonciation acceptée par la personne obligée sera irrévocable. Mais une pareille renonciation n'aura pas donné la vie à l'acte inexistant, qui restera toujours le néant. La renonciation à un droit réel qui aurait dû être transféré par un acte inexistant, n'aura pas plus la puissance de vivifier l'acte : une renonciation à la propriété, rendra le bien sans maître, et par conséquent propriété de l'Etat ;

une renonciation à un droit réel, démembrement de la propriété, éteindra ce droit au profit du propriétaire de la chose.

292. — On ne songerait pas à ajouter quelque chose à l'exposition de ces principes, s'ils n'avaient été contestés par deux éminents jurisconsultes, Toullier et après lui Merlin, suivant lesquels les actes inexistants sont susceptibles de confirmation.

Se pourrait-il, comme ils le prétendent, que des principes si rationnels n'aient pas été acceptés par le législateur ?

Mais il suffit de se reporter aux articles 1338 à 1340 pour se faire la conviction que la confirmation n'est que la renonciation à l'action en nullité, c'est-à-dire un acte purement négatif. Il suffit de consulter les Travaux préparatoires pour comprendre de la façon la plus nette qu'en rédigeant ces articles comme il l'a fait, le législateur a entendu repousser la confirmation des actes inexistants (1).

C'est bien ce que comprit tout d'abord Merlin. Il exposa longuement dans son *Répertoire* (2), la théorie d'après laquelle les actes qui n'ont que l'apparence de contrats ne peuvent pas être confirmés. Il citait à l'appui les paroles de Jaubert et de Mouricault au Tribunat et au Corps législatif. Son argumentation paraissait irréfutable ; et conformément aux conclusions de l'illustre Procureur général, la Cour de cassation, par un arrêt du 27 août 1812, donnait l'appui de son autorité au système que nous proposons.

Mais Toullier critiqua sérieusement cet arrêt et la doctrine de Merlin ; il parvint même à convaincre celui-ci de sa prétendue erreur : et Merlin se chargea lui-même dans ses *Questions de Droit* (3) de réfuter l'opinion qu'il avait précédemment émise : « Ce prétendu principe, écrit-il, n'est, comme l'a très-bien dé- « montré M. Toullier, tome 8, n° 518, qu'une assertion purement « gratuite, qu'une erreur créée par l'imagination de deux tri- « buns ».

---

292. — (1) V. *supra*, 245-246.

(2) Merlin, *Répertoire,* v° *Ratification*, n° IX.

(3) Merlin, *Questions de Droit,* v° *Ratification*, § 5.

Toullier tire son argument capital de l'art. 1998. On lui dit qu'il n'est pas possible de concevoir un acte inexistant remontant quant à ses effets à un moment où il n'existait pas. Toullier répond : La loi cependant ne répugne pas à cette idée ; la preuve en est en ce que si une personne a fait en mon nom un acte que je ne lui avais pas donné mandat de faire, cet acte à mon égard est inexistant jusqu'à ce que je le ratifie ; mais que cependant, aux termes de l'art. 1998, *ratihabitio mandato æquiparatur* : la ratification donnée postérieurement vaut un mandat consenti avant l'acte ; les effets de l'acte se produisent rétroactivement comme si le mandat avait toujours existé.

Mais le raisonnement de Toullier et de Merlin pêche par la base, parce qu'à notre avis il n'y a pas dans ce cas proprement inexistence. Il n'y a pas non plus sans doute annulabilité, et la ratification de la gestion d'affaire ne doit pas être confondue avec la ratification de l'acte nul. Toullier et Merlin sont trompés par l'expression identique qui désigne les deux choses (4). La gestion d'affaire a une nature toute spéciale ; et elle est régie par des règles spéciales : c'est ce dont on se rendra compte aisément.

Précisons l'hypothèse. Une personne m'a engagé vis-à-vis d'un tiers. Elle a contracté avec ce tiers en mon nom; elle a voulu me représenter, et le tiers a entendu traiter non pas avec cette personne, mais avec moi.

Le principe de la représentation nous donnera l'explication de la rétroactivité que produira ma ratification.

Quand, ayant reçu un mandat, une personne traite au nom de son mandant, elle est censée n'être que le porte-parole du mandant, et c'est véritablement le mandant lui-même qui légalement traite avec le tiers.

Quand, sans avoir reçu mandat, mais espérant obtenir une ratification postérieure, une personne m'oblige envers un tiers, je dis qu'elle me représente en contractant, et que de plein droit

---

(4) Laurent, XVIII, 567.

naît à ma charge un principe d'obligation. Sans doute, je puis refuser d'être obligé ; la force même des choses arrête là la représentation ; mais ce principe d'obligation est suffisant pour qu'en cas de ratification je sois censé être devenu débiteur du jour même du contrat. La ratification ne fait qu'enlever cet obstacle matériel qui s'opposait à ce que l'obligation née à ma charge ne devienne effective. L'acte était-il inexistant avant la ratification ? Non : il y avait sur ma tête une obligation virtuelle, que la puissance de la représentation avait réussi à créer ; et en ratifiant, je ne fais que vivifier cette obligation née du jour du contrat. — Du reste ne pourrait-on pas dire encore que toute personne est censée donner à tout le monde mandat de faire tout ce qui pourrait lui être utile. En ratifiant, on reconnaît que l'acte dont s'agit rentre dans le mandat général que l'on a donné. En refusant la ratification, on fait tomber la présomption de mandat. — En un mot, et à quelque point de vue que l'on se place, dans la ratification de la gestion d'affaire il y a vivification d'un acte qui en principe existait dès l'origine.

La situation est-elle la même lorsque l'on est en présence d'un acte inexistant ? Point du tout. Dans le cas d'inexistence, il n'y a rien et l'on ne rencontre que le néant absolu. S'il y a quelques éléments d'un acte, il manque au moins un élément essentiel ; et tant que cet élément ne se sera pas ajouté aux autres il n'y aura pas d'acte, même virtuellement, et à quelque point de vue que l'on se place. Lorsque l'élément qui faisait défaut viendra compléter les premiers, alors seulement l'acte prendra naissance : l'acte ne peut exister que lorsque ses éléments essentiels se trouvent réunis.

L'objection de Toullier ne renverse donc pas notre théorie.

293. — Nous pouvons dire en conséquence que si toute personne peut renoncer à l'action en annulation qui lui est donnée principalement dans son intérêt, et dans ces conditions peut confirmer l'acte annulable, l'inexistence au contraire n'est pas susceptible de se couvrir par la confirmation.

D'où il suit qu'il pourra y avoir intérêt sous ce rapport à ranger les nullités parmi les annulabilités ou les inexistences.

C'est ce qui se rencontre notamment pour certaines nullités de forme.

Nous n'entendons pas parler des nullités de forme des donations, car quel que soit le système adopté, qu'on les considère comme des annulabilités ou des inexistences, il faut repousser toute confirmation pendant la vie du donateur, et admettre la confirmation après sa mort par ses héritiers : les art. 1339 et 1340 sont absolument formels.

294. — Mais en matière de testaments, il n'y a pas de texte semblable.

Cependant pour une raison spéciale, la question de la possibilité ou de l'impossibilité de la confirmation par le testateur lui-même est pour ainsi dire indifférente. Cette raison, c'est que les règles de forme des testaments, comme nous avons déjà eu l'occasion de le dire (1), ayant pour but d'assurer l'indépendance du testateur, la confirmation que celui-ci pourrait être autorisé à faire dans le système de l'annulabilité, devrait revêtir les formes mêmes d'un testament. Ainsi notamment il est de principe que l'on ne peut pas tester en se référant à un acte antérieur : l'une des garanties des formes des testaments consiste précisément en cette énonciation spéciale de chaque clause dans un acte remplissant toutes les conditions exigées par la loi : une ratification du testament conçue en termes généraux, serait donc sans effet (2).

Il est très-intéressant au contraire de déterminer si la confirmation peut être faite par les héritiers du testateur : la règle générale reprenant en effet son empire, la confirmation n'est plus soumise à aucune forme (3).

Si donc, comme nous le pensons (4), le testament nul en la forme est seulement annulable, les héritiers du donateur pour-

---

294. — (1) *Supra*, 289, n. 1.

(2) Cpr. Aubry et Rau, § 664, t. et n. 9.—V. aussi Req. rej., 7 novembre 1853, D. P., 54, 1, 27 : la Cour de cassation dit, que pour que la disposition revive, il suffit qu'on l'ait rappelée dans le but de la grever d'une charge.

(3) *Supra*, 289, n. 1

(4) V. *supra*, 271, t. et n. 2.

ront le confirmer (5). Ce n'est pas dans un intérêt étranger que la loi leur accorde l'action en nullité : rien ne s'oppose donc a ce qu'ils y renoncent. Dirons-nous que nous étendons à ce cas l'art. 1340 ? Pas précisément : nous appliquons les principes généraux dont l'art. 1340 est lui-même une application spéciale.

Si l'on considère au contraire les formes des testaments comme édictées sous peine d'inexistence, il faudra repousser toute idée de confirmation du testament nul en la forme même par les héritiers. Vouloir en effet appliquer dans ce cas par analogie l'art. 1340, serait une énorme inconséquence, ainsi que l'explique parfaitement M. Laurent (6).

L'article 1340 en effet pour les partisans de l'inexistence des donations nulles en la forme, est une disposition absolument exorbitante : eux-mêmes y voient *une étrange anomalie;* eux-mêmes reconnaissent qu'elle est en *contradiction* avec les principes les plus certains. Et on voudrait l'étendre à des cas qu'elle n'aurait pas textuellement prévus ! Cela ne se comprendrait point (7).

295. — Il y a pour nous annulabilité lorsque le contrat de mariage n'est pas revêtu des formes légales ou n'a été passé qu'après la célébration du mariage. Assez généralement on considère que la nullité est une inexistence (1).

----

(5) *Sic* : Aubry et Rau, § 664, t. et n. 10. — V. *infra*, n. 7.

(6) Laurent, XIII, 461 et s.

(7) Aussi faudrait-il considérer comme contraires aux principes les plus élémentaires les deux arrêts suivants, qui admettent la confirmation du testament nul en la forme par les héritiers, dans le cas où les auteurs de ces arrêts auraient considéré les nullités de forme des testaments comme des inexistences : Colmar, 30 juin 1857, D. P., 58, 2, 42 ; — Bastia, 27 juin 1865, D. P., 66, 2, 162.

295. — (1) V. *supra*, 271, t. et n. 1, pour les nullités de forme. — Quant au contrat de mariage passé après la célébration du mariage, il n'y a aucune bonne raison pour le considérer comme inexistant : on conçoit fort bien rationnellement un contrat de mariage passé pendant le mariage, rien n'indique que le législateur se soit séparé de la conception rationnelle, et l'ordre public n'est pas directement contraire à un pareil contrat : la nullité est prononcée dans l'intérêt des époux et des tiers. *Sic* : Aubry et Rau, 503 *bis*. — *Contra* : Laurent, XXI, 59 ; — Guillouard, *Traité du Contrat de Mariage,* 216 et 217.

Il ne peut évidemment être question d'aucune confirmation tant que le mariage dure, même dans notre système. La confirmation faite pendant le mariage serait en effet entachée du même vice qu'un contrat de mariage que l'on voudrait passer au même moment : elle ne serait pas valable.

Mais après la dissolution du mariage, rien ne s'oppose plus à ce que les époux, ou leurs ayants cause, renoncent à l'action en nullité que la loi avait créée en leur faveur : nous admettrons donc la confirmation à partir de la dissolution du mariage.

La solution contraire doit être donnée par les partisans du système de l'inexistence (2).

296. — Enfin, suivant qu'avec M. Laurent on considérera l'hypothèque consentie par acte sous seing privé comme inexistante, ou qu'avec la majorité des auteurs on l'envisagera comme annulable, il faudra admettre qu'elle ne peut pas, ou qu'elle peut être confirmée (1).

297. — B. — *L'annulabilité se prescrit en elle-même, parce qu'en principe une prescription spéciale éteint l'action en annulation. — L'inexistence ne se prescrit pas en*

---

(2) V. contre la possibilité de la confirmation : Laurent, XXI, 46 ; — Guillouard, *op cit.*, 198 et 217 : ces deux auteurs sont ainsi parfaitement conséquents avec le principe qu'ils enseignent. — V. en sens contraire Aubry et Rau, (§ 503, t. et n. 10 ; et § 503 *bis*. t. et n. 4), dont l'opinion est la conséquence logique du caractère d'annulabilités qu'ils attribuent à ces nullités. Deux arrêts de la Ja Cour de cassation reconnaissent également aux héritiers la faculté de confirmer : Req. rej., 31 janvier 1833, Répert. Dal., vᵒ *Contrat de mariage*, 310, et Civ. rej, 26 avril 1869, D. P., 69, 1, 247 Il est difficile de voir si la Cour de cassation admettait l'inexistence ou l'annulabilité des contrats de mariage sur lesquels elle avait à se prononcer : il semble cependant que ses expressions se rapportent plutôt à l'annulabilité qu'a l'inexistence. Mais même s'il en est ainsi, les deux arrêts prêtent encore à la critique · ils expriment en effet que les nullités dont s'agit sont d'ordre public : or nous avons montré que les conventions contraires à l'ordre public sont inexistantes (*supra*, 257), et d'autre part que les actes, même annulables, contraires à l'ordre public, ne peuvent être confirmés (*supra*, 288).

296. — (1) V. contre la possibilité de la confirmation : Laurent, XXX, 437.

elle-même ; mais chacune des actions par lesquellles on peut arriver à la déclaration d'inexistence suit ses règles propres de prescription.

298. — Puisque l'acte annulable existe jusqu'à ce que le juge de l'action en nullité ait prononcé l'annulation, il est certain que si cette action vient à s'éteindre, l'acte sera définitivement valable. Or elle s'éteint par la prescription comme toutes les actions : art. 2262.

Le point de départ de la prescription sera le moment même où l'action aura pris naissance : par conséquent le moment où l'acte aura été passé. Ainsi, sauf les causes de suspension et d'interruption, |trente ans après la formation de l'acte, l'annulabilité en sera prescrite.

Il restera cependant toujours la ressource de l'exception, par application de la maxime : *Quæ temporalia sunt ad agendum perpetua sunt ad excipiendum.*

Le législateur a même cru devoir raccourcir le délai de la prescription de l'acte annulable pour certaines catégories d'hypothèses : il a pensé que le fait de ne pas profiter de l'action en nullité pendant un laps de temps déterminé alors que l'on n'ignore pas le vice de l'acte peut constituer une ratification tacite ; et il a décidé qu'en matière de conventions et autres actes analogues de volonté (1), susceptibles de confirmation expresse (2), les parties (3) seront censées avoir ratifié (4), quand, informées du vice, ou devant en être informées, elles auront laissé écouler dix ans depuis le moment où elles auraient pu ratifier expressément : art. 1384. — Le fondement même que d'un commun accord on attri-

---

298. — (1) Aubry et Rau, § 339, t. et n. 14. — Demolombe, XXIX, 48. — Colmet de Santerre, V, 265 *bis*, ıx.

(2) Aubry et Rau, § 339, t. n° 1. — Demolombe, XXIX, 51.

(3) Aubry et Rau, § 339, t. n° 2 — Demolombe, XXIX, 118 et s.

(4) Argt. des art. 1115, 183 du Code, et de l'art. 39 de la loi du 30 juin 1838. — Demolombe, XXIX, 50. — Aubry et Rau, § 339, t. et n. 3, et les autorités citées dans cette n.

bue à l'art. 1304, nous conduit à dire qu'il ne faut pas à ce point de vue distinguer l'exception de l'action : car il nous est impossible de concevoir comment celui qui serait censé avoir ratifié s'il prenait la voie de l'action ne serait pas censé avoir ratifié en prenant la voie de l'exception (5).

Ainsi, prescription extinctive de trente ans courant du jour où l'acte a été passé, ou prescription de dix ans à partir du moment où le vice est censé connu et est susceptible de confirmation expresse, telles sont les prescriptions par suite desquelles l'acte annulable peut être définitivement validé, toutes réserves faites cependant à l'égard de l'exception de nullité qui est perpétuelle lorsqu'elle n'est pas limitée à dix ans par l'art 1304.

299. — L'acte inexistant n'ayant aucune réalité, l'extinction des actions par lesquelles on peut obtenir la déclaration d'inexistence, ne mettra pas un acte là où il n'y en aura jamais eu.

Ces actions seront soumises chacune à leur prescription spéciale : donc, en principe aussi, à l'art. 2262.

Mais ce ne sera pas toujours la prescription extinctive qui courra : ainsi, si l'acte inexistant devait transférer la propriété d'un immeuble, ce sera seulement par l'accomplissement de l'usucapion que l'aliénateur apparent cessera d'en être propriétaire et perdra les actions dérivant du droit de propriété (1).

---

(5) Du reste la maxime : *Quæ temporalia sunt ad agendum perpetua sunt ad excipiendum,* qui était universellement reçue dans l'Ancien Droit, n'était pas appliquée dans les hypothèses correspondant à l'art. 1304 : v. ordonnance de Villers-Cotterêts d'août 1539, art. 134. — *Sic :* Agen, 7 juillet 1836, Sir., 36, 2, 569 ; Toulouse, 18 novembre 1836, Sir., 37, 2, 324 ; — Marcadé, sur l'art. 1304, III. — Colmet de Santerre, V, 265 *bis,* VI à VIII. — Baudry-Lacantinerie, II, 1169. — *Contra :* La jurisprudence en général, notamment : Civ, rej., 7 janvier 1868, D. P., 68, 1, 123 ; — Aubry et Rau, § 339, t et n. 29 ; § 771, t. et n. 3 ; — Demolombe, XXIX, 136 et 137.

299. — (1) Les actions dérivant de droit du propriété ne sont pas en effet susceptibles de s'éteindre par la prescripion tant que l'usucaption n'est pas accomplie.

Les actions personnelles sont la sanction de droits qui placent l'homme dans un état anormal, contraire à la situation que la nature lui a faite. L'homme est en effet naturellement indépendant: et si les liens d'une obli-

Quand il s'agira même de prescripiion extinctive, outre la différence possible au point de vue du temps requis pour la pres—

---

gation le rattachent à autrui, il a perdu cette liberté qui doit lui être im-
partie. On comprend donc que la seule négligence du titulaire de l'action
personnelle, le non-usage de ce droit exceptionnel donne occasion à la loi
de rétablir la situation normale.

Il en est de même des actions sanctionnant des droits réels sur la propriété d'autrui . le propriétaire a normalement sur sa chose les droits les
plus absolus. Le simple non-usage de pareilles actions les éteindra.

Mais les actions dérivant de la propriété sanctionnent un droit absolument normal: toute personne tient de la nature même la faculté d'user et
de disposer selon sa volonté des choses dont elle a acquis la propriété. On
ne voit pas pourquoi le temps éteindrait de semblables actions : en principe elles doivent être imprescriptibles. L'extinction ne s'en produirait que
si un tiers avait possédé le bien dans les conditions et pendant le laps de
temps déterminés par la loi: alors, on proclamerait dans un intérêt général (ne dominia in perpetuum incerta maneant) le possesseur légitime
propriétaire du bien. Mais jusque-là toutes les anciennes actions subsistent.

On nous objecte l'art. 2262: « Toutes les actions, tant réeles que person-
» nelles, sont prescrites par trente ans... » Mais il est facile de voir que
cet article a eu purement et simplement pour but de fixer le temps requis
en règle générale pour la prescription; mais qu'il n'a pas voulu fixer les
conditions mêmes de cette prescription. Les conditions en sont indiquées
pour les actions réelles par les articles 2228 et suivants. Oui, les actions
réelles se prescrivent par trente ans, mais par trente ans de possession
légale.

Sic : Aubry et Rau, § 210, t. et n. 4; § 216, t. et n. 3 ; § 219, t. et n. 26 ;
§ 772, t. et n. 2 et 4 ; — Marcadé, sur l'art. 2262, 1 ; — Baudry-Lacantinerie,
III, 1581. — Contra. Beudant, note sur un arrêt Req. rej., 5 mai 1879, D. P.,
80, 1, 145. Est-il bien vrai, comme le dit M. Beudant, que la conséquence
logique de sa doctrine soit l'attribution de l'immeuble à l'Etat, en vertu de
l'art. 713? On pourrait en douter; car si le propriétaire a perdu l'action en
revendication, a-t-il perdu pour cela le droit lui-même? Son droit, dépourvu
d'action, pourrait être quelquefois impunément méconnu : cela est vrai ;
mais l'existence d'un pareil droit ne suffit-elle pas pour que le bien ne puisse
pas être considéré comme n'ayant pas de maître, et pour que la main-
mise de l'Etat soit impossible ? — On verra dans le même sens que M.
Beudant: Laurent, VI, 166 et XVI, 207. M. Laurent émet cette doctrine au
sujet des contrats passés avec les congrégations religieuses non autorisées:
d'après lui, à l'expiration des trente années de prescription extinctive, l'Etat
a le droit et le devoir de s'emparer des biens détenus par les congrégations.
Heureusement, le savant auteur a-t-il une doctrine toute différente lorsqu'il
envisage la question a un point de vue général . dans son tome XXXII, 8
et 384, il enseigne nettement que le droit de propriété ne se perd pas par la
seule prescription extinctive.

cription, on pourra trou.ver encore entre l'inexistence et l'annulabilité une différence relative au point de départ du délai de prescription. C'est ainsi que l'action en restitution née de l'exécution de fait d'un contrat inexistant se prescrira à partir du jour de l'exécution. C'est ainsi encore que pour l'action en reconnaissance que nous avons reconnue à l'auteur d'un contrat inexistant qui devait créer des droits personnels et n'a pas été exécuté (2), le délai de la prescription recommence à courir à tous les instants ; car on peut considérer que l'obligation grevant la partie qui bénéficie de la fausse apparence du prétendu contrat se renouvelle d'une façon continue : dans ce dernier cas en réalité l'on peut dire qu'il n'y a pas de prescription.

300. — Il sera intéressant d'étudier la solution donnée par la Cour de cassation dans une espèce où les principes posés devaient être appliqués (Req. rej,, 5 mai 1879, D. P., 80, 1, 145).

Il s'agissait d'un immeuble vendu indivisément par un sieur Jean-Marie Ovize à trois membres de la congrégation non autorisée des frères du Saint-Viateur. Plus de trente ans après la vente les héritiers d'Ovize avaient intenté à la congrégation une action tendant à revendiquer l'immeuble.

Cette vente apparente était inexistante pour cause de simulation ; car dans la pensée des contractants ce n'étaient pas les membres de la congrégation qui achetaient pour leur compte personnel, mais la congrégation elle-même. Le contrat véritable était inexistant parce que l'une des parties ne jouissait pas de la personnalité civile, ne constituait qu'un non-être. La Cour de cassation reconnaît cette inexistence : la prescription qu'elle admet « n'a pas, dit-elle, pour effet, de donner à la convention prohibée « une existence légale ». A ses yeux un pareil contrat n'a jamais eu et ne pourra jamais acquérir aucune existence.

Partant de là, que fallait-il décider ?

D'abord qu'un non-être ne pouvant acquérir aucun droit, la

____

(2) V. *supra*, 284.

congrégation elle-même n'avait pas pu usucaper l'immeuble ; que d'autre part les membres de la société n'avaient pas pu prescrire pour leur compte, puisqu'ils n'avaient pas possédé personnellement, à titre de propriétaires, mais comme membres de la congrégation à leurs yeux seule propriétaire (1).

D'où il résultait que les héritiers d'Ovize n'avaient perdu ni le droit de propriété, ni l'action en revendication. Ils prouvaient qu'à un moment donné leur auteur était propriétaire : donc ils devaient être réputés l'être encore, à moins que l'on ne prouvât que leur auteur ou eux-mêmes avaient perdu la propriété soit en consentant une aliénation, soit en laissant s'accomplir l'usucapion. On leur opposait sans doute une apparence d'acte d'aliénation ; mais il leur était facile d'établir que cette vente était inexistante, qu'elle n'avait aucune réalité. Fallait-il dire que le droit de montrer qu'il n'y avait pas de vente se prescrit par trente ans ? Non ; ainsi que nous l'avons établi déjà dans l'exposition des principes (2), le droit de faire une pareille preuve rentre dans l'exercice même de l'action en reconnaissance et de l'action en revendication qui sanctionnent la propriété ; ces actions ne se comprennent point sans le droit d'établir que l'on a conservé la propriété, et que l'on n'a pas consenti d'actes d'aliénation.

La Cour de cassation ne fait pas ce raisonnement. Du jour où la vente apparente a été passée, elle considère que le vendeur a une action pour faire déclarer le contrat inexistant : cette action se prescrit par trente ans. Et la réussite de cette action est absolument indispensable pour que l'on puisse passer outre : « la demande des consorts Ovize, envisagée soit dans ses termes, « soit dans son objet essentiel, avait pour but de faire décider « *préalablement à toute revendication* que le contrat de « vente du 10 septembre 1845 était nul... ». Cette action préalable étant prescrite, toute revendication est impossible, quelle que soit la solution donnée à la question de savoir si l'action en

---

300. — (1) Cpr. Seligman, *Revue critique*, 1879, p. 385.
(2) *Supra*, 283.

revendication se prescrit ou non en elle-même. — Mais la Cour suprême oublie qu'il n'est pas nécessaire de faire annuler l'acte inexistant pour qu'il ne produise pas d'effets ; elle ne voit pas que ce droit de faire déclarer le contrat inexistant, c'est l'action en revendication elle-même dans une de ses phases.

C'est ce que fait remarquer M. Beudant dans la note qu'il a rédigée sur cet arrêt, et qui est rapportée dans Dalloz, sous l'arrêt précité. Le savant annotateur aboutit néanmoins à une solution à laquelle nous ne pouvons donner notre adhésion, parce qu'elle suppose que l'action en revendication est soumise à la prescription extinctive (3).

301. — On a vu la règle : l'annulabilité se prescrit en elle-même ; l'inexistence ne se prescrit pas directement. Cette règle n'est pas absolue.

Suivant nous, il n'y pas de prescription des actions en nullité qui sont fondées sur des motifs d'ordre public, où dont l'exercice est confié à une personne déterminée au nom de tierces personnes qui ne peuvent pas agir elles-mêmes.

Il suffit, pour s'en rendre compte, de rechercher le fondement de l'art. 2262. Or, tout le monde s'accorde à reconnaître que si la loi refuse au titulaire d'une action le droit d'agir après trente ans c'est que d'une part cette inaction fait présumer l'extinction amiable du droit, et que d'autre part le titulaire, s'il n'avait pas obtenu, satisfaction. serait coupable de négligence, et mériterait d'être dépouillé d'une action à laquelle il semblerait attacher si peu d'intérêt.

Or, dans les hypothèses dont s'agit, il est certain que le droit du demandeur n'a pas été amiablement éteint : le seul mode d'extinction de l'action en nullité en dehors de la prescription est la confirmation, qui ne peut avoir lieu pour les nullités en question (1). Quant à la seconde base de la prescription, il ne

------

(3) V. *supra*, 299, t. et n. 1. — V. sur cet arrêt de la Cour de cassation : M. Fourcade, *De la Simulation* (th. doct.) 91-93.

301. — (1) V. *supra*, 288.

peut en être question non plus : car on peut compromettre par sa négligence ses propres intérêts, non l'intérêt public ou l'intérêt des tiers. L'art. 2262 ne doit donc pas recevoir application.

Il en est de même de l'art. 1304, qui, on le sait, est fondé sur une présomption de ratification tacite, et ne peut couvrir que les nullités susceptibles de confirmation expresse.

Nous pouvons dire en conséquence que la nullité de la donation qui n'a pas satisfait aux règles de forme, n'est pas susceptible de se prescrire pendant la vie du donateur (2).

Les nullités absolues de mariage sont d'une manière générale à l'abri de toute prescription, alors même que la cause ayant vicié l'acte serait venue à disparaître (3).

Si le premier mariage d'un bigame s'était dissous si par exemple le premier époux de ce bigame était mort, la nullité du second mariage n'en serait pas moins indélébile, et l'action en nullité continuerait à appartenir à tout intéressé (4).

La prescription ne courrait pas au profit des époux coupables d'inceste (5), alors même que des dispenses auraient été obtenues postérieurement à la célébration du mariage ; ou que l'alliance formant empêchement au mariage se serait éteinte par la mort des enfants du premier mariage, dans le cas où l'on admettrait la possibilité de l'extinction de l'alliance (6).

La même solution s'appliquerait à la nullité résultant de la clandestinité ou de l'incompétence de l'officier de l'état civil (7).

La matière de l'adoption n'échappe pas à la règle générale.

---

(2) V. *supra*, 268.
(3) Aubry et Rau, § 458, t. et n. 11, — Demolombe, III, 513.
(4) Aubry et Rau, § 461. t. et n. 38. — Demolombe, ibid.
(5) Aubry et Rau, § 461, t. et n. 40. — Demolombe, ibid.
(6) Nous ne pensons pas pour notre compte que l'alliance soit susceptible de disparaître. *Sic*: Aubry et Rau, § 461, t. et n. 9, — Demolombe, III, 117.
(7) Aubry et Rau, § 467, t. et n. 33. — Demolombe, III, 315.

Les adoptions infectées d'une nullité absolue et d'ordre public ne sont susceptibles d'être validées par aucune prescription (8).

Les reconnaissances volontaires d'enfants adultérins ou incestueux sont frappées d'une nullité irréparable et perpétuelle (9).

De même, si l'on admet que les conventions contraires à l'ordre public peuvent être seulement frappées d'annulabilité, il faudra décider que cette annulabilité ne peut être couverte par aucune prescription. MM. Aubry et Rau enseignent la doctrine contraire relativement à la nullité prononcée par l'art. 1597 (10). On peut se demander comment les savants auteurs concilient cette solution avec le principe de l'imprescriptibilité des nullités de mariage par exemple. Diront-ils qu'ici les parties peuvent faire telles conventions nouvelles qu'il leur convient, tandis qu'en matière de mariage elles ne jouissent pas de la même liberté ? Mais quand le premier mariage du bigame est dissous, rien ne s'oppose plus à ce que le bigame contracte un nouveau mariage avec son second conjoint. Diront-ils que les art. 1304 ou 2262 sont étrangers à la matière du mariage et s'appliquent aux conventions ? (11) Mais alors pourquoi admettre la prescription des nullités relatives des mariages ? (12)

302. — Malgré ces exceptions au principe que nous avons posé, et d'après lequel l'annulabilité se prescrit en elle-même, tandis que l'inexistence est indélébile, il y aura fort souvent intérêt, au point de vue de la prescription, à placer les nullités soit dans les annulabilités, soit dans les inexistences.

L'intérêt se présente notamment pour les nullités de forme : non pas pour les nullités des donations ; car quel que soit le sys-

----

(8) *Sic* : Demolombe, VI, 212. — *Contra* Aubry et Rau, § 558, t. et n. 17. — Marcadé, sur l'art. 360, III, se déclare partisan de l'imprescriptibilité des nullités de l'adoption : mais d'après lui ces nullités constituent des inexistences.

(9) Aubry et Rau, § 572, t. et n. 17.

(10) Aubry et Rau, § 339, t. et n. 7.

(11) Demolombe, III, 313.

(12) Aubry et Rau, § 462, t. et n. 22. — Demolombe, III, 268.

tème adopté, elles seront imprescriptibles pendant la vie du donateur (1), et susceptibles d'être couvertes par la prescription après
son décès ; si l'on n'admet pas la prescription de l'art. 1304 parce
que les héritiers sont considérés comme des tiers, au moins faudra-t-il appliquer celle de l'art. 2262 (2).

Mais la question reste entière en matière de testaments, du
moins pour la prescription qui pourrait courir après la mort du
testateur. Si le testament nul en la forme est inexistant, il faudra
décider qu'aucune prescription ne pourra jamais le valider, car
il n'est pas possible d'appliquer par analogie aux testaments
l'argument fourni par l'art. 1340, absolument exorbitant dans le
système de l'inexistence (3). Si au contraire un pareil testament
doit être considéré comme annulable, on admettra la prescription
du droit d'en demander l'annulation à partir du décès du testateur (4). Remarquons que même dans le système de l'annulabilité,
la prescription ne peut pas courir du vivant du testateur ; car
pour qu'il puisse être question de prescription, il est essentiel
qu'il y ait une action à prescrire. Or tant que vit le testateur,
personne ne serait admis bien certainement à attaquer le testament, parce que ce testament n'est qu'un projet, et que personne
ne peut s'en prévaloir, même pour l'attaquer.

Il faudra dire de même que si le contrat de mariage nul en la
forme ou passé après la célébration du mariage est annulable, la
confirmation expresse devenant possible après la célébration du
mariage, rien ne s'oppose à ce que la prescription de l'art. 1304
coure contre les héritiers qui sont ici considérés comme les
ayants cause de l'époux (5).

---

302. — (1) V. *supra*, 301, t. et n. 3.

(2) Aubry et Rau, § 339, t. et n. 19.

(3) V. *supra*, 294. — Laurent, XIII, 449 et s.

(4) On admet généralement cette prescription que l'on fixe à
trente ans, car les héritiers sont ici des tiers. — V. en ce sens Aubry et
Rau, § 339, t. et n. 18 et les autorités citées dans cette n.

(5) V. *supra*, 295. — V. pour et contre, les autorités citées a ce
numéro, n. 2.

L'intérêt se présente pareillement en matière de constitution d'hypothèque nulle en la forme (6).

3 J3. — C. — *L'action en annulation d'un acte par lequel a été transféré ou constitué un droit réel immobilier est une action mixte au sens de l'art. 59 Pr., et peut être portée soit au* forum rei, *soit devant le tribunal de la situation de l'immeuble. — Les actions par lesquelles on peut arriver à la déclaration d'inexistence d'un acte de cette nature sont réelles et de la compétence du juge de la situation.*

304. — Le droit à l'annulation comprend d'abord un droit personnel.

Pour justifier cette proposition, nous ne dirons pas avec certains auteurs (1) que le dol et la violence engendrent une obligation de restitution à la charge de celui qui porte ainsi atteinte à la liberté de sa partie ; ou que toute personne qui doit bénéficier d'un contrat s'oblige à en restituer les avantages si l'un des vices reconnus par la loi se trouvait dans l'obligation. Une telle explication confond le droit à l'annulation avec le droit à la restitution. La demande de la restitution suppose préalablement vidée la question de la nullité ou de la validité du contrat ; elle n'est qu'une conséquence du jugement d'annulation. Ce jugement rendu, il pourra être question de droits fondés sur une obligation tacite de restitution ; mais jusque-là le droit à l'annulation existe seul, dégagé de tout droit à la restitution.

Pour un grand nombre de contrats, nous avons vu qu'il existait à Rome une sorte d'annulabilité, qui consistait en ce que les parties étaient obligés par leur fait personnel à se prêter à la résolution du contrat (2). Les obligations des parties comprenaient bien alors l'obligation à la restitution.

Mais aujourd'hui l'annulabilité n'a plus le même caractère. L'action en annulation ne tend pas à obtenir quelque chose de la

---

(6) V. *supra*, 296

304. — (1) Rodière. *Cours de Compétence et de Procédure en matière civile*, 4ᵉ édit., p 95

(2) V. *supra* . 46 à 49, 52, 77, 81, 86.

partie adverse : la demande est faite au juge lui-même, qui prononcera la nullité en vertu d'un mandat qu'il tient directement de la loi, et non pour faire d'office ce à quoi une partie refuserait de se prêter de bon gré. Le défendeur ne pourrait pas du reste, même s'il le voulait, satisfaire pleinement le demandeur. Il pourrait sans doute neutraliser par des actes contraires les effets de l'acte annulable ; mais en principe l'acte subsisterait tout entier : la sentence du juge est absolument nécessaire pour l'anéantir. Aussi la seule obligation qu'il faille reconnaître à la charge de celui qui bénéficie de la nullité, c'est celle de défendre à l'action qui pourra être intentée : en procédant à l'acte juridique annulable, il s'engage tacitement à figurer au jugement d'annulation, à laisser prononcer contre lui la nullité. Cette obligation, il la transmet à ses ayants cause à titre particulier qui, en contractant avec lui sur le fondement de l'acte annulable, sont censés s'obliger à défendre à l'action en nullité.

Le droit à l'annulation comprend donc un droit personnel, puisque la base de l'action est une obligation dérivant d'un contrat tacite.

Lorsque l'acte a transféré ou constitué un droit réel, le droit à l'annulation ne comprend pas seulement un droit personnel. Il est indéniable qu'en ce cas il y a entre l'aliénateur et sa chose un rapport qui s'exerce directement, sans intermédiaire ; un lien continu et immédiat. Ce lien n'est évidemment pas un droit personnel ; il ne peut constituer qu'un droit réel. Il suit la chose en quelques mains qu'elle passe.

L'action en nullité qui sanctionne le droit à l'annulation repose donc à la fois sur un droit personnel et sur un droit réel : c'est précisément ce qui permet de dire qu'elle rentre dans la catégorie des *actions mixtes*.

C'était du reste déjà le caractère qu'on lui reconnaissait dans l'Ancien Droit (3).

---

(3) Les actions en rescision étaient appelées *personales in rem scriptæ* : v. notamment les extraits de Guy Coquille rapportés *supra*, 150. Elles étaient encore dénommées *actions mixtes*, ainsi que le rapporte Pothier, *Introduction génerale aux coutumes*, 122.

Aussi le législateur qui n'a pas manifesté la volonté de modifier les anciens principes sur ce point, a-t-il certainement compris l'action en nullité dans les matières mixtes de l'art. 59, Pr. D'où il suit que l'action en nullité destinée à faire tomber un acte de transmission ou de constitution d'un droit réel immobilier, bénéficie d'une double compétence, soit qu'on l'exerce contre la partie elle-même, soit qu'on la dirige contre les sous-acquéreurs (4).

305. — Si l'acte qui devait transférer ou constituer un droit réel immobilier était inexistant, l'aliénateur apparent n'aurait que l'action en revendication ou les actions confessoires ou négatoires des droits réels : ces actions sont toutes de la compétence du juge de la situation.

306. — D. — *L'inefficacité de l'acte annulable ne peut être obtenue que par ceux à qui la loi accorde l'action en nullité. — L'inefficacité de l'acte inexistant peut être invoquée par tous ceux qui, ayant un droit quelconque à faire valoir en justice, ont intérêt à arguer de l'inexistence. — En d'autres termes, l'annulabilité peut être relative ; l'inexistence est toujours absolue.*

370. — Lorsqu'un acte correspond à la conception que s'en est faite le législateur, il doit normalement produire des effets. Cependant pour différents motifs, soit dans l'intérêt de personnes déterminées, soit dans l'intérêt général, soit dans l'intérêt de l'ordre public, le législateur peut permettre l'annulation de l'acte. Il donne alors en général l'action en annulation à ceux en faveur desquels il prononce la nullité. Sans doute, si le législateur a en vue ou l'intérêt général, ou l'intérêt de l'ordre public, tout inté-

------

(4) *Sic* : Rodière, *op. cit.*, p. 96. — Mais suivant l'opinion généralement reçue, ces actions sont mixtes lorsqu'elles sont exercées contre l'aliénateur, et réelles quand le défendeur principal est un tiers détenteur. V. en ce sens : Bonfils, *Traité élémentaire d'Organisation judiciaire, de Compétence et de Procédure*, 299 et 300 ; — Troplong, *De la Vente*, 628. Pour MM Aubry et Rau les tiers détenteurs d'un immeuble aliéné par acte annulable ne peuvent être principalement défendeurs qu'à l'action en revendication : § 746, t. et n. 14 et 15.

ressé pourra agir en nullité et l'annulabilité sera absolue. Mais s'il n'entend protéger que l'intérêt de personnes déterminées, l'inefficacité ou l'efficacité définitive de l'acte est à la discrétion de ces seules personnes : dans ce cas il y a annulabilité relative.

308. — L'inexistence d'un acte peut être invoquée sans action spéciale : il ne peut donc être question de restreindre à certaines personnes le droit de s'en prévaloir. Du reste on ne comprendrait pas qu'un acte réponde à la conception du législateur à l'égard de certaines personnes et non à l'égard des autres.

SECTION II.

INEXISTENCE ET ANNULABILITÉ CONSIDÉRÉES APRÈS LE JUGEMENT.

309. — *L'efficacité même accordée à l'acte annulable peut avoir eu des conséquences que le jugement d'annulation laisse subsister, et qui n'ont pas lieu à la suite d'un acte inexistant.*

Lorsque le juge prononce l'annulation d'un acte, cet acte est anéanti rétroactivement. L'acte avait existé jusque-là ; mais le jugement décide que tous ses effets, quelque réguliers qu'ils aient été, d ivent être effacés. Un jugement prononçant une inexistence déclare au contraire que l'acte n'a jamais existé et n'a jamais produit aucun effet.

Pour tout ce qui est de droit pur, l'annulation pourra rétroactivement avoir autant d'effet que la déclaration d'inexistence.

Mais si l'on pénètre dans le domaine des faits, la déclaration d'inexistence elle-même pourra être impuissante : ni l'annulation, ni la déclaration d'inexistence ne pourront effacer des faits qui se seront produits en exécution d'un acte annulable ou inexistant. C'est ainsi que la société de biens qui de fait a pu avoir lieu entre deux personnes unies par un mariage inexistant ou annulable, ne disparaît pas rétroactivement si le mariage est déclaré inexistant, ou annulé. C'est ainsi encore que les auteurs pour lesquels le commerce charnel produit par lui-même une affinité naturelle, susceptible de former un empêchement au mariage entre l'une des personnes qui a vécu dans ce commerce et les parents de l'autre (1), sont obligés de reconnaître que l'affinité naturelle survit à la déclaration d'inexistence ou à l'annulation du mariage.

La difficulté est plus grande, et nous entrons dans le cœur de la question lorsqu'un acte produit des effets se rattachant au domaine du droit, mais appartenant surtout au domaine des faits ; touchant d'assez près au droit pour ne pas résulter d'un acte inexistant, ayant assez le caractère de faits pour que la rétro-activité ne puisse rien contre eux.

310. — A. — La matière du mariage d'abord nous permettra de préciser.

Les enfants légitimes, c'est-à-dire nés ou conçus pendant un mariage valable font la preuve de leur filiation maternelle par leurs actes de naissance inscrits sur les registres de l'état civil. Pourquoi ?

Parce qu'étant donnés la publicité du mariage et les devoirs de cohabitation des époux, la grossesse de la femme sera normale-ment publique ; qu'il n'y a donc aucun danger à attacher pleine foi aux déclarations des personnes qui auront assisté à l'accou-chement, parce que ces déclarations seront normalement contrô-lées par le public.

La paternité est attribuée au mari de la mère, en vertu de l'adage : *Pater is est quem justæ nuptiæ demonstrant*, qui a son fondement dans la puissance d'engendrer que la loi suppose au mari, et dans le devoir de fidélité imposé à la femme.

Lorsqu'un enfant est conçu pendant la période d'efficacité d'un

---

309. —*(1) Aubry et Rau, § 461, t. et n. 13. — Glasson, *Du Consentement des époux au mariage*, 163. — *Contra*, Demolombe, III, 112.

mariage annulable, sa conception est de nature à être prouvée absolument de la même manière que la conception d'un enfant issu d'un mariage pleinement valable.

Si postérieurement le mariage est annulé, cette annulation opérant en principe rétroactivement, pourra-t-elle rayer tout ce qui avait pour résultat de faire considérer l'acte de naissance comme établissant la preuve de la filiation de l'enfant ? Nous répondons sans hésiter : Non en principe ; et nous disons que les présomptions d'où l'acte de naissance pouvait tirer sa force probante resteront entières : car il sera toujours vrai que l'union aura été publique (à moins que le vice du mariage ne soit la clandestinité) ; que les époux se seront dû et auront pu s'accorder les relations sexuelles (à moins que le mariage ne soit annulé malgré la grossesse de la femme pour impuberté du mari) ; que la femme aura dû fidélité à son mari : ce sont là des *faits* qui ne s'effacent pas.

Nous pensons donc que la preuve de la filiation pourra être faite après l'annulation de la même manière qu'elle aurait pu l'être auparavant.

Du reste les art. 762 à 764 supposent que la qualité d'enfant adultérin ou incestueux peut être légalement établie, quoique la reconnaissance volontaire soit dans de telles conditions prohibée. Nous sommes précisément ici en présence de l'un de ce ces cas, peut-être de l'un de ceux qui se présentent le plus souvent dans la pratique (1).

Les explications que nous avons fournies nous entraînent à admettre deux exceptions à la règle.

La première est proposée par M. Demolombe : elle a lieu quand un mariage a été annulé pour cause d'impuberté du mari malgré la grossesse de la femme pubère. La loi elle-même reconnaissant que le mari ne pouvait pas rendre les devoirs conjugaux, l'une des présomptions qui devait permettre de prouver la filiation par l'acte de naissance se trouve détruite.

310.— Baudry-Lacantinerie, I, 900 *bis*.

Nous ajouterons que, si le mariage est annulé pour clandestinité, les juges pourront décider que la publicité de la grossesse n'a pas été assez caractérisée pour que la preuve de la filiation puisse résulter de l'acte de naissance.

Quand l'enfant sera-t-il réputé conçu pendant la période d'efficacité du mariage ? On suivra sur ce point l'art. 315 d'après lequel l'enfant né dans les trois cents jours qui suivent la dissolution du mariage sera réputé issu des œuvres du mari. Si l'on peut soutenir que les présomptions des art. 312 et suivants ne doivent pas être appliquées en dehors des questions de filiation, par exemple pour déterminer la capacité de recueillir une succession, il ne faudrait pas cependant les restreindre à l'excès, en ne les acceptant que pour la filiation légitime. L'art. 340 semble bien en effet se référer à ces présomptions pour la recherche de la paternité naturelle, ainsi que tout le monde s'accorde à le reconnaître (2). Du reste l'art. 315 ne parle-t-il pas du délai de trois cents jours après la *dissolution* du mariage ? et ne peut-on pas considérer comme une sorte de *dissolution* l'annulation à partir de laquelle le mariage a cessé de produire ses pleins effets ?

En résumé, l'enfant né pendant la période d'efficacité d'un mariage annulable, ou dans les dix mois qui suivent le jugement d'annulation, peut en principe prouver sa filiation maternelle par son acte de naissance inscrit sur les registres de l'état civil, et sa filiation paternelle en invoquant la maxime : *Pater is est quem justæ nuptiæ demonstrant* (3).

311. — La solution que nous venons de donner sur cette question nous amène à en décider une autre.

L'art. 228 ayant avant tout pour fondement la crainte d'une confusion de part, et l'enfant qui a pu être conçu pendant que le mariage annulable produisait ses effets ayant un droit acquis à la

---

(2) Aubry et Rau, § 569, t. et n. 13. — Demolombe, V, 493, et les autorités citées à ce numéro.

(3) Aubry et Rau, § 459, t. et n. 5. — Demolombe, III, 345 et 346. — Glasson, *op. cit.*, 163.

euve de sa filiation véritable, on devra décider que la femme qui a été engagée dans les liens d'un mariage annulable, ne pourra pas se remarier avant l'expiration de dix mois depuis le jugement d'annulation. Du reste le sentiment de pudeur qui a dicté l'art. 228, est tout aussi impérieux dans notre hypothèse que lorsqu'il s'agit de la dissolution d'un mariage valable par le décès du mari, ou le divorce ; car les devoirs conjugaux ont dû être remplis dans le cas où le mariage était annulable, comme s'il avait été pleinement valable. M. Demolombe ajoute que l'on peut, à certains égards, dire le mariage *dissous :* de sorte qu'à la rigueur il est possible de faire découler notre solution des expressions mêmes de l'art. 228 (1).

312. — A côté du mariage annulable, plaçons le mariage inexistant.

Il n'y a pas eu de mariage ; il n'y a donc rien qui puisse étayer les présomptions donnant à l'acte de naissance la force de prouver une filiation ; rien qui puisse autoriser l'application de la maxime : *Pater is est...* Par le fait même, il ne peut être question d'appliquer l'art. 228.

313. — L'annulation du mariage laisse donc subsister certaines suites du mariage.

Mais il ne faudrait pas restreindre à l'excès les effets de la rétroactivité.

C'est ainsi que nous n'approuverons pas un arrêt de la Cour de Paris du 20 décembre 1866, qui confirmait un jugement du tribunal de la Seine, et que la Cour suprême a cassé le 13 avril 1867 (Crim. cass., D. P., 67, 1, 353).

Il s'agissait de savoir si après l'annulation d'un mariage, l'adultère de la femme commis avant le jugement d'annulation était punissable. La Cour de Paris répondit qu'il fallait distinguer entre les nullités relatives et les nullités absolues ; que, dans le

----

311. — (1) Aubry et Rau, § 459, t, et n. 6 ; § 463, t. et n. 4 — Demolombe, III, 124. — Marcadé, sur l'art. 228, r. — Glasson, *loc. cit.* — Trèves, 30 avril 1806, Sir., 6, 2, 141.

cas où le mariage était infecte d'une nullité relative, il y avait eu devoir de fidélité tant que l'annulation n'avait pas été prononcée, et que l'infraction à ces devoirs constituait un adultère ; qu'au contraire en cas de nullité absolue il n'y avait en réalité pas eu de mariage, donc, pas de devoirs conjugaux, partant pas d'adultère. C'était faire rentrer les nullités absolues de mariage dans les inexistences ; c'était ranger le délit d'adultère dans les *res facti* que l'annulation ne peut détruire. La chambre criminelle de la Cour régulatrice cassa l'arrêt, en se fondant sur ce que rétroactivement la qualité d'époux disparaissait ; que, sans cette qualité, il ne pouvait y avoir adultère ; que, d'ailleurs, on ne trouvait nulle part dans la loi de différence entre les nullités absolues et les nullités relatives au point de vue des effets.

Ce dernier argument n'entraînerait pas notre opinion : car, si nous admettions la solution de la Cour de Paris, nous l'appliquerions aux nullités absolues comme aux nullités relatives : nous savons en effet qu'il y a des annulabilités absolues de mariage ; et nous attribuons ce caractère aux nullités absolues édictées dans le chapitre IV du titre *du Mariage* (art. 180 et s.) (1). Nous devons donc dire qu'en cas d'annulabilité absolue, comme en cas d'annulabilité relative, le mariage produit tous ses effets tant qu'il n'a pas été annulé par jugement ; et par conséquent que jusqu'alors les devoirs conjugaux existent tout entiers.

Ces devoirs conjugaux produisent des *faits* non susceptibles d'être anéantis, comme la présomption de cohabitation entre les époux, qui sert à donner à l'acte de naissance la force de prouver la filiation des enfants. Mais la violation des devoirs conjugaux emporte une conséquence non pas de fait, mais de pur droit, la possibilité de l'application d'une peine. Les peines sont en effet une pure création de la loi ; et puisque tout ce qui est du seul domaine de la loi, tout ce qui n'est pas fait pur et simple, doit

---

313. — (1) V. *supra*, 250.

disparaître à la suite de la prononciation de la nullité, la peine encourue doit disparaître aussi. Nous pensons que cette solution s'impose avec d'autant plus de force que les lois pénales sont de Droit étroit, et que dans le doute l'interprète doit plutôt se décider contre l'application de la peine que pour la répression pénale. Ajoutons que l'on n'a pas étendu la solution contraire aux nullités absolues ; et que pour justifier cette différence on a été amené à considérer toutes les nullités absolues de mariage comme des inexistences : cette erreur même, conséquence de la doctrine de la Cour de Paris, et que la Cour de cassation a parfaitement relevée, est un argument de plus contre l'arrêt cassé (2).

314. — Une remarque s'impose ici pour éviter une confusion. On ne devrait pas considérer comme découlant du principe de la survie des *res facti* à l'annulation du mariage les art. 201 et 202 du Code. Ce n'est pas en effet parce que quelque chose d'ineffaçable a eu lieu que le mariage annulé produit des effets civils après son annulation lorsqu'il a été contracté de bonne foi : le législateur a purement et simplement voulu tenir compte de la bonne foi : la survie des effets civils à l'annulation est un effet de la bonne foi (1).

---

(2) Cpr. Demolombe, III, 331.

314. — (1) Il ne faudrait pas conclure de là que les art. 201 et 202 s'appliquent aux mariages inexistants comme aux mariages annulables. Sans doute le législateur eût pu, s'il l'eût voulu, favoriser la bonne foi dans les mariages inexistants comme dans les mariages annulables. Mais l'a-t-il voulu ? Non, à notre avis. Les art. 201 et 202 étant absolument dérogatoires au Droit commun. on ne devra pas les étendre à des hypothèses qu'ils ne comprennent point. Or la place même qu'occupent ces articles montre qu'en les rédigeant le législateur à pensé seulement aux mariages annulables. Le chapitre IV, nous le savons, s'occupe exclusivement d'annulabilités (v. *supra*, 313, t. et n. 1) : nous ne pouvons pas admettre qu'ayant énuméré dans ce chapitre *des Nullités de mariage* toutes les annulabilités, à l'exclusion des inexistences, et terminant le chapitre par l'indication des effets que le jugement prononçant la nullité pouvait laisser subsister, le législateur ait eu en vue autre chose que les annulabilités en question. — On a dit que les art 180 et suivants ont été rédigés sans méthode, parce que sous la rubrique *des Demandes en nullité de mariage*, ils sont consacrés en partie à l'étude de la preuve du mariage : d'où l'on a conclu que nous ne pouvons pas argumenter de la place

315. — B. — Dans le Droit des choses, la question de la survie des *res facti* est plus délicate encore que dans le Droit des personnes.

316. — Faudra-t-il décider avec certains auteurs que les baux passés par un propriétaire dont le titre est annulable seront maintenus après l'annulation de ce titre ? — Si oui, refusera-t-on la même valeur aux baux consentis par un détenteur qui se prétend propriétaire mais dont le titre est inexistant ?

Prévoyant le cas où le propriétaire a un titre annulable, MM. Aubry et Rau décident que les baux consentis par lui ne survivront pas à l'annulation de ce titre (1). Donc, pour les savants auteurs, il n'y a pas de différence à ce point de vue entre l'acte annulable et l'acte inexistant.

M. Demolombe enseigne au contraire que l'action en nullité ou en rescision n'a point d'effet contre les actes d'administration passés par celui dont le titre a été annulé (2). Il rapproche l'annulabilité de la résolution ; il assimile à ce point de vue ces deux causes d'inefficacité des actes juridiques. Et en effet un acte accompagné de condition résolutoire produit ses effets tant que la con-

---

des art. 201 et 202. — Nous répondrons que le plan du législateur se justifie aisément : il doit parler de mariages, qui, une fois formés, peuvent à un moment donné être rendus inefficaces. Il est amené à en rapprocher les mariages qui, légalement formés, mais ne pouvant pas être prouvés, sont en fait inefficaces (Baudry-Lacantinerie, I, 556), et il termine en déterminant à quelles conditions, malgré l'annulation, l'inefficacité n'est pas complète néanmoins. V. en ce sens : Merlin, *Questions de Droit*, v° *Légitimité*, § 5 ; — Zachariae, § 465, t. *in principio* ; — Aubry et Rau, § 460, t. et n. 1. — M. Demolombe (III, 355) admet également, notre principe ; seulement, il en restreint l'application au cas où il n'y a eu aucune célébration : une telle doctrine est absolument arbitraire : elle cadrerait sans doute avec la conception du mariage de Tronchet (v. *supra*, 255) ; mais cette conception ne fut pas adoptée, ainsi que tout le monde le reconnaît : argt. art. 146. — V. l'opinion que nous venons de combattre dans Marcadé, sur l'art. 201. r°; Baudry-Lacantinerie, I, 547, — un arrêt de la Cour de Bordeaux du 5 février 1883. Sir., 83, 2, 137.

316. — (1) Aubry et Rau, § 336, t. et n. 2 ; § 369, t. et n. 13.

(2) Demolombe, II, 237, **XVII**, 501 ; **XXIX**, 170.

dition n'est pas accomplie ; à ce moment se produit un anéantissement avec effet rétroactif remontant au jour de la passation de l'acte. De même l'acte annulable produit ses pleins effets jusqu'au moment de la réalisation d'un événement déterminé, l'annulation par jugement, à partir duquel les effets de l'acte sont rétroactivement anéantis. La situation est identique. Les effets qui échappent à la rétroactivité au cas de résolution ne doivent-ils pas y échapper au cas d'annulation ? M. Demolombe enseigne l'affirmative ; et c'est pour ce motif qu'au lieu d'exposer les effets de la rétroactivité en matière d'annulation, il renvoie purement et simplement à l'étude de la condition résolutoire (3). Or tout le monde, ou à peu près, admet que les actes d'administration du propriétaire sous condition résolutoire survivent à la résolution (4).

Pour justifier la solution qu'il donne en matière de condition résolutoire, M. Demolombe emploie un double argument. 1°) La possession est un fait, et les actes d'administration se rattachant à la possession participent de ce caractère de *res facti*. 2°) Les parties dont l'intention était que le propriétaire sous condition résolutoire possédât jusqu'à l'avénement de la condition, ont tacitement convenu qu'il administrerait : il a reçu ainsi un mandat tacite d'administrer.

Eh bien, il ne suffit pas, pour pouvoir appliquer à l'annulation les règles de la condition résolutoire, de montrer l'analogie qui existe entre l'acte annulable et l'acte résoluble. Il faudrait encore que les raisons faisant échapper les actes d'administration à la rétroactivité en matière de conditions, s'appliquassent pleinement quand il s'agit de nullités.

Or nous pensons que le deuxième argument, qui peut être décisif pour les conditions, ne s'applique pas aux nullités ; et d'au-

---

(3) V. Demolombe, XXIX, 168.

(4) V. Demolombe XXV, 398, 399, 464, 537, 538 ; — Aubry et Rau, § 369, t. et n. 14 ; — Colmet de Santerre, V, 102 *bis*, III ; — et une jurisprudence unanime. Nous ne connaissons de dissident que M. Laurent, XVII, 83).

tre part que le premier argument ne porte pas, même pour les actes résolubles.

En effet, le propriétaire dont le titre est annulable ne peut se prévaloir d'un mandat tacite. Il est fort possible, en effet, que les parties ignorent, au moment de la passation du contrat, les causes d'annulabilité qui l'infectent : c'est ce qui arrivera dans le cas d'erreur ou de dol. Evidemment il n'y aura pas alors de mandat. Il se produira sans doute des hypothèses où les parties connaîtront le vice de l'acte : mais alors la plupart du temps le mandat ne sera-t-il pas infecté du même vice ? Enfin, supposons que le mandat pût être valable s'il était consenti : mais en règle générale les parties n'auront-elles pas voulu faire quelque chose de définitif ? n'auront-elles pas procédé à l'acte dans la pensée qu'il ne serait pas attaqué ? Même en ce cas, on le voit, il n'y aura pas eu de mandat. De tout cela il faut conclure qu'en règle on ne peut pas rendre définitifs, par l'effet d'un mandat tacite, les actes d'administration, et spécialement les baux, faits en vertu d'un titre annulable ; mais que tout au plus, dans certains cas exceptionnels, les tribunaux pourront vérifier s'il n'y a pas eu en fait mandat donné et accepté d'administrer au nom du titulaire de l'action en nullité.

Mais faut-il dire par contre que les baux rentrent dans le domaine des faits, et, comme tels, n'offrent pas de prise à la rétroactivité ?

Il est certain que les actes de jouissance qui ont été exercés par le possesseur sont de pur fait : la loi ne peut pas empêcher que le possesseur n'ait usé de la chose : cela est évident. Mais comment assimiler à ces actes la concession du *droit de jouissance* du locataire, l'établissement entre une personne et une chose de ce *lien juridique* indirect qu'on appelle un *droit personnel* ? Il ne peut plus être question ici de *res facti*, mais seulement de *res juris*. Rétroactivement il se fait que le propriétaire sous condition résolutoire n'a pas eu de droits : peut-il avoir donné en son nom personnel ce qu'il n'avait pas ? — Mais s'il en était ainsi, il faudrait dire que tout possesseur, tout déten-

teur d'une chose, peut louer cette chose : il faudrait rayer du
Code les art. 1726 et 1727. M. Demolombe est, en effet, entraîné
dans cette voie. Il établit quelque part (5) que les baux passés
par tout possesseur au profit de tiers de bonne foi, doivent être
respectés par le propriétaire. Mais cette théorie doit être, selon
nous, absolument rejetée. Si, en effet, l'on dit que la possession
étant un fait qui produit des conséquences juridiques, ces conséquences doivent subsister parce que le fait ne peut pas être effacé,
il y a lieu de se demander ce que vient faire ici la bonne foi des
tiers. Car le fait est tout aussi réel quand les tiers sont de mauvaise foi que lorsqu'ils sont de bonne foi. Et avec ce système, les
articles 1726 et 1727 n'auraient plus d'application. M. Demolombe
est obligé d'en convenir, puisqu'il nous dit que ces articles se rattachent à un ancien système, abrogé par le Code ; mais que le
législateur les a copiés dans Pothier sans penser qu'il allait modifier la théorie ancienne. Il y a là un aveu précieux ; car une
argumentation doit exciter la défiance, lorsqu'elle aboutit à mettre
la loi en contradiction avec elle-même.

Aussi dirons-nous que toute cette théorie de M. Demolombe est
inexacte : celui qui n'a pas de droits ne peut pas transmettre des
droits. Les solutions de l'auteur ont été inspirées par des senti-
ments d'équité, par le désir de favoriser la bonne foi. Ces senti-
mente sont très-louables ; mais la loi doit passer avant tout. Et,
en définitive, ces tiers de bonne foi ne sont pas autant à plaindre
qu'on veut bien le dire. Souvent la nullité ressort de l'acte instrumentaire d'acquisition : les tiers sont en faute de ne pas s'être
fait représenter cet acte. A fortiori ont-ils été imprudents si le
bailleur n'avait pas même d'acte. Enfin dans le cas même où ils
ne pouvaient pas découvrir le vice du titre dont se prévalait le
bailleur, il leur reste contre lui une action en dommages-intérêts. D'un autre côté, il ne faut pas sacrifier aux intérêts des
tiers les intérêts des personnes à qui la loi accorde l'action en
nullité ; ces personnes sont tout aussi favorables, plus favorables

---

(5) Demolombe, II, 237.

peut-être que les tiers, et même au point de vue de l'équité le système de M. Demolombe ne réalise pas l'idéal.

Ainsi nous ne partageons pas l'avis de ceux pour lesquels l'annulation n'atteint pas les droits de jouissance consentis par le propriétaire.

317. — Nous reconnaîtrons par contre qu'en vertu du principe de la survie des *res facti,* quoique les actions éteintes par un acte annulable revivent à la suite de l'annulation, celui qui a obtenu la nullité ne peut pas se prévaloir de la rétroactivité pour prétendre que ces actions ayant subsisté durant toute la période d'efficacité de l'acte ont dû se prescrire dans cet intervalle.

Pour préciser notre pensée, empruntons un exemple à M. Valette (1). L'auteur suppose une transaction entachée de dol : il décide que les actions que cette transaction avait éteintes renaîtront à la suite de l'annulation de la transaction, quoique, si l'on ne considérait que la date de leur naissance, elles dussent être prescrites. — L'explication est aisée : la rétroactivité ne peut pas effacer un fait qui s'est produit et qui a suspendu le cours de la prescription : pendant toute la période d'efficacité de la transaction, il n'était pas possible d'interrompre la prescription d'actions qui n'existaient plus : cette impossibilité qui a existé *en fait* ne peut pas disparaître rétroactivement ; et l'on est obligé d'appliquer la maxime : *Contra non valentem agere non currit præscriptio.*

Si la transaction avait été non pas annulable, mais inexistante, il n'y aurait plus eu impossibilité légale d'agir : car les actions n'eussent pas été éteintes par la prétendue transaction. D'où il faut conclure que la prescription de ces actions aurait continué à courir.

---

317. — Valette, *Mélanges*, II, p. 3 à 16.

CONCLUSION

——

318. — Avons-nous réussi à fixer, comme nous avons essayé de le faire, les termes et les effets de la distintion des actes inexistants et des actes annulables ?

En tous cas, nous avons posé tous les principes qui nous ont paru essentiels.

Nous avons dit qu'un acte est inexistant, c'est-à-dire dépourvu de toute efficacité, lorsqu'il est défectueux à un tel point qu'il ne répond pas à la conception générale acceptée par le législateur pour l'acte dont il présente l'apparence. Toute nullité qui n'est pas une inexistence constitue une annulabilité : l'acte produit ses pleins effets jusqu'à ce que la justice en prononce l'anéantissement rétroactif sur la demande des personnes intéressées, quelquefois même d'office. Nous avons déterminé un critérium de l'annulabilité ; car nous avons admis des annulabilités virtuelles : nous nous sommes rallié à la théorie d'après laquelle les dispositions prohibitives emportent en principe nullité ; et les dispositions préceptives, seulement dans le cas où l'acte, pour ne pas satisfaire à une disposition de ce genre, manque le but que le législateur lui avait assigné.

Ces propositions nous semblent suffisamment justifiées par les données de la raison aidée des Travaux préparatoires et des textes du Code civil. L'histoire de la distinction avant la rédaction du Code est venue y ajouter l'appoint d'un utile secours. Il n'est sans doute pas toujours facile de puiser à ces sources ; mais on y trouve des éléments suffisants pour édifier une théorie.

Après les termes de la distinction nous avons analysé l'intérêt qu'elle présente. Nous avons dit que cet intérêt n'est pas aussi grand qu'on pourrait le penser au premier abord ; nous avons démontré qu'il est néanmoins réel, soit que l'on considère l'acte avant le jugement déclarant l'inexistence ou prononçant l'annulation, soit qu'on l'envisage seulement après ce jugement. Nous avons ainsi ramené à sa véritable portée cet intérêt dont on a souvent une idée ou trop large, ou trop restreinte.

319. — De l'étude des effets produits par notre distinction, on a pu tirer cette conclusion qu'une sous-distinction très en vogue des annulabilités en absolues et relatives n'a pas toute l'importance qu'on lui attribue. Les premières sans doute peuvent être invoquées par tout intéressé, les secondes seulement par les personnes à qui la loi a confié l'action en annulation. Voilà la différence qui les sépare. Mais le caractère absolu ou relatif n'entraîne en lui-même aucune divergence dans les effets de la nullité. Seulement, les annulabilités absolues peuvent revêtir une particularité : elles peuvent avoir pour fondement une violation de l'ordre public. Cette particularité n'est pas une conséquence, mais la cause même du caractère absolu de la nullité. Les annulabilités d'ordre public ne sont pas régies par les mêmes règles que les annulabilités d'intérêt privé; ainsi elles ne sont susceptibles ni de confirmation, ni de prescription, tandis que les annulabilités d'intérêt privé se confirment et se prescrivent. Annulabilités d'ordre public d'une part, annulabilités d'intérêt privé d'autre part, voilà une distinction qui doit primer celle des annulabilités absolues et relatives.

320. — Les caractères que nous venons de reconnaître à la distinction des actes inexistants et des actes annulables ne sont pas absolument ceux qu'elle avait avant la rédaction du Code civil. Dans le Droit romain on rencontre une distinction d'actes inexistants et d'actes frappés d'une éventualité d'inefficacité très-voisine de l'annulabilité. Dans l'Ancien Droit français, on trouve la distinction de l'inexistence et d'une véritable annulabilité ; mais les termes de la distinction ne sont pas identiquement les mêmes que ceux de la distinction actuelle. Celle-ci est le résultat d'une évolution lente et pour ainsi dire incessante : notre étude met en lumière un remarquable exemple de la perfectibilité de la science du Droit.

APPENDICE.

**Examen rapide
de quelques causes d'inefficacité
des actes juridiques se rapprochant
de l'annulation.**

321. — La *résiliation* est l'anéantissement amiable d'un
acte régulièrement formé. Il n'y avait pas de vice dans l'acte ;
partant, pas d'action pour en faire prononcer l'inefficacité.
Seulement, à un moment donné les parties qui avaient fourni leur
concours pour la confection de l'acte, conviennent qu'il dis-
paraîtra dans l'avenir : on voit que l'effet de la résiliation est
moins énergique que l'effet de l'annulation laquelle opère rétroactivement.

322. — La *résolution* se distingue au premier chef de
l'annulation en ce qu'elle ne dérive pas d'un vice de l'acte dont
elle opère l'anéantissement : elle constitue un effet de la convention elle-même.

Elle est susceptible de variétés nombreuses. Ainsi elle opère
généralement dans le passé ; mais il n'est pas impossible de concevoir une résolution pour l'avenir seulement. — A la suite d'un
événement déterminé, elle se produit soit *ipso jure*, soit après un
jugement, soit après une déclaration de volonté, etc. Une telle
variabilité est un effet même de son origine, la convention. En
cela elle diffère de l'annulation qui est soumise à des règles
uniformes.

Le caractère conventionnel de la résolution est la cause
d'autres divergences qui la séparent de l'annulation : c'est ainsi

que le propriétaire sous condition résolutoire est censé avoir reçu le mandat d'administrer, mandat que nous n'avons pas reconnu à celui dont le titre est annulable (1).

On est donc amené à constater que dans le Droit actuel la résolution se distingue bien nettement de l'annulation. La ligne de démarcation a-t-elle toujours été aussi nette ? Non certes. On sait en effet qu'en Droit romain les vices de certains contrats faisaient considérer les parties comme s'étant obligées à se prêter à l'anéantissement des effets du contrat. Y avait-il là nullité ? oui, puisque l'inefficacité était *en réalité* l'effet du vice de l'acte. Y avait-il résolution ? oui, dans une certaine mesure, puisque l'on convenait tacitement de ramener l'acte à l'inefficacité. On n'était pas néanmoins en présence d'une résolution proprement dite : car les parties s'obligeaient à faire une nouvelle convention ; tandis que dans les hypothèses où l'acte est véritablement résoluble, les parties conviennent *immédiatement* que les effets du contrat seront détruits lorsque tel événement se produira.

Parmi les résolutions il faut ranger la *révocation* (des donations) et la *réduction*.

En principe, la *révocation* des donations a un effet rétroactif : cependant, fondée sur l'ingratitude, elle n'opère que pour l'avenir : art. 958.

La *réduction* est une résolution soumise à des règles toutes spéciales. Elle n'a pas toujours les mêmes effets : elle n'a lieu de plein droit qu'autant que le bien sur lequel elle porte est encore entre les mains du donataire ; dès qu'il est détenu par un tiers, la résolution ne se produit que si le réservataire n'est pas rempli de sa réserve.

Le droit des héritiers légitimaires ou réservataires n'a pas toujours été envisagé de la même façon. On se rappelle qu'à Rome la donation ou le testament inofficieux étaient considérés comme infectés de nullité. Ce point de vue était dû principalement à ce que l'on avait d'abord assimilé le testament inofficieux au testa-

----

322. — (1) V. *supra*, 316.

ment du *furiosus*. Mais ce point de vue fut abandonné. Dans l'Ancien Droit français nous avons remarqué que d'Argentré considérait les héritiers réservataires attaquant les donations faites *ultra modum* comme des tiers à qui ces donations étaient inopposables (2). Aujourd'hui les réservataires peuvent être encore considérés comme des tiers lorsqu'ils exercent le droit de créance que leur confère la loi dans le cas où le bien est entre les mains de tiers détenteurs. Mais une fois la résolution opérée, nous pensons qu'ils agissent surtout comme ayants cause du *de cujus*.

323. — L'action *paulienne* ou *révocatoire* n'est plus, à notre avis, une action en nullité. L'acte passé par le débiteur en fraude de ses créanciers est pleinement valable : il n'est infecté en lui-même d'aucun vice. Seulement le tiers est obligé par sa faute ou l'enrichissement qu'il fait au détriment des créanciers, à réparer le préjudice causé. Il réparera ce préjudice soit en désintéressant le créancier agissant, soit d'une manière plus adéquate en lui permettant d'exercer ses droits sur la chose comme si le bien n'était jamais sorti du patrimoine du débiteur. L'action est donc purement personnelle ; l'acte n'est rendu inefficace, au cas où le créancier n'est pas désintéressé, que relativement au créancier agissant.

L'action paulienne n'était pas en Droit romain, à proprement parler, une action en réparation du préjudice causé, quoiqu'elle y ait abouti en fait. Elle avait pour but, comme toutes les actions données *ad resolvendum contractum,* d'obtenir l'anéantissement de l'acte. D'autres actions de cette nature sont devenues aujourd'hui des actions en nullité : telles sont les actions fondées sur le dol, la crainte, etc. Mais, suivant nous, l'action paulienne est restée ce qu'elle était *en fait* chez les Romains, une action en réparation du préjudice causé. Nous ne pouvons plus la considérer comme une nullité ; car dans notre Droit la nullité opère di-

---

(2) V. *supra*, 141.

rectement, et il n'est plus nécessaire de faire intervenir les parties pour obtenir l'inefficacité de l'acte.

M. Demolombe (1) justifie cette manière de comprendre l'action paulienne en arguant du texte même de l'art. 1167.

324. — Comme l'action paulienne, la *rédhibition* a conservé le caractère qu'elle avait *en fait* à Rome, et, par la force des choses, n'est plus une nullité. Tout vendeur est censé s'obliger à restituer le prix et à reprendre la chose dans le cas où elle serait infectée des vices cachés dont il est question aux art. 1641 et suivants. L'action rédhibitoire n'est plus aujourd'hui qu'une action en restitution.

---

323. — (1) Demolombe, XXV, 247.

POSITIONS

DROIT ROMAIN

1. — La *capitis deminutio minima* ne consiste pas nécessairement dans un changement de famille *in pejorem causam*.

2. — Dans la théorie de la tradition, comme dans celle de l'usucapion, on doit appeler *justa causa* le fait juridique antérieur à la tradition matérielle de la chose, et qui révèle chez le *tradens* l'intention de transférer la propriété.

3. — La cession des actions peut être exigée même par le *correus promittendi* non associé.

4. — Si toutes les actions *certœ* sont *stricti juris*, il n'est pas vrai de dire que par contre toutes les actions *incertœ* sont *bonœ fidei*.

DROIT CIVIL FRANÇAIS

1. — Le délai pour attaquer par la voie de l'appel ou de la cassation une décision judiciaire prononçant une nullité n'est jamais suspensif.

2. — Les présomptions des art. 312 et suivants ne doivent être appliquées que dans les questions de filiation.

3. — Le mari peut aliéner seul les meubles propres de la femme commune.

4. — Lorsque le bail d'un immeuble n'a pas date certaine, le privilége du bailleur s'étend aux loyers déjà échus.

PROCÉDURE CIVILE

La maxime *Nul ne peut plaider par Procureur* n'est plus applicable dans notre Droit.

DROIT COMMERCIAL.

Si le tireur avait fait provision, le porteur négligent ne peut pas le poursuivre en prouvant que le tiré était en faillite à l'échéance.

DROIT CRIMINEL.

Le jour de l'infraction doit être compté dans le délai de la prescription de l'action publique.

DROIT INTERNATIONAL.

La femme étrangère ne peut pas invoquer en France son hypothèque légale.

<table>
<tr><td>Vu :</td><td>Vu :</td></tr>
<tr><td>Nancy, le 23 novembre 1889.</td><td>Nancy, le 25 novembre 1889.</td></tr>
<tr><td>Le Président de la thèse,</td><td>Le doyen,</td></tr>
<tr><td>E. BINET.</td><td>E. LEDERLIN.</td></tr>
</table>

Vu et permis d'imprimer :

Nancy, le 25 novembre 1889.

Le Recteur,

E. MOURIN

TABLE DES MATIÈRES